シリーズ 英文法を解き明かす
現代英語の文法と語法 ①

内田聖二／八木克正／安井泉 編

中山仁

ことばの基礎1
名詞と代名詞

研究社

編者はしがき

　シリーズ「英文法を解き明かす——現代英語の文法と語法」は、英語語法文法学会が2012年に設立20周年を迎えたのを期に、学会で培われてきた活動成果を広く社会に還元すべく、出版を企画したものです。

　英語語法文法学会は、28名の研究者による設立趣意書を受け、1993年に初代会長小西友七のもと設立されました。その背景には、英語学、言語学の分野において、変形生成文法をはじめとする言語理論の隆盛によって学問的な関心が理論的側面に偏り、研究対象が文法の実証的記述から離れていったことがあります。各種学会での研究発表、シンポジウムが理論的な研究に傾き、個別言語としての英語の記述的な語法研究が正しく評価されない状況にありました。

　教育の現場で英語を教え、また英語のあるがままの姿を正しく理解しようと思っている研究者にとって、英語の語彙や構文の特性などの基本的な成り立ちをつまびらかにして、英語自体の理解を深めることこそが、基本的な出発点だと思います。ことばの多様性とそれを説明する筋の通った記述という地道な研究の成果を発表する場を保証することが、本学会の使命のひとつだと思うのです。

　1993年11月、第1回大会が立命館大学で開催され、その後、設立の趣旨を実現すべく、さまざまな取り組みがなされてきました。年次大会ではシンポジウム、研究発表のほか、第6回大会からは特色ある「語法ワークショップ」をはじめました。機関誌の『英語語法文法研究』は創刊号(1994年)から毎年刊行され、前年のシンポジウムに基づく論考、応募論文、語法ノートを掲載しています。また、小西友七初代会長の寄付金を基金として、2000年に「英語語法文法学会賞」を、2010年からは若手研究者の育成と研究活動の促進を目的とした「英語語法文法学会奨励賞」を、新設しました。さらに、2005年以降、学会の社会貢献の一環として会員以外の方も参

加できる英語語法文法セミナーを毎年8月大阪で開催しています。これは、英語学・言語学の最先端の学識に触れる機会を広く提供することを目的としたものです。

　このシリーズは、「ことばの基礎」「談話のことば」「ことばを彩る」「ことばとスコープ」「ことばの実際」という5つの視座から英語ということばを見つめるものです。「ことばの基礎」ではものの名付け、代替表現などを対象として、名詞と代名詞を第1巻でとりあげ、第2巻では文構造の基本としての動詞を記述の中心に据えます。「談話のことば」では、品詞を超えて文をつなぐ現象を第3巻で扱い、談話と文法的規範からの逸脱との関係を第4巻で考察します。「ことばを彩る」というテーマでは、第5巻でテンス・アスペクト、第6巻ではムード、の観点から英語表現のニュアンスの違いを論じます。第7巻と第8巻は「ことばとスコープ」にあてられ、それぞれ照応表現、否定表現が分析の対象となります。「ことばの実際」では、話しことばの実相を第9巻で提示し、英文法と言語コーパスとの接点を第10巻で記述、説明します。

　本シリーズは、英語の文法事象と語法を、最新の知見からわかりやすく解説するとともに、その研究成果を英語教育の現場で役立つ情報として盛り込むことで、研究と教育の両面から包括的に、発話者の「心」を伝える英語表現の仕組みを解き明かすことを目指すものです。

2016年3月

編者
内田聖二
八木克正
安井　泉

はしがき

　本書は、名詞と代名詞の語法と文法について、網羅的に解説したものではなく、その本質に迫るトピックに絞って論じたものである。第1章は名詞を、第2章は代名詞を取り上げ、全体として2章構成となっている。

　第1章の冒頭では、名詞と名詞句の考え方について取り上げた。伝統文法的な立場に基づく「名詞」の概念と、生成文法的な立場に立つ「名詞句」の概念を正しく理解することが、名詞と代名詞の理解に不可欠であると考えたからである。教育の現場では、名詞という用語は使用されていても、名詞句という用語、特に生成文法的な立場で用いる名詞句はそれほど定着していないと思われる。そのような中で、名詞の問題をさらに深く学ぼうとして生成文法に基づく専門書に手を伸ばした際、名詞と名詞句の区別に戸惑うこともあるかもしれない。その違いの本質を丁寧に説明することによって、敷居をできる限り低くし、名詞・代名詞の理解に避けて通れないこの2つの概念をはっきりと区別できるようにした。これによって、英語を母語とする話者がことばを用いて世の中をどのように切り取っているのかがずっとわかりやすくなると思われる。名詞と名詞句の概念を通して伝統文法と生成文法の立場の違いを踏まえれば、名詞と代名詞、ひいては英文法の理解がさらに進むと同時に、教壇においても納得のいく英文法の解説ができると考えている。

　英語の数と格は日本語にない文法範疇であるので、日本人が英語を話すとき、冠詞の使用と平行して意識的に関わらなくてはならない項目となる。言い換えれば、英語の数と格は英語話者の心の中をのぞき込み、彼らの「ものの見方」を理解するための格好の題材となるのである。本書では、豊富な実例を用いて名詞の用法の比較、分類、傾向分析などを行い、全体的な使用の実態および類似する用法間の連続的な関係がわかるような記述を試みた。

名詞との関わりでは冠詞の用法も重要ではあるが、冠詞についてもまた、網羅的な記述を目指すのではなく、英語話者の心の動きを表出しているいくつかの特別な用法を取り上げた。具体的には、総称的用法における冠詞の語法に焦点を絞った。このような特別な意味を知ることによって、冠詞の基本的な意味が浮き彫りにされ、冠詞の全体的な理解につながるものと考えている。

　第2章では、代名詞の語法のうち、人称代名詞・不定代名詞・疑問代名詞・関係代名詞に関わる個別的問題を取り上げることにした。人称代名詞については、人称・数・格・性に関わる様々な語法上の問題を含んでいるので、特に詳しく論ずることにした。人称は話し手を基準とし、発話場面との関連によって、その代名詞によって指し示される意味が変容する特徴をもっている。したがって、会話ごとに話し手と聞き手の関係や発話場面を見極めなくてはならない。特定の人称を介して別の人称を指すこともあるので、文の構造と語の意味を理解していても、適切なコミュニケーションが成立するとは限らない。このような問題においては、話し手の意図・発話場面・文脈などを考慮に入れて発話解釈の枠組みを探求する語用論(pragmatics)の視点が重要となってくる。

　不定代名詞については one を取り上げた。one の理解には、本書の冒頭でこだわった名詞と名詞句との区別が、重要な関わりをもってくる。

　疑問代名詞と関係代名詞については、取り上げる例はそれぞれ異なるものの、ある種のあいまい性が生じる問題を含むという共通点があることを示した。このことは、代名詞の指示対象に向けられた話し手の意識のあり方に注目する必要があることを意味する。問題として取り上げた例は、単にあいまい性を示しているのではなく、一定の要因の影響によって連続的な関係を表出していると見ることができる例となる。

　全体を通して、名詞と代名詞の語法と文法は決して無味乾燥な事項の羅列ではなく、英語話者のものの見方・考え方、心の動きを垣間見ることのできる興味深い示唆の宝庫であると言うことができる。名詞または代名詞について疑問が生じたとき、あるいは、教室で生徒や学生からの質問を受けることがあったとき、話者の心の動きと一体になって脈を打っている英

語の感覚や、ことばのエネルギーを感じるような答えを得ることができる文法書として、また、各種の具体例や解説をさらに深く掘り下げて、新事実の発見や一般化に結びつけるための資料として本書を活用してもらえればありがたい。

　文法事項の確認には、主に Jespersen の *A Modern English Grammar on Historical Principles* (1909–49), Quirk et al. (1985), Huddleston and Pullum (2002), Swan (2005), Hewings (2013) を参考とした。特に Jespersen をはじめとする伝統文法の知見はいまだに色あせることなく、立場の違いにかかわらず今後の語法と文法の研究においても重要な存在であり続けることであろう。この認識は執筆を通して思いがけず得られた貴重な経験でもある。

　実例の検索には、主に COCA (The Corpus of Contemporary American English; 約 5 億 2,000 万語; 1990–2015) と BYU-BNC (British National Corpus; 約 1 億語; 1980s–1993) の 2 つのコーパスを活用した。いずれも Mark Davies 氏 (Brigham Young University) の公開によるものである (http://corpus.byu.edu/)。

　本書を刊行するにあたり、編者として貴重な執筆の機会を与えてくださった内田聖二先生、八木克正先生、安井泉先生に心から感謝申し上げたい。特に、安井泉先生には構想の段階から度々面会の機会をいただき、執筆の心得も含めて具体的かつ詳細なご意見をいただいた。多忙きわめる中でも隅々まで原稿に目を通され、一つひとつの言語事実から説明の一貫性に至るまで問題点を見逃すことなくご指摘いただいた。また、筆者に原稿を返送される際、内容のコメントとともにその時々の筆者の心境や執筆状況に配慮して添えられたことばが何よりの励みとなり、頓挫することなく最後まで意欲を持って書き上げることができた。これらのご指導と細やかな心遣いなくして本書の完成はありえなかった。また、筆者の同僚である Paul Martin 氏には校務多忙な折にも貴重な時間を割き、労をいとわず誠意を持って英語母語話者としてのコメントを多数提供していただいた。御礼を申し上げたい。なお、本書の内容に関する責任はすべて筆者に帰するものである。

　執筆当初より、吉良文孝氏と大竹芳夫氏から度々いただいたご意見は筆者にとって大きな刺激であり、励ましでもあった。記して感謝する次第で

ある。

　研究社出版部の津田正氏、松本千晶氏には厳しいスケジュールにもかかわらず筆者の意向を最優先し、辛抱強く原稿の完成を待ってくださった。さらに、校正から出版まで終始的確かつ速やかな対応によって、校了までゆとりをもって臨めるようご配慮いただいた。心から御礼申し上げたい。

　　2016 年 7 月

中山　仁

※本書 2.5 節は JSPS 科研費 24520548「英語の関係詞節の接続形式と発話解釈に関する意味的・語用論的研究」の助成を受けています。

目次

編者はしがき　iii
はしがき　v

第1章　名　詞　　　　　　　　　　　　　　　　　　　1

1.1　名詞と名詞句　1
　1.1.1　名詞句とは(1)——伝統的な見方　1
　1.1.2　名詞句とは(2)——生成文法などの見方　3
　1.1.3　my goal も he も John も名詞句——本書の立場　4
　1.1.4　名詞句の定義　6
　1.1.5　ものを指し示すのは名詞ではなく名詞句　6
1.2　名詞の分類——英語話者はものをどう「みなす」のか　7
　1.2.1　学校文法における名詞の分類と注意点　7
　1.2.2　名詞の体系的な分類　9
　1.2.3　可算と不可算(1)——現実世界との違い　11
　1.2.4　可算と不可算(2)——言語間で異なるということ　12
　1.2.5　可算と不可算(3)——可算名詞は「数えられる」のか　12
　1.2.6　可算と不可算(4)——常に複数形の名詞　16
　1.2.7　a paper と paper——可算と不可算で意味の使い分け　17
　1.2.8　drink coffee, order two coffees, etc.——レストランで　18
　1.2.9　a good job と hard work——類義語で可算と不可算の使い分け　19
　1.2.10　形容詞が付いても a(n) の付かない抽象名詞　21
1.3　集合名詞——単複両扱いになる名詞　22
　1.3.1　集合名詞と数の一致　23
　1.3.2　集合名詞のメンバーの数え方　27
　1.3.3　bacteria, data, media　28
　1.3.4　team とチーム名で異なる単複の扱い　30
　1.3.5　その他の固有名詞　35
1.4　ある目的・場面で用いられる異成分の集合——baggage, clothing, furniture, etc.　37
1.5　常に複数形で用いられる名詞　40
　1.5.1　2つの部分がつながってひと組になっている衣服や道具——trousers, scissors, glasses, etc.　40
　1.5.2　様々な形や性質のものから成る集合——arms, clothes, contents, etc.　43
　1.5.3　漠然と複数のまとまりを表すタイプ、1つのものや場所を指すタイプ——beginnings, earnings, mountains, etc.　45
1.6　複数形の語尾を持たないが常に複数扱いの名詞——cattle, people, police, etc.　49
1.7　語尾が -ics の名詞は単数扱いと複数扱いで使い分け——politics, statistics, economics, etc.　50
1.8　語尾が -s でも単数扱いの名詞——measles, billiards, crossroads, etc.（絶対複数の不可算名詞と単複同形名詞）　52
1.9　集合的な名詞と絶対複数の分類　55
1.10　主語と動詞の数の一致　59

- 1.10.1　文法上の一致、意味上の一致、近接性による一致　62
- 1.10.2　Type A・Type B: 主要部の名詞で決まる──数の一致の原則　65
- 1.10.3　Type B: 気になる名詞の語法(1)──group(a [the] group と a group of X (複数))　68
- 1.10.4　Type B: 気になる名詞の語法(2)──couple(a couple と a couple of X(複数))　72
- 1.10.5　Type B: 気になる名詞の語法(3)──pair(a [this] pair と a pair of X(複数))　73
- 1.10.6　Type B: 気になる名詞の語法(4)──bunch(a [the] bunch と a bunch of X (複数))　76
- 1.10.7　Type C: 名詞句の意味に呼応(1)──数量の表現(表2: 用例⑤)　78
- 1.10.8　Type C: 名詞句の意味に呼応(2)──掛け算は Type C か Type A か？　80
- 1.10.9　Type C: 名詞句の意味に呼応(3)──any [each, neither, none] of X の複数呼応と Type D(近接性による一致)の関係(表2: 用例⑥, ⑦)　82
- 1.10.10　Type C: 名詞句の意味に呼応(4)──A as well as B の複数呼応と Type D (近接性による一致)の関係　84
- 1.10.11　Type D: 割合の表現と近接性(1)──about 50% [half] of the houses など (表2: 用例⑧, ⑨)　85
- 1.10.12　Type D: 割合の表現と近接性(2)──one in five people は Type D か Type A・B(数の一致の原則に従う)か？　87
- 1.10.13　Type D: more than a [one] X, many a X の単数呼応　90
- 1.10.14　Type E・Type F: A and B の論理上の一致・意味上の一致 II (表2: 用例⑩〜⑬)　91
- 1.10.15　Type G: A and B の近接性による一致(および意味上の一致 II の関与)──a year and a half(表2: 用例⑭)　94
- 1.10.16　Type E〜Type G 補足: 一見 A and B に見える表現の数の一致──A, and ＋副詞＋B　96
- 1.10.17　Type H・Type I: A or B の論理上の一致・近接性による一致(表2: 用例⑮, ⑯)　96
- 1.10.18　Type J: A or [nor] B の意味上の一致 II (1)──主語全体の意味に呼応(表2: 用例⑰, ⑱)　97
- 1.10.19　Type K: A or [nor] B の意味上の一致 II (2)──a day or two の単数呼応 (表2: 用例⑲)　100
- 1.10.20　Type L: not only A but also B; not A but B の近接性による一致(表2: 用例⑳)　100
- 1.10.21　その他の主語と動詞の数の一致(1)──there 構文　103
- 1.10.22　その他の主語と動詞の数の一致(2)──one of X that[who]＋動詞　104
- 1.11　who や what と動詞の呼応──Who *was* at the party? / *What we need most* is [are] books.　106
- 1.12　主語と補語の数の関係──*My favorite fruit* is *apples*.　111
- 1.13　配分複数と配分単数──*The students* raised *their hands* [*hand*].　115
- 1.14　気になる名詞の単複とその用法　118
  - 1.14.1　this *kind of* thing と these *kind(s) of* things──kind of を用いた類義表現の語法　118
  - 1.14.2　chopped onion(s), mashed potato(es), etc. の可算・不可算　125

1.15　いわゆる総称的用法について　128
　1.15.1　定・不定による区別と指示的意味（reference）に基づく区別　128
　1.15.2　総称的指示を持つ名詞句——概要　132
　1.15.3　the＋可算名詞単数形——*The lion* is a fierce animal.　135
　1.15.4　a(n)＋可算名詞単数形——*A lion* is a fierce animal.　138
　1.15.5　φ＋可算名詞複数形——*Lions* are fierce animals.　139
　1.15.6　φ＋不可算名詞——*Fruit* is good for you.　140
　1.15.7　単に種を指示する名詞句——Do you play *the guitar*?　141
　1.15.8　国民・民族を表す名詞句——an American; (the) Americans　146
1.16　所　有　格　149
　1.16.1　所有格の位置と冠詞の関係——なぜ *a* Tom's friend, *the* Tom's friend, *the* friend of Tom's は誤りか　150
　1.16.2　Tom's friend が定名詞句として用いられない例　154
　1.16.3　所有格は名詞句　155
　1.16.4　所有格表現が使用されやすい例——*Tom's* computer　157
　1.16.5　of 句表現が使用されやすい例——the name *of the book*　163
　1.16.6　所有格表現（X's Y）における X と Y の意味関係——名詞の意味と文脈　166
　1.16.7　種類・性質を表す所有格——a *women's* college　168
　1.16.8　時間・価値を表す所有格——*two weeks'* vacation, *millions of dollars'* worth of diamonds　169
　1.16.9　a friend of Tom's とその関連表現(1)——概要　174
　1.16.10　a friend of Tom's とその関連表現(2)——a friend of mine ('s 所有格と所有代名詞との比較)（cf.(210a)）　176
　1.16.11　a friend of Tom's とその関連表現(3)——a friend of Tom ('s 所有格と 's なし名詞句との比較)（cf.(210b)）　177
　1.16.12　a friend of Tom's [*mine*] とその関連表現(4)——one of Tom's [*my*] friends（cf.(210c)）　180
　1.16.13　a friend of Tom's [*mine*] とその関連表現(5)——Tom's [*my*] friend（cf.(210d)）　186
　1.16.14　場所の属格: 単独で場所を表す所有格——She's staying at *her mother's*.　187

第2章　代　名　詞　191

2.1　は じ め に　191
2.2　人称代名詞　192
　2.2.1　「男性または女性」の単数名詞句を受ける they　192
　2.2.2　主格と目的格——目的格は文中のどこに生じるか　199
　2.2.3　we と人称——we は誰を指すのか　203
　2.2.4　we の特別用法——文字通りの意味からのずれ　204
　2.2.5　総称用法の人称代名詞——we, you, they　213
　2.2.6　総称の you の応用——you が話し手自身を指す場合　216
2.3　one の用法——数詞と不定代名詞　221
　2.3.1　one の分類　221
　2.3.2　数詞（名詞的用法）の one　222
　2.3.3　名詞句（NP）の代用形 one——単独で「a(n)＋名詞」を代用　223

- 2.3.4 名詞(N)の代用形 one——修飾語句とともに用いる可算名詞　225
- 2.3.5 気になる代用語 one の用法(1)——one of *the many Americans* か one of *many Americans* か　230
- 2.3.6 気になる代用語 one の用法(2)——It takes *one* to know *one*.　233
- 2.4 疑問代名詞——which と who/what の交代　234
- 2.5 関係代名詞　239
  - 2.5.1 制限用法と非制限用法——基本的特徴と相違点　240
  - 2.5.2 制限節と非制限節の区別があいまいになる関係詞節　242
  - 2.5.3 制限的な非制限節(1)——伝達上の重要度が高い場合　244
  - 2.5.4 制限的な非制限節(2)——予測可能性が高い場合　246
  - 2.5.5 独立文となった非制限節——予測可能性の低い事例　250
  - 2.5.6 ま　と　め——関係詞節の連続性　252

参　考　文　献　255
索　　　引　259

Column

- weather の特異性　20
- メタファー・メトニミー・シネクドキ　34
- baggage と luggage の違い　39
- 数と単位の単数・複数　95
- as sure as eggs is eggs と数の一致　114
- play the [a, φ] piano の語法　144
- 決　定　詞　149
- -s's にするか -s' にするか？——綴りが s で終わる名詞の所有格(ladies', Jones('s), Jesus', etc.)と発音　156
- a painting of my sister's と a painting of my sister　179

第1章

名　　詞

1.1　名詞と名詞句

1.1.1　名詞句とは(1)──伝統的な見方

　名詞(noun)とは、もの・人の名前などを表す語である。現代英語の場合、形態的には複数形語尾が付いたり、'sが付いて所有格になったりする。では、名詞句(noun phrase)とは何であろうか。これには2つの異なる見方があり、その見方によって使い方も異なる。

　1つは伝統的な見方で、名詞句は「形態上は名詞ではないが、名詞と同じ働きをする句」を指す。「名詞と同じ働き」とは、文中で主語・目的語・補語になるということである。日本の高校生向け英文法学習書の多くはこの意味で名詞句を用いる。例えば、(1a)の to see you again, (1b)の thinking about the stranger, (1c)の to win the championship は「名詞句」である。

(1) a. It's nice [_{名詞句} *to see you again*].
　　　（また会えてうれしいです）
　　b. I can't stop [_{名詞句} *thinking about the stranger*].
　　　（あの見知らぬ人のことが気になって仕方がない）
　　c. My goal is [_{名詞句} *to win the championship*].
　　　（私の目標は優勝することです）

　これらは動詞を中心語とした句(phrase)なので、形態上は名詞ではない。しかし、文中ではそれぞれ主語、目的語、補語となっているので、語であ

る名詞と同じ働きをしているとみなされる。このように、「名詞」という品詞が語の意味・形態だけでなく句の機能にも当てはまる点が伝統的な見方の特徴である。

　この見方に従うと、例えば My goal is to win the championship. (＝(1c)) の my goal は句の形をしていて名詞と同じ働きをしているが、「名詞句」とは言わない。あえて言えば「修飾語の付いた名詞」である。my goal の中心語は名詞(goal)なので、修飾語が付いても意味上も機能上も名詞に変わりはない。そうであれば、あえて名詞句という用語を用いて語と句を区別する必要がないというのが伝統文法の考え方である。これは他の品詞についても同様で、例えば very nice は nice を中心語とする形容詞なので、nice であろうが very nice であろうが機能上の違いはなく、very nice をわざわざ形容詞句とは言わない。これに対し、My goal is to win the championship. の to win the championship の場合、それを構成する個々の語の機能と句全体の機能は異なる。この句は動詞や名詞などで構成されてはいるが、文中で補語(名詞)の役割を果たすのは to win the championship 全体である。その点で句の機能上の自立性が認められるので、この句は文法上意味のある存在とみなされる。そのため、to win the championship のような句を my goal などと区別して「名詞句」と呼ぶのである。他の品詞についても同様で、a house across the street (通りの向かいの家) の across the street は前置詞、冠詞、名詞の3つの語から成るが、句全体としては a house を修飾する形容詞の役割を果たすので「形容詞句」と呼ぶ。このように、機能上自立的な句についてのみ「名詞句」「形容詞句」などの用語をあてる。

　単語の名詞であれ修飾語の付いた名詞であれ、区別せずに「名詞」とみなすのが伝統文法やそれに沿った日本の高校生向け英文法学習書の見方なので、「名詞は主語・目的語・補語になる」という説明をする際、名詞に修飾語が付いているかどうかは問わないことになる。例えば、An apple a day keeps the doctor away. (毎日1個のリンゴで医者いらず) という文の主語は何かと問われれば、「名詞の apple」と答えようが「名詞の an apple a day」と答えようが大差ないというのが多くの英文法学習書の見方である。言い換えれば、「主語」も実際のところ「語」である必要はなく、句の形をしてい

ても用語上は同じ「主語」を使う。一部の英文法学習書ではこの例の an apple a day を「主部」、apple を「主語」と分けて説明することもあるが、実際には当の学習書の中でも用語の使い方があいまいになることがある(特に「主語と動詞の数の一致」や「主語と動詞の倒置」の説明では「主語」を「主部」の意味で用いることが多い)。このあいまいさが残る原因は、当の学習書が全体として伝統的な見方をとる一方で、伝統的にはあまり意味のないとされた句の内部構造にも言及しようとしているところにある。結局、英文法学習書においては「名詞」「主語・目的語・補語」と言う場合、厳密に言えば単語としての名詞を指すが、実質的には修飾語を含めたひとまとまりの句を指しているのだと理解しておく必要がある。

1.1.2　名詞句とは(2)——生成文法などの見方

　伝統文法では句の自立的な機能に注目して名詞句という用語を用いるが、生成文法などでは句の内部構造に注目した用語として名詞句を用いる。すなわち、名詞句とは「名詞を中心語とし、主語・目的語・補語などとして機能する句」である(「名詞を中心語とする」という句の構造上の特徴を内心構造的(endocentric)と言う)。例えば My goal is to win the championship. (=(1c))なら、名詞句は to win the championship ではなく、my goal と the championship である。my goal と the championship はそれぞれ名詞 goal と championship を中心語としてひとまとまりの句を形成している[1]。

　前節で見た通り、伝統文法ではこのような句を文法上あまり意味がないと考えた。しかし、生成文法などでは、文と句はすべてこのような句の集合によって成立することを前提とし、句の内部で使われる語句とそれらの関係(先行関係や支配関係など)に注目する。したがって、句が自立的に名詞や形容詞などの機能を持つかどうかという点は問わない。なお、生成文法ではあらかじめ「主語・目的語・補語は名詞句」と規定する。言い換えれば、主語・目的語・補語は「語」ではなく初めから「句」なのである。名

---

[1] 伝統文法で名詞句とされていた(1a)の to see you again, (1b)の thinking about the stranger, (1c)の to win the championship などは、別の範疇(意味上の主語を持つ抽象的な句)となる。

詞句は noun phrase の頭文字を取って NP と表記されることもある(単数で不定冠詞が付く場合は an NP；複数の場合は NPs)。

生成文法では主語・目的語・補語が名詞句と規定されるので、それぞれの要素が1語であっても名詞句とみなされる。例えば、Haste makes waste. (せいては事をし損じる)という文であれば、主語 haste と目的語 waste はともに名詞句である。もちろん、単なる語彙としてならば名詞である。名詞(N)と名詞句(NP)の構造上の関係を(2)に示す。

(2) [NP(主語) [N Haste]] makes [NP(目的語) [N waste]].

また、代名詞も文中では名詞句とみなされる。なぜなら、代名詞は(一部を除き)名詞ではなく「名詞句の代用」として使われるからである。例えば、(3a)の he, she はそれぞれ名詞句 the man, the little Swedish girl の代用、(3b)の it は名詞句 an excellent museum の代用である[2]。

(3) a. *The man* invited *the little Swedish girl* because *he* liked *her*.

(Quirk et al. 1985: 76)

(男性はそのスウェーデン人の少女のことが好きなので招待した)

b. We have *an excellent museum* here. Would you like to visit *it*?

(Ibid.: 347)

(ここには素晴らしい博物館があります。行ってみたいですか)

同様に、固有名詞も名詞句と平行的な関係を持つので(例えば *My brother is a doctor.* と *John is a doctor.* との平行性)、語彙としては名詞だが文中では名詞句として機能している。

1.1.3　my goal も he も John も名詞句──本書の立場

本書では名詞句という用語を生成文法などの立場に沿って使用すること

---

[2] 代名詞 one は名詞句の代用をする場合と、以下のように名詞の代用をする場合がある: John searched the big room and then the small *one*. (Quirk et al. 1985: 75) (John は大部屋の中を捜した後、小部屋の中を捜した)。詳しくは 2.3 を参照。

にする。本書があえて従来の英文法学習書と異なる見方をするのは、第 1 に、生成文法で言うところの名詞句を用いることによって、伝統的な見方で問題になる「名詞」と「修飾語の付いた名詞」のあいまいさが解消されるからである。「修飾語の付いた名詞」は「名詞句」として区別され、主語・目的語・補語は名詞句で統一される。代名詞(he など)や固有名詞(John など)も名詞句となるので説明上の一貫性が保たれる。

　第 2 に、生成文法的に名詞と名詞句を区別すれば、統語上・意味上の問題を説明するのに都合がよい。例えば、主語と動詞の数の一致は、名詞句と動詞の数の一致ということになる。動詞の呼応の仕方は主語によって実に様々であるが、これを名詞句の構造と意味に基づいて整理すれば主語と動詞の数の一致のタイプやタイプ同士の関係をより明確に示すことができる。Neither of them is [are] welcome. (2 人とも歓迎されない)という文を例に挙げれば、動詞の単数[複数]呼応に影響を与えるのは主語である名詞句(neither of them)の中心語(neither)なのか、名詞句の中で動詞にもっとも近い語(them)なのか、名詞句全体(neither of them)なのかというふうに、名詞句のどこに注目するかで動詞の呼応が異なることを示すことができる(詳しくは 1.10 を参照)。

　第 3 に、生成文法のような理論を引用するまでもなく、このような名詞句の使用は普通に見ることができる。例えば、英米の英語辞書や英文法学習書では名詞句(noun phrase)は「名詞を中心語とする句」を指すことが多い。例えば、COD[12] では noun phrase を "a word or group of words <u>containing a noun</u> and <u>functioning in a sentence as subject, object, or prepositional object</u>" と定義する(下線は筆者)。また、COBUILD[8] では He put the bottle of wine on the kitchen table. (彼はワインボトルを台所のテーブルに置いた)という例を挙げて、この文中の He と the bottle of wine と the kitchen table を noun phrase (＝noun group)としている。代名詞(he)も名詞句とみなす点は生成文法とも一致する。その他の英語辞書においても名詞を中心とする語を名詞句の例として挙げていることから、これらを名詞句の典型例とみなしていることがわかる。

　このように、あいまいさをなくして説明に一貫性を与えるためにも、生

成文法などの立場は役に立つと思われる。もちろん、これによって伝統文法や日本の英文法学習書をすべて否定しようとしているわけではない。ここでの目的は、伝統文法と生成文法との文法観の違いによって、名詞句の用語上の扱いが大きく異なっていることに注意を促すことであり、特に、これ以降の説明に当たって伝統文法に基づいた誤解をしないように、本書における名詞句の見方を確認しておくことにある。この点を除けば、伝統文法で示された知見と洞察は依然として語法・文法上有益であり、今後も積極的に活用されるべき貴重な情報の宝庫であるのに変わりがないことを付け加えておく。

1.1.4 名詞句の定義

名詞句と名詞の典型的な関係をまとめると次のようになる (Huddleston and Pullum (2002: 326) に基づく)。

(4) a. 名詞句は主語・目的語・補語になりうる。
 b. 名詞句は通例、名詞を中心とし、それに従属する要素が付く形をとる。この時の名詞を主要部 (head) と呼ぶ (例: my goal の goal)。主要部名詞が単独で名詞句を作ることもある (例: *Haste* makes *waste*.)。
 c. 固有名詞も文中では名詞句とみなす。
(5) a. 名詞は典型的に数や格に関して屈折変化する (例: dog – *dogs* (複数); child – *child's* (所有格))。
 b. 名詞は名詞句の主要部となる。
 c. 名詞には冠詞などの決定詞 (determiner)、前置修飾の形容詞、関係詞節など、名詞に特有の従属要素がある。

1.1.5 ものを指し示すのは名詞ではなく名詞句

名詞句は文法的役割を担う単位であると同時に、指示対象の特定に関する情報を含む単位でもある。

名詞はものの名前を表すが、それによって話し手が実際にその名前を持

つものうちのどれを指すかは表さない。名詞は名詞句となることによって初めて話し手の指すものを表すことができるのである。例えば、名詞 dog は単に「犬」という概念を表すだけで、どの犬も指してはいない。これが名詞句 the dog や my dog などになることによって初めて現実世界とつながり、特定の犬を指すことになる。また、名詞 chocolate はそれ自体ではどんな形か、どれくらいの量を指しているのかはっきりしないが、名詞句 a bar of chocolate や a box of chocolates などで表現されることによって、板チョコ 1 枚を指しているとか、一口サイズのチョコレートの詰め合わせを指しているとかが理解できる。もちろん、chocolate が単独で名詞句として発話された場合は、話し手は形のはっきりとしない、あるいは、形や大きさは問題でないチョコレート (Stir *chocolate* until smooth. / My dog can't eat *chocolate*.) を意図しているということになる。

なお、固有名詞と代名詞は、単独で指示対象が特定される語なので、文中ではそれ自体が名詞句としての資格を持つ。したがって、通例は、指示に関する情報が新たに付加されることはない[3]。

1.2 名詞の分類——英語話者はものをどう「みなす」のか

1.2.1 学校文法における名詞の分類と注意点

一般に、学校文法では名詞を普通名詞 (common noun: *child*, *idea*, etc.)、集合名詞 (collective noun: *family*, *furniture*, etc.)、物質名詞 (material noun: *water*, *chocolate*, etc.)、抽象名詞 (abstract noun: *freedom*, *experience*, etc.)、固有名詞 (proper noun: *John Williams*, *Tokyo*, etc.) の 5 つに分類する。

これは、名詞の意味内容に基づく分類であるが、あくまでも便宜的なも

---

[3] the Bill Gates (あの有名な Bill Gates) や the old John I used to know (私が知っていた昔の John) のように固有名詞に冠詞が付く用法はあるが、これらの場合は、同名の複数の人物や、同一人物に対して持つ複数の印象の存在を前提として使われているので、固有名詞というよりは普通名詞のように扱われているとみなすことができる。また、the Pacific (太平洋), the Thames (テムズ川) なども the を付けて用いるが、これらは the を含めて 1 つの固有名詞とみなしたほうがよいだろう。

のであり、厳密な定義があるわけではない。したがって、いくつかの問題や誤解が生じる。例えば、「普通名詞(common noun)」という名称があいまいである。普通名詞は「同じ種類とみなされる人やもののそれぞれを表す名前で、単数形と複数形がある」と言われることが多い。child などは典型的な例である。しかし、「家族」を表す family は、同じ種類とみなされるもの(共同生活をする集団の一種)のそれぞれを表す名前であり、これに基づいて「一家族」と「複数の家族」を単数形と複数形(a family/families)で区別することができるにもかかわらず、「普通名詞」ではなく、単純に集合名詞として分類されるのが通例である。

「普通名詞」の使用にはもう1つ注意すべき点がある。国語辞書、英語辞書によると、通例、普通名詞は固有名詞との対照で定義される。LDOCE[6] と COBUILD[8] の common noun の定義を引くと次のような定義になっている。

(6) a. in grammar, a common noun is any noun that is not the name of a particular person, place, or thing. For example, 'book', 'sugar', and 'stuff' are common nouns. (LDOCE[6])
　　b. **A common noun** is a noun such as 'tree', 'water', or 'beauty' that is not the name of one particular person or thing. Compare **proper noun**. (COBUILD[8])

(6)の具体例中、sugar, stuff, water は物質名詞、beauty は抽象名詞で、どれも common noun (普通名詞)に含まれることになる。つまり、学習英語辞書の普通名詞は、学校文法で言う普通名詞よりも意味が広い(それぞれの名詞の間のより詳しい関係については 1.2.2 を参照)。

このように、分類方法に違いが生じるのは、名詞が指すものを現実世界における状態の類似性に基づいて分類するか、文法上の数概念(可算性)に基づいて分類するかという、観点の違いがあるからである。「普通名詞」という用語を使用する際には、どちらの観点によるものかを明確にしておく必要があるだろう。ただ、いずれにしても重要なのは、1つの名詞の意味・可算性は必ずしも一様ではないということである。単に名詞の語彙リストからある名詞(例えば family)を取り出して、それが普通名詞か、集合名詞か

と問うのはあまり意味がない。そうではなく、その名詞が文中においてどのような意味で使われているか(例えば My family are all well. という文において family は「家族全員」を指すのか、「一世帯」を指すのか)を問うた上で、どの場合に集合名詞と言えるのかという順序で考える必要がある。

1.2.2　名詞の体系的な分類

　辞書の定義に従って考えると、普通名詞は「固有名詞でない名詞」である。「固有名詞でない」とは、一般に「同類のものが複数ある」ということなので、言い換えれば、普通名詞とは「同類とされるものの個々の成員(メンバー)に、共通に付けられた名前」を表す。例えば、普通名詞 cat は、「それに属する個体はどれも cat の一例(a cat)となりうる、共通の性質・特徴を持つもの」を表している。つまり、common noun の common は「普通の」ではなく、むしろ「種に共通の」の意味で使われているということがわかる(OED[2])。

　学校文法以外では、この意味で普通名詞という用語を用いることが多い。これを踏まえて名詞を分類すると、名詞はまず普通名詞と固有名詞に大別される。これに可算(count; countable)・不可算(noncount; uncountable)という文法上の基準を加えると、名詞を体系的に分類することが可能となる。その一例を(7)に示す。

(7) 名詞の分類(Quirk et al. 1972, 1985)

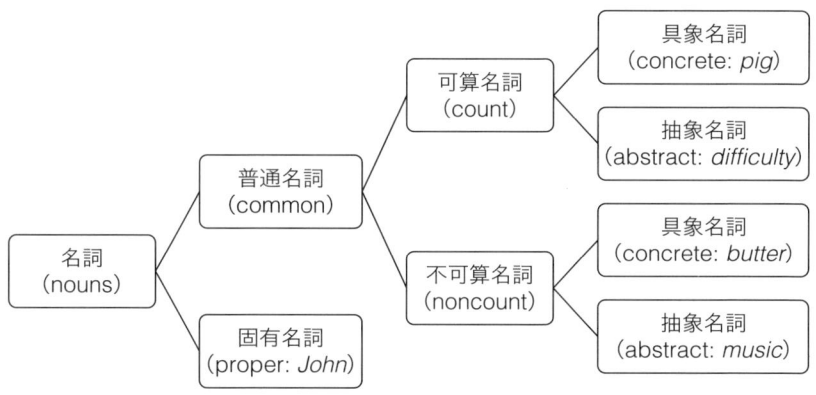

具象名詞(concrete noun)とは「observable かつ measurable」であるものを指す。(7)を名詞の5分類に当てはめて整理したのが(8)である。

(8)

		具象		抽象
可算名詞	a	普通名詞 (pig, toy, etc.) 集合名詞の一部 (family, team, etc.)	b	抽象名詞の一部 (difficulty, remark, etc.)
不可算名詞	c	物質名詞 (butter, water, etc.) 集合名詞の一部 (baggage, furniture, etc.)	d	抽象名詞の一部 (music, homework, etc.)

(8a)と(8c)の集合名詞の違いは、(8a)が two *families* [*teams*] のように複数形になるのに対して、(8c)は複数形を持たないという点である。例えば、baggage (手荷物)は、suitcase と bag などといった複数の手荷物をまとめて指す語なので、日本語のように「個々の手荷物」の意味で *two baggages* (手荷物2つ)と言うことはできない(「*」は「不適・誤り」であることを表す)。この点では *two butters* (バター2つ)のように言えない物質名詞と一致する。なお、上記の集合名詞の位置づけは、主に高校の英文法(伝統文法の一部)に沿って便宜的に当てはめたものである。一般の文法書では family などの「可算名詞＋具象」のうち、単数・複数両扱いされる名詞のみを集合名詞として扱うことが多い(集合名詞の分類については大塚・中島(1982: s.v. *collective noun*)を参照)。本書での集合名詞の扱いについては 1.3 で解説する。
(8b)の抽象名詞は two major *difficulties*, his *remarks* のように複数形が可能である点で(8d)の抽象名詞と異なる。

(8)の分類は英語の名詞を実際に文中で用いる場合に役立つ。名詞を文中で(名詞句の一部として)用いる場合は、常に単数形・複数形の区別や不定冠詞 a(n) の有無について判断しなくてはならないが、これに関わるのが可算・不可算の概念だからである。もちろん、固有名詞はこの概念に関わらないので可算名詞・不可算名詞と区別される。また、この分類に従えば、

実質的に普通名詞という分類概念を意識する必要がなくなると同時に、common noun を「普通」名詞と呼ぶべきか「共通」名詞と呼ぶべきかという問題も考慮しなくて済む。

ただし、(8)に基づいて名詞を可算・不可算の観点から区別したとしても、語彙によっては実際の使用上注意すべき点がいくつかある。1つは可算・不可算という概念自体に関わる問題であり、もう1つは単数扱い・複数扱いという数の一致(number agreement)に関わる問題である。これらについて、以下で詳しく見ていくことにする。

1.2.3　可算と不可算(1)——現実世界との違い

可算・不可算の区別は日本語にないものであると同時に、英語特有の区別をするという点で、日本人学習者にとっては注意が必要である。英語の可算性は英語話者の目を通して考えられた文法上の基準であり、現実世界のものに対する1つの見方を示しているにすぎないので、日本語はもちろんのこと、他言語の話者の視点に基づいて英語の可算性を判断するのは適切ではない。

例えば、「豆を食べる」は eat beans [peas]だが、「米を食べる」は eat rice である。どちらも穀物という点では同じだが、「豆」は複数形で、「米」は単数形である。さらに、beans [peas]は a bean [pea]というふうに「1粒」を表し、単数と複数で使い分けることができるが、rice は個としての境界を持たない(個として意味をなさない)ものとみなされるので常に rice である(もちろん、a grain of rice で「1粒」を表すことはできるが、単独では表現できない)。よって、bean [pea]は可算名詞、rice は不可算名詞という異なった扱いになる。

この違いは、個体を見分けるのに拠りどころとなる人間の視覚が影響していると言えるかもしれないが、必ずしもそうとは限らない。例えば、トウモロコシ(corn)の粒の大きさは bean とさほど変わらない程度だが、corn は不可算名詞である。また、単に大きさで比較するのであれば、ゴマ(sesame seed)は(穀物ではないが食用とする種子として豆と同類と考えて比較すると) bean よりもずっと小さいが、可算名詞である(ただし、apples grown from *seed*

(種から育てたリンゴ)の場合は不可算名詞)。

　また、「家具」は日本語では1つ、2つと数えることができるが、英語では a piece [two pieces] of *furniture* のように、furniture 自体は数えられない名詞として扱う。

　要するに、英語の可算・不可算の区別は、英語の話者にとって、個体として意味のあるものかどうかという観点から行われている。実際に目には見えていても、どのように「みなす」かが問題となるのである。

1.2.4　可算と不可算(2)——言語間で異なるということ

　可算・不可算の区別は言語によって異なる。例えば、フランス語のような、英語と比較的関係の深い言語であっても、それぞれの語の可算・不可算の選択には違いがある。(9)は同じ意味を持つ名詞について、英語では不可算名詞が、フランス語では可算名詞が用いられる例である(左が英語、右がフランス語(複数形))。

(9) a.　furniture – meuble*s* (家具)
　　b.　information – information*s* (情報)
　　c.　homework – devoir*s* (宿題)
　　d.　to do research – faire des recherche*s* (研究を行う)

1.2.5　可算と不可算(3)——可算名詞は「数えられる」のか

　可算名詞か不可算名詞かを判断する一つの方法が、one, two, three などの数詞(cardinal numeral)を付けて数えられるかどうかというものである。例えば、idea, deer は数詞を付けて数えることができるが、information はそれができない。

(10) a.　one [an] *idea*, two *ideas*, three *ideas*, ... (考え)
　　 b.　one [a] *deer*, two *deer*, three *deer*, ... (鹿)
　　 c.　*one [*an] *information*, *two *information*, ... (情報)

よって、idea と(単複同形の) deer は可算名詞、information は不可算名詞で

ある。この数詞の付加という条件に当てはまる名詞が典型的な可算名詞と言える。

　しかし、辞書などで可算名詞とされるものの中には「数えられない」名詞も含まれる。例えば、kindness（親切な行為[＝an act of kindness]）には単数形と複数形があるにもかかわらず、数詞は付かない。

(11) a *kindness*, many *kindnesses*, *two *kindnesses*

　また、通例可算名詞は単数形に不定冠詞 a(n) が付くという点で不可算名詞と区別されるが、不可算名詞にも a(n) が付くことがある。したがって、名詞に a(n) が付くからといって、それが可算名詞であるとは限らない。(12) の understanding, knowledge, education は不可算名詞であるが、形容詞に修飾される（意味が限定される）と、a(n) が付く（knowledge の場合は付かないこともある）。

(12) a. a clear *understanding*（明確な理解）
　　 b. a good *knowledge* of wildlife（野生生物の豊富な知識）
　　 c. an *education*［＝a good *education*］（立派な教育）

これらは、不定冠詞が付くことによって「一定の理解[知識、教育]」といったひとまとまりの内容を暗示するので、可算名詞の性質を多少帯びていると言えるかもしれないが、数詞を付けることはできないし、複数形にすることもできないので、不可算名詞であることに変わりはない。ちなみに、この種の不可算名詞について、辞書では[singular, U]、[U]、[(具体例では) a(...)～]などのような表記をすることが多い。

　なお、抽象名詞に a(n) が付いた場合、"a(n) = some" と解釈されることもあるが、(12) についてその解釈が当てはまるかは疑問である。ちなみに、(12a) は、コーパス (COCA) で "some [any] clear understanding" を検索してもその使用例は出てこない[4]。また、(12b) の knowledge については、「しばしば、ひと通りの体系的知識を暗示する」（『ウィズダム英和辞典』[第3版]）

---

　[4]　COCA = The Corpus of Contemporary American English（http://corpus.byu.edu/coca/）

という指摘がある。(12c)については、「ひと通りの教育を表しているのであって、断片的な印象を含むsomeとは異なる」と判断する話者もいるので、少なくとも、"a(n) = some" の解釈が常に当てはまるわけではないようである。

　抽象名詞に不定冠詞a(n)が付く例は様々だが、基本的に、a(n)が付く場合は、それがない場合と比べて具体性が高い、あるいは、限定的というのが共通の特徴である。これと個々の語の特徴が関連してa(n)が付くかどうかが決まるようである。一例として、interest（興味）の場合はどうなるのか、COCAの検索結果をもとにまとめてみる。

　まず、interest が動詞 HAVE（＝have/has/had）または TAKE（＝take/takes/took/taken）の目的語となって、HAVE/TAKE (an) interest の形をとる場合、不定冠詞のある HAVE/TAKE an interest のほうが、不定冠詞のない HAVE/TAKE interest よりも多く使われる(前者が1,244件、後者が173件)。これは、この表現が「特定のものに対する興味がある」ことを示すために具体化しやすく、その結果、an interest の形をとるものと思われる。もちろん、興味の対象について抱く漠然とした興味（「もっと知りたい」という感情）だけを表すのであれば、無冠詞の HAVE/TAKE interest を使う余地が残されている。また、HAVE/TAKE an interest は in 句を伴うことが多いのも特徴的である。つまり、興味の対象を特定する in 句の存在も interest の具体性を高める要因となっている。

　さらに、interest は、先にも話題になった形容詞の修飾によって意味が限定され、「ある種の興味」へと種別化されることで、具体性が高まるようである。例えば、TAKE an interest という表現の場合、これに形容詞の付いた TAKE a(n)＋形容詞＋interest (e.g. take a keen interest) と比較すると、形容詞の付いた例のほうが、付かない例より約6倍多い(330件)。言い換えれば、interest は形容詞が付くと具体性が高まり、不定冠詞a(n)を伴う傾向が強まるということになる。なお、ここでも in 句を伴う例が多くを占める(例えば She does take a keen interest *in their progress*.)。

　interest に後続する in 句が具体性を高めるもう1つの根拠は以下のような文からも推測することができる。

(13) I read the article *with great interest*.
（その記事を非常に興味深く拝見しました）

(13)のような場合、interest は形容詞の修飾を受けても不定冠詞 a(n) は付かないのが普通である。なぜなら、この表現は「漠然とした興味」を意味しているからである。予想通り、with great [keen] interest は COCA で 231 件あったが、不定冠詞が付いた with *a* great interest は 0 件、with *a* keen interest も 11 件のみであった。興味深いのは、その 11 件のうち、9 件は in 句を伴っていたということである。漠然とした興味を表すものであっても、in 句による具体化が働けば、不定冠詞が付く可能性があるということを示している。

最後に、動詞が HAVE/TAKE の代わりに LOSE（＝lose/loses/lost）の場合を調べたところ、興味深い結果となった。

(14) a. LOSE interest: 897 件（うち、LOSE interest in: 490 件）
  b. LOSE an interest: 1 件
  c. LOSE a(n)＋形容詞＋interest: 0 件
  d. LOSE＋形容詞＋interest: 2 件

つまり、興味を失うと「特定のものに対する興味」がなくなって、単に漠然と「興味がない」ことを表すだけになり、それを反映して具体性が低くなるということが、表現形式にも顕著に表れている。この場合、(14a)に見るように、たとえ in 句を伴っても interest に不定冠詞 a(n) は付かない。in 句の存在よりも興味のあるなしのほうが、具体性に影響を与えているようだ。

以上、不可算名詞 interest を例に、関連する動詞の意味と、形容詞の修飾による種別化、in 句による具体化が、不定冠詞 a(n) の有無に関係していることを見た。具体性が高まると不定冠詞が付く可能性も高くなるが、その背景を知るには、個々の語の文脈も考慮に入れる必要があることをこの例は示している。

実は、interest を可算名詞とする英和辞書は多い。可算・不可算の表記を

見ると、［C］［U］［単数形で］、［U］［C］［単数形で］などとなっている。上記のような a(n) の付いた例を可算名詞に含めているからである。しかし、前述の knowledge, education などのような抽象名詞については、［U］［時に a〜］,［U］［(具体例では) a(..)〜］などと表記されるのが通例のようである。これらの抽象名詞の表記の可算・不可算の差について厳密に記述するのは難しい。これらの表現の何に注目するかで判断が異なるからである。前述のように、不可算から可算へのプロセスを想定して考えれば、interest は不可算名詞と言えるだろうし、使用実態のみに基づいて考えれば、an interest が高頻度で用いられるので可算名詞であるとも言えるだろう。ちなみに、主な学習英語辞書では interest について［singular, U］(LDOCE[6])、［N-VAR］(COBUILD[8]) などのような表記をしている (N-VAR ＝可算・不可算可変名詞)。

　本書では、抽象名詞がどのような連語関係と文脈において可算化するかという点について述べるにとどめ、可算・不可算の定義と分類の問題については、これ以上立ち入らないことにする[5]。

1.2.6　可算と不可算(4)——常に複数形の名詞

　英語の名詞には常に複数形で用いられる名詞もある。これらは、可算名詞かどうかという話題とは別に扱われることが多い。例えば、oats (オート麦), arms (武器) などの絶対複数 (pluralia tantum) や、trousers, pyjamas［paja-

---

[5]　名詞の可算性の度合いの記述については、Yasui (1975) が詳しい。Yasui (1975) は、名詞が (i)「one＋名詞」、(ii)「a＋名詞」、(iii)「a＋修飾語句＋名詞」、(iv)「複数形」のそれぞれの形をとることが可能か否かという点に基づいて、その名詞の可算性の度合いを示すとともに、それぞれの形同士の含意関係について論じている。それによれば、(i)–(iv) のうち、とりうる可能な形の数が多いほど可算性の度合いが高く、その数が同数の場合は、(i) から (iv) を順に第 1 位から第 4 位として、とりうる可能な形の順位の高いほうが可算性の度合いが高い。例えば、book は (i)–(iv) のすべてが可能、silence は (ii)(iii) が可能、propriety は (iii)(iv) が可能、ash は (iv) のみ可能なので、これらの可算性の度合いの差は book＞silence＞propriety＞ash となる。また、Yasui (1975) は、(i)–(iv) の形同士の含意関係に基づいて、可能な (i)–(iv) の組み合わせとそうでない組み合わせがあることを証明している。

mas], scissors などの 2 つひと組 (2 つの対称的部分がある) のものを表す語 (bipartites) の場合、単数形はありえないし (trouser leg のような形容詞的用法は除く)、数詞や many などで数えることもできない。辞書の表記を見ても、[C] の表示はなく、単に [複数形で]、[〜s] などと記されているだけである。これらの名詞については、単数形と複数形、および、単数扱いと複数扱いについて詳述する際に再び取り上げる (1.3 以降を参照)。

1.2.7　a paper と paper——可算と不可算で意味の使い分け

She baked *some chocolate cakes*. と言えば、普通は (例えば birthday cake のような) 丸ごとのケーキが数個想像される。この場合の cake は可算名詞である。一方、Would you like *some chocolate cake*? と言えば、ケーキ 1 切れのことを指している。ケーキ 1 切れは丸ごとのケーキから切り出した「ケーキの一部」であり、決まった形を持たない。a piece of cake と同じである。この場合の cake は不可算名詞である。このような、意味によって可算名詞にも不可算名詞にもなる名詞は多い。類例を以下に挙げる。

(15) a. i. I bought *a paper*, a copy of *the New York Times*.
 (私は新聞、*New York Times* を 1 部買った) [可算]
 ii. I got *some paper* and started writing.
 (私は紙を取って書き始めた) [不可算]
 b. i. All these *studies* provide us with new insights into the problem.
 (これらすべての研究は、その問題についての新たな知見をもたらす) [可算]
 ii. *Further study* is needed to determine . . .
 (. . . を判断するには詳細な検討が必要だ) [不可算]
 c. i. I had positive *experiences* in elementary school.
 (私は小学生の時に有意義な体験をした) [可算]
 ii. We have a lot of *experience* in this area.
 (私たちはこの分野での経験が豊富です) [不可算]

なお、可算名詞の cake は大きさと場面によって意味が変わることがあ

る。例えば、ケーキ店で丸ごと数個のケーキを買うことになっている時に、さらに Can I have another cake, please? と言えば、丸ごと 1 個追加することになる。一方、パーティーなどで様々なピースケーキが並んでいた時に Help yourself to another cake. と言えば、「ピースケーキをもう 1 つ (another piece of cake) いかがですか」という意味になる。このような文の理解には可算・不可算の区別に加えて、文脈情報も考慮する必要がある。

1.2.8 drink coffee, order two coffees, etc.——レストランで

coffee, tea, juice, beer などは、それ自体は不可算の物質名詞だが、メニューにあるものを指す場合は可算名詞化できる。

(16) a. レストランなどで注文する時: *Two coffees* and *an orange juice*, please.
(コーヒー 2 つとオレンジジュース 1 つ下さい)

b. 種類について述べる時: The beverage list is particularly good, with *10 beers*, *six waters* and several nonalcoholic wine selections.
(COCA: 1994, NEWS)
(飲み物のメニューは特に充実していて、10 種類のビール、6 種類の水、数種類の選りすぐりのノンアルコール・ワインがある)

waters の例はさほど多くないようだが、場面や文脈上の条件が揃えば、飲み物類 (drinks) の可算化は可能だということがわかる。同様に、料理のメニューについても以下のような可算化が可能である。

(17) a. That makes *five porks* and *two turkeys*, please.
(Huddleston and Pullum 2002: 336)
(全部でポーク料理を 5 つとターキー料理を 2 つお願いします)

b. *One roast beef* and *two lambs*, please. (Ibid.: 337)
(ローストビーフ 1 皿とラム肉料理を 2 皿下さい)

これらはレストランの注文時などに限られてはいるが、cake の場合と同様、物質名詞が限定され、料理の一品 (a dish) として個別化されることによって、

可算名詞化する例である。

　不可算名詞の抽象名詞にも可算化して数詞が付く例がある。抽象的な概念から具体的なものを指すようになると可算化しやすい。特に、結果を表す抽象名詞は、出来事を表す場合よりも可算化しやすいようである。(18a)–(18c)の invention は順に、概念、出来事、結果を表す例であるが、結果を表す(18c)のほうが出来事を表す(18b)よりも容認度が高い。

(18) a. Necessity is the mother of *invention*.

　　　　　　　　　　　　　　　　　(Huddleston and Pullum 2002: 337)

　　　　（必要は発明の母）［概念］

b. ?There were *two* separate *inventions* of the light-bulb.　　(Ibid.)

　　（電球の発明には2つある）［出来事］

c. Edison was honoured for *three* separate *inventions*.　　(Ibid.)

　　（Edisonは3つの異なる発明(品)で称賛されている）［結果］

1.2.9　a good job と hard work——類義語で可算と不可算の使い分け

　類義語同士で可算と不可算の対照が見られるものがある。(19)のそれぞれの例に可算名詞と不可算名詞の対照を示す。

(19) a. ［C］**a job** / ［U］**work**「仕事」

　　i.　I'm looking for *a job* right now.（目下、職探し中）

　　ii.　I'm looking for *work* right now.（同上）

b. ［C］**a laugh** / ［U］**laughter**「笑うこと」

　　i.　"That's exactly what I did," Ralph admitted with a nervous *laugh*.

　　　（「確かにそれは私がやりました」と、Ralphは緊張気味に笑って認めた）

　　ii.　There was nervous *laughter* all around.

　　　（緊張から一同に笑いがもれた）

c. ［C］**a view** / ［U］**scenery**「景色」

　　i.　What *a* beautiful *view*!（美しい景色だ）

ii. What beautiful *scenery*! (同上)
d. [C] **a trip [journey]** / [U] **travel**「旅行」
  i. Have *a* good *trip* [*journey*]! (よい旅を)
  ii. They spent less time and money on *travel*.
  （彼らは旅行の時間とお金を節約した）
e. [C] **bags, cases,** etc. / [U] **baggage [luggage]**「手荷物」
  i. We have a lot of *bags* and *suitcases*.
  （かばんやスーツケースがたくさんある）
  ii. We have a lot of *baggage* [*luggage*].
  （手荷物がたくさんある）
f. [C] **chairs, tables,** etc. / [U] **furniture**「家具」
  i. *These chairs* are comfortable.
  （これらの椅子は座り心地がよい）
  ii. All of *this furniture* is made of oak.
  （ここの家具はみなオーク材でできている）
g. [C] **a suggestion** / [U] **advice**「助言」
  i. That's *a* good *suggestion*. （それはよい案です）
  ii. That's good *advice*. （それはよいアドバイスです）

(19d)の travel は、trip や journey と異なり "traveling in general" の意味なので、*Have (a) good *travel*! と言うこともできない。また、同一語であっても可算・不可算で使い分けられる場合もあり、wood（木材）と a wood [woods]（森林）(woods は単複両扱い) のような対照もある (したがって、The Beatles の曲にある Norwegian Wood を「ノルウェーの森」と解釈するのは疑問であり、単純に考えれば「ノルウェー産の木材」となる)。

Column weather の特異性

It's *a* nice *day*, isn't it? （いい天気ですね）を weather で言い換えると、It's nice *weather*, isn't it? となり、weather は無冠詞で用いられる。よって、この

場合の weather は不可算名詞である。しかし、weather には独特の特徴がある。まず、*a *weather* も *a lot of *weather* も不可である。これに従えば、weather は可算名詞でも不可算名詞でもない。ところが、a lot of cold [bad] *weather* (長く続く寒い[悪]天候), some rough [severe] *weather* (荒れた[厳しい]天候), What lovely *weather*! (なんていい天気なんだろう)のような不可算の用法もあれば、in all *weathers* (どんな天気[時]でも), in the best of *weathers* (天気が一番よい時に)のような複数用法もある。

上記の複数用法に対して、単数の in all weather, in the best of weather の例は COCA を見ても非常に少ない。同時に、a (...) weather の例は COCA でも見当たらないことを考えると、weather は基本的には不可算名詞とみなして差支えないだろう。

1.2.10 形容詞が付いても a(n) の付かない抽象名詞

(12)で見た不可算の抽象名詞 understanding, knowledge, education は、形容詞の修飾によって不定冠詞 a(n) が付く。一方、形容詞が付いても通例 a(n) の付かない抽象名詞もある。その一部を以下にまとめておく。

(20) accommodation (e.g. places of public *accommodation*「公共宿泊施設」; ただし、《米》では accommodation*s* も可), advice (e.g. good *advice*), applause (e.g. thunderous *applause*「拍手喝采」), behavior (e.g. human *behavior*「人の行動」), chaos (e.g. economic *chaos*「政治的混乱」), conduct (e.g. disorderly *conduct*「治安を乱す行為」), damage (e.g. environmental *damage*「環境破壊」), fun (e.g. great *fun*「とても楽しいこと」), harm (e.g. physical *harm*「身体的危害」), health (e.g. poor *health*「不健康」), homework (e.g. daily *homework*「日々の宿題」), information (e.g. further *information*「より詳しい情報」), laughter (e.g. loud *laughter*「大きな笑い声」), luck (e.g. good *luck*「幸運」), music (e.g. classical *music*「クラシック音楽」), news (e.g. good *news*「朗報」), permission (e.g. special *permission*「特別許可」), progress (e.g. significant *progress*「著しい進展」), scenery (e.g. beautiful *scenery*「美しい景色」), traffic (e.g. heavy *traffic*「交通渋滞」), weather (e.g. cold *weather*「寒さ、寒い気候」), work (e.g. hard *work*「きつい仕事；努力」)

1.3 集合名詞——単複両扱いになる名詞

学校文法で集合名詞(collective noun)と言うと、同種の人やものなどの集合を表す様々な種類の名詞を指す。例として(21)–(23)のような3タイプの語が挙げられることが多い。

(21) audience（観客）, crowd（群衆）, family（家族）, staff（職員）, team（チーム）, etc.

(22) cattle（畜牛）, people（人々）, police（警察）, etc.

(23) a. baggage [luggage]（手荷物類）, clothing（衣類）, furniture（家具類）, etc.
   b. aircraft（航空機）, fish（魚類）, fruit（果物類）, sport《英》（スポーツ《米》sports）, hair（髪）, etc.

これらは、いずれも単数形で複数個体の集合を表す。そのため、英和辞書などでしばしば「集合的に」という表記が共通して付けられる。個々の語が集合名詞であるかどうかについては、伝統文法の中でも意見が異なる場合があるものの(大塚・中島 1982: s.v. *collective noun*)、基本的に、学校文法では(21)–(23)の語群を集合名詞に含めるのが通例のようである。しかし、(21)–(23)は数の一致の点で扱いが異なる。すなわち、(21)は単複両扱い、(22)は複数扱い、(23a)は単数扱いである。(23b)は語によって単数扱いと複数扱いに分かれる。aircraft と fish は単複同形で、集合的に(種として)使う場合は複数扱いになる。fruit, sport, hair は不可算名詞なので単数扱いである。

学校文法とは異なり、比較的最近の文法書(Quirk et al. (1985), Biber et al. (1999), Huddleston and Pullum (2002) など)や英語辞書(OALD[9], LDOCE[6], COBUILD[8] など)では、collective noun を(21)のタイプ、言い換えれば、単複両扱いの名詞に限定している。(22), (23)については、それぞれ複数扱い、単数扱いというふうに、どちらかの数で一致することが決まっており、その点では他の複数扱いの名詞(絶対複数など)や、不可算名詞と同列に扱っても差し支えないため、あえて「集合名詞」としていない(Azar and Stacy

2009: 110)。

　本書では上記の文法書や英語辞書にならい、集合名詞を単複両扱いとなる(21)のタイプに限定して、その特徴を見ていく。その他の集合的な名詞については、名詞の単数形・複数形の問題の中で扱う。もちろん、これは従来の集合名詞の分類を批判するためのものではない。集合的にとらえられる名詞は(21)–(23)に加えてさらに広範に及ぶので(例えば、the rich, the homeless などもある)、説明の都合上、範囲を限定することが目的であることを断っておく。

1.3.1　集合名詞と数の一致

　集合名詞は語形としては単数形であるが、意味内容上は単数とみなされる場合と、複数とみなされる場合があるために、主語と動詞の数の一致、および、代名詞の指示に関して単数扱いと複数扱いの2通りが存在する。また、アメリカ英語とイギリス英語では単複の扱いに違いが見られる。(24)では、結果的に意味の違いはほとんどないが、the council を1つの単位とみなすと単数扱いとなり、メンバーの集まりとみなすと複数扱いとなる。一般に、集合名詞は主にアメリカ英語では単数扱い、イギリス英語では単複両扱いとなる。また、イギリス英語でも論文などの堅い文章では単数扱いが普通である(Hewings 2013: 80)。

(24) The council *has* [*have*] postponed a decision on the new road.
　　 (議会は新しい道路建設の決定を延期した)

　ただ、実際に集合名詞を用いる際、話し手は必ずしも単数と複数の違いを意識しているわけではないようである。(25)はアメリカの同一のニュース記事からとったものである。話題になっている学校(Caprock Academy)が単数(its)と複数(their)の両方で扱われている。

(25) a. Delaney and her mom are hoping the school will change *its* mind and make an exception.　　　(http://www.9news.com)
　　　 (Delaney とその母親は、学校が考えを改め、例外を認めることを願っ

ている）

b. *Caprock Academy* also said in *their statement* that sometimes exceptions can be made to the dress code policy under extraordinary circumstances. (http://www.9news.com)
(また、Caprock Academy は、特別な事情があれば服装規定の例外が認められる場合もあると、発表の中で述べた）

筆者のインフォーマントの印象では、(24b)の their statement は意識的に複数扱いにされたわけではなく、their を its と入れ替えてもニュアンスは変わらないようである。また、their と its が同一記事内で使われていても違和感はないようである。実質的に意味上の違いがない場合は両者を使い分ける意識も希薄になるものと思われる。

　もちろん、文脈によっては単数扱いか複数扱いのどちらか一方を選択する場合もある。committee と school は集合名詞であるが、(26a)のように、委員会のメンバー一人ひとりの行動に関わる場合は複数扱いで、代名詞も複数で受ける。また、(26b)は committee に関係代名詞 who または which が後続する例である。who は人、すなわち委員会のメンバーたちを指すので、関係詞節内の動詞は複数で一致している。一方、which は人格を持たない単一の組織体としての委員会を指すので、動詞は単数で一致している。(26c)では、学校を1つの機関（あるいは施設）とみなしているので単数扱いとなる。

(26) a. The committee usually *raise their* hands to vote 'Yes'.
(Hewings 2013: 80)
(通例、委員会では挙手によって「賛成」の意思表示をする）

b. a committee *who are* interested in animal welfare / the committee *which is* considering the legislation (BNC[6])
(動物保護に関心のある委員会／その法律を検討している委員会）

c. The school *is* to close next year. (Hewings 2013: 80)

---

[6] BNC = British National Corpus. 本書ではBYU–BNCを利用（http://corpus.byu.edu/bnc/）。

(その学校は来年閉校する)

また、単複の選択に矛盾がなければ、単数扱いと複数扱いを同じ発話の中で併用しても差し支えない。(27)では、第1文で my firm を単一の組織体(もの)として扱い、第2文で同じ会社を複数の人の集団(they)として扱っている。

(27) *My firm, which was* established in 1932, has been manufacturing motor mowers since the 1950s. *They* look after me very well and have an excellent pension scheme.

(http://www.bbc.co.uk/worldservice/learningenglish/grammar/learnit)
(私の会社は1932年の創設で、1950年代から動力芝刈り機を作ってきた。会社の待遇はとてもよく、充実した年金制度を提供している)

集合名詞の単数と複数の対照は、単一組織と複数メンバーの対照を示すが、同時にこれは非人称(impersonal)と人称(personal)という概念の対照でもある。この点に注目すると、イギリス英語であっても、(28)のような文で family が単数扱いとなるのも理解できる。この場合、family は実在する家族ではなく、統計上の抽象的な存在であるため、非人称的に扱われている。

(28) *The average family* (*which has* four members)... (Swan 1992: 235)
(平均的な(4人)家族は...)

集合名詞によって表される複数のメンバーを1つの単位として扱う場合は、複数形にして複数の単位を表すことが可能である。例えば、The target *audiences* are science teachers, students, and parents.(対象とする視聴者は理科教師、生徒とその親です)のような場合、audiences は3つの視聴者層を表している。つまり、この場合の audience は普通の可算名詞の扱いになる。

英語の数の一致には文法上の一致(grammatical concord)、意味上の一致(notional concord)、および、近接性による一致(concord of proximity)があるが(Quirk et al. 1985: 757)、集合名詞における数の一致では、基本的に文法上の一致と意味上の一致が認められる。文法上の一致とは、主語に来る名詞の語形が単数形であるか複数形であるか(形態的特徴)に基づいて動詞がそれぞ

れ単数、複数で呼応することであり、意味上の一致とは、特に、名詞が形態的に単数形でありながら意味上は複数であるために、動詞が複数で呼応することである。通例、アメリカ英語の場合、集合名詞は文法上の一致に従う(これは後述のスポーツチーム名の数の一致についても当てはまる)。一方、イギリス英語では文法上の一致と意味上の一致の両方が可能なので、単数呼応と複数呼応の両方が使われる。ただし、どちらの数の一致を使うにしても、一方に統一して使用することが望ましい。

集合名詞には(21)、(24)–(28)で見た例のほか、次のような語が含まれる。(29a)はいわゆる普通名詞、(29b)はもともと複数形であったものが単数形としても使われるようになった名詞、(29c)と(29d)は固有名詞(名称として用いられる集合名詞)の例である。

(29) a. army (陸軍), board (役員), class (クラスの生徒たち), college (教職員と学生全体), community (地域住民), company (会社；劇団), couple (男女ひと組), crew (乗組員；チーム), department (部門；省), electorate (有権者), enemy (敵軍), faculty (大学の教授陣[全教職員]), gang ((若者の)集団；ギャング), generation (同世代の人々), government (政府), jury (陪審員団), majority (大多数), minority (少数派), opposition (野党), orchestra (オーケストラ), party (政党；一行), population (人口；全住民), press (報道機関), public (大衆；人々), the rank and file (一般社員；兵員), university (大学の学生[職員]；大学当局), the youth (of today) ((今どきの)若者たち)

b. bacteria (細菌), data (データ), media (マスメディア)

c. the Miami Heat, the LA Galaxy, Manchester United, England (以上、スポーツチーム名)

d. Led Zeppelin, the Rolling Stones (以上、ロックバンド名), Apple, Microsoft, Sony (以上、企業名), the United Nations (国連；第2次大戦の枢軸国に対する連合国), the Vatican (教皇庁), Congress (米国議会), Parliament (英国議会), the Bank of England (イングラン

ド銀行), the BBC（英国放送協会）, the Royal Air Force（英国空軍）

1.3.2　集合名詞のメンバーの数え方

　集合名詞は単数の語形で単複両扱いとなるのが主な特徴である。その他の特徴として、集合名詞は通例 *three family, *ten enemy, *forty audience, *500 crowd のように数詞を付けることはできない。また、*many family [enemy, audience, crowd] とも、*much family [enemy, audience, crowd] とも言えない (much family は「親族」の意味では使われるが、「夫婦とその子供」の意味では使えない)。こういった集合内のメンバーを数える場合には members がよく用いられる。例えば、five family [faculty, board, team, committee] members など。その他の数え方としては、例えば、enemy は ten of the enemy, ten enemy soldiers など、crowd は a crowd of 500 people などの形が可能である。

　ただし、その他の集合名詞の中には数詞を付けられるものもある。staff の場合、イギリス英語では two [many] staff が可能である。また、アメリカ英語でも (two staff members や a staff of 30 のような表現のほうがずっと多いものの) two [many] staff を COCA で確認することができた。また、much staff については英米ともに頻度が低く、COCA で 7 件、BNC で 1 件のみであった。staff は、イギリス英語で a member [members] of staff のように不可算名詞としてもよく使われるが、much staff はそれほど普通ではないようである。なお、多数を表すには a large staff, enough staff などのほうが多く使われる。その他、LDOCE[6] にもあるように、staff の中の「1 人のメンバー」を表す場合はイギリス英語でも *a staff としないで、a member of staff, a staff member、あるいは staff を使わずに an employee などとする。

　crew についても、staff と同様に two crew などと数えることができる。ただし、COCA と BNC を見る限り、?many [much] crew はほとんどないという点で、使用の実態は staff と異なる。このように、集合名詞は意味上類似する語同士でも語法上は違いがあることに注意が必要である。

1.3.3　bacteria, data, media

　(29b) の bacteria, data, media を集合名詞とみなすことについては、異論があるかもしれない。しかし、単複両扱いが可能であるという点では他の集合名詞と同じ特徴を持つので、ここで扱うことにする。

(30) a. Beyond that, *TB bacteria is* no longer responding to drugs that once worked.　　　　　　　　　　　　　（COCA: 2002, SPOK）
　　　（その上、結核菌は一度効果のあった薬剤に耐性がついてしまう）

　　b. *Wolbachia bacteria were* first observed in the 1920s.
　　　　　　　　　　　　　　　　　　　　　　（COCA: 2003, MAG）
　　　（ウォールバキア菌は 1920 年代に初めて観察された）

(31) a. *The data was* collected during class periods.
　　　　　　　　　　　　　　　　　　　　　　（COCA: 2002, ACAD）
　　　（データは授業時間内に収集された）

　　b. *The data were* collected between 1996 and 1998.
　　　　　　　　　　　　　　　　　　　　　　（COCA: 2008, ACAD）
　　　（データは 1996〜1998 年に収集された）

(32) a. *The media was* accused of influencing the final decision.
　　b. *The media were* accused of influencing the final decision.
　　　　　　　　　　　　　　　　　　　　　　　　　　　（OALD[9]）
　　　（マスコミは最終断に影響を与えたとして非難された）

　もともと、この種の語はギリシャ語またはラテン語を語源とする複数形名詞であり、それぞれに対応する単数形 (bacterium, datum, medium) も存在する。しかし、複数形に -s が付かないので、単数の語形とみなされることもあり、その場合の bacteria, data, media は、1 つのまとまり (種や集合体) として単数扱いになる。一方、個々の細菌、資料、情報媒体が複数集まっていることを意識している場合はそのまま複数扱いである。

　要するに、(29a) の集合名詞とは逆に、(29b) は複数形名詞の単数化を背景に持つ。また、この単数化は英米に限らず起こることなので、(29a) の集合名詞が主にイギリス英語で単複両扱いであったのに対し、(29b) につ

いては英米間での頻度に偏りはない。

　ただし、上記 3 語の単数扱いについては、辞書や文法書によって容認性に違いがある。例えば、Sinclair (ed.) (2011: 17)は、これらがしばしば集合名詞として用いられること(すなわち単数扱い)を認めているが、一方で、「語法に注意深い話者は複数動詞とともに用いるべきである」(単数扱いを認めない)と言う。また、COD[12] では、bacteria の単数扱いは誤り、data の単数扱いは標準的(ただし、non-scientific の分野で)、media については単複ともに標準的としている。さらに、Biber et al. (1999)では、bacteria については言及なし、data については単複ともに標準的、media については単数扱いを認めつつも大部分が複数扱いとしている。

　このような容認度の差があるのは、それぞれの語にもともとあった単数形(bacterium, datum, medium)が共存しているために、依然として bacteria, data, media を複数形と意識することが多いというのが一因である。例えば、bacteria と data については、this bacteria [data] is ... と同義で these bacteria [data] are ... も用いられる。この場合、this 〜 のほうは集合的な(単数扱いとしての)用法であり、these 〜 のほうは可算名詞複数形としての用法である。ちなみに、このような関係は(29a)の集合名詞では見られない(例えば、this family に対応する *these family はない)。また、両者の使用頻度を COCA と BNC で比較したところ、COCA と BNC のどちらにおいても these 〜 のほうが多かった。COD[12] が bacteria の単数扱いを認めず、data についても単数扱いを完全には認めていないのはこのような事情によるものと思われる。一方、media については、普通「マスメディア」の意味で this media や these media が用いられることはないので、bacteria や data と同様の比較はできない(もちろん、単一の「情報媒体」や「媒介物」の意味では可算名詞として普通に用いられる)。media (「マスメディア」)は通例 the media の形で用いられること、また、the media は意味的にも(29a)の(the) press に近いことがこのことと関連していると思われる。そのため、辞書や文法書においても media の単複両扱いが概ね標準的であるという判断がされるのであろう。

　(29a)の集合名詞の場合、単数の語形をとる名詞が概念上複数を表すた

めに複数扱いになる点が特徴的であるのに対し、bacteria, data, media の場合は、もともと複数形であったものが、1つの集合体を表すために単数形とみなされ、文法上単数扱いになる点が特徴的である。単複両扱いという点では(29a)も(29b)も共通するが、単数形と複数形のどちらが元になっているかという点で異なるわけである。

また、(29a)の集合名詞が一様に「複数の人(の一団)」を表すのに対して、単数扱いとなった bacteria, data, media の意味と語法はそれぞれ異なる。bacteria は(30a)の TB bacteria が無冠詞単数形で使われていることからわかるように、物質名詞である。種類を表す場合は不定冠詞が付いて a bacteria となることもあるが(例えば、a bacteria that causes a disease)、複数の種類を表して *bacterias とはならない。data は information のような抽象名詞として扱われ、*a data, *datas は不可である。media は COD[12] では staff のような集合名詞とみなされている。これは、前述の通り、media の意味が press と似ていることと一致する。このように、(29b)の3語は、語形変化の背景は同じでもその他の性質は一様ではない。

1.3.4 team とチーム名で異なる単複の扱い

team という名詞はアメリカ英語では単数扱い、イギリス英語で単複両扱いだが、team ではなく(スポーツ)チーム名を表す(29c)の場合は数の扱いが異なる。

基本的に、アメリカ英語では、チーム名が複数形ならば複数で受ける。チーム名は多くの場合複数形を用いるからである(例えば、the New York Yankees, the Dallas Cowboys など)。例えば、MLB (Major League Baseball)のチームはすべて複数形のチーム名なので、以下のように複数扱いとなる(the Boston Red Sox の Sox は、stockings を短縮した語と言われているので、複数形とみなす)。また、NFL (National Football League)のチーム名もすべて複数形なので、同様に複数扱いである。

(33) *The Yankees are* playing the Reds in the World Series.

(COCA: 2010, FIC)

(The Yankees はワールド・シリーズで the Reds と対戦する)

NBA（National Basketball Association）のチームは、30 チーム中 26 チームの名称が複数形なので、単数形チームも含めて、基本的に複数扱いとなる。ただし、単数形チーム（例えば、the Miami Heat や the Oklahoma City Thunder）は単数扱いになることもある（つまり単複両扱い）。

(34) a. *The Heat have* sold out every game in the 15,008-seat Miami Arena. (COCA: 1990, NEWS)
(The Heat は 15,008 席ある Miami Arena で開催されるすべての試合のチケットを完売した)

b. In 29 home games, *the Heat has* had only five sellouts.
(COCA: 1995, NEWS)
(本拠地での 29 試合中、the Heat が満員の観客を動員できたのは 5 試合だけだった)

上記と異なり、単数形チームを多く含むスポーツリーグもアメリカにはある。MLS（Major League Soccer）のチームは、D.C. United や the LA Galaxy のように、19 チーム中 15 チームの名称が単数形である（the Seattle Sounders FC と the Vancouver Whitecaps FC も単数形に含める）。新聞やクラブチームのホームページにある記事に目を通したところ、これらについては、通例、単数形チームは単数扱い、複数形チームは複数扱いのようであるが、記事によっては単数形チームが複数扱いとなることもある。なお、複数形チームが単数扱いとなる例もあるが、まれである。(35a), (35b)は、ともに単数形チームを単数で受ける例である。(35a)は D.C. United の例。(35b)にあるチームは正式には the San Jose Earthquakes という複数形名称だが、San Jose という都市名のみの略称を用いているので、単数扱いになっている。一方、(36a), (36b)は、単数形チームを複数で受ける例である。

(35) a. Fresh off *its* U.S. Open Cup triumph, *D.C. United returns* home to face the Chicago Fire. (http://www.dcunited.com/news/2013/10)
(全米オープンカップの優勝を収めたその足で、D.C. United は本拠地に

戻って the Chicago Fire と対戦する）

b. *San Jose* then *wraps* up *its* MLS regular season on Saturday, Oct. 26 against FC Dallas at Buck Shaw Stadium.

(http://www.sjearthquakes.com/news/2013/10)

(San Jose は 10 月 26 日土曜日に Buck Shaw Stadium で FC Dallas と対戦して MLS レギュラー・シーズンの幕を閉じる）

(36) a. The LA Galaxy *haven't* been perfect this season, . . .

(http://m.lagalaxy.com/news/2013/10)

(The LA Galaxy は今シーズンは完璧ではなかった。. . .)

b. *San Jose need* to win to secure advancement from Group 5 and head into the knockout rounds next year.

(http://www.mlssoccer.com/ccl/news/article/2013/10/22)

(San Jose は Group 5 から確実に抜け出して来年のノックアウトラウンドに進出するために勝つ必要がある）

なお、単数形チームの the Seattle Sounders FC と the Vancouver Whitecaps FC は、略称で (the) Sounders, Whitecaps が使われると、複数形の語形に合わせて複数扱いになる[7]。

要するに、アメリカ英語でのチーム名の数の扱いは、基本的に文法上の数の一致に従うので、使用上は単複の扱いについて特に注意する必要はなく、普通の名詞と同様に扱うことができる。ただし、NBA のように複数形チームの多いリーグでは単数形チームが複数扱いになりやすいこと、また、MLS の場合は単数形サッカーチームが多いにもかかわらず、それらが複数扱いで記述されるのもまれではないことの 2 点は変則的であり、集合名詞 team とは異なる特徴を示している。

上記のアメリカ英語の特徴は、当然ながら、アメリカ国内のチーム名に限らず、国外のチーム名を記述する場合にも当てはまる。例えば、イギリスのプレミアリーグのチーム名には Manchester United (Football Club) や Arsenal (Football Club) などがあるが、これらをアメリカ英語の中で用い

---

[7] D.C. United は無冠詞。

る場合は単数扱いである。また、イギリスのサッカーチーム名には「地名＋Football Club」の形をとるものが非常に多く、しばしば地名だけで表記されるが(例えば、Chelsea, Liverpool, Everton など)、その場合もイギリス英語と違って単数扱いとなる。地名をチーム名に使う例には、ワールドカップなどの国代表チーム(例えば、England, France, Ireland など)も含まれる。これらも同じく単数扱いとなる。

一方、イギリス英語でチーム名を記述する場合は、基本的に複数扱いとなる。この点は、集合名詞 team がイギリス英語で単複両扱いであることと対照的である。(37a)はクラブチームの Arsenal, (37b)は国代表の England の例で、ともに複数扱いである。

(37) a. *Arsenal have* agreed a fee of about £15m with Barcelona for the sale of captain Thomas Vermaelen.　　(http://www.bbc.com/sport)
(Arsenal は約 1,500 万ポンドでキャプテン Thomas Vermaelen の Barcelona への移籍に同意した)

b. *England are* due to spend a fortnight in Sri Lanka next March, playing a Test and two one-day internationals.
(BNC: W_newsp_other_sports)
(England は来年 3 月、Sri Lanka に 2 週間滞在し、国際クリケット選手権大会と 2 回の一日クリケット国際試合に臨む)

(37a)からもわかるように、イギリス英語のこの傾向は、チームが単一の組織体としての行為を述べる場合にも当てはまる。同様に、(38)も個々のメンバーを意識した表現ではなく、1 チームとしての行為(契約)について述べた文であるが、チーム(Southampton)は複数扱いである。

(38) *Southampton have* stepped up *their* bid to sign Mexico striker Javier Hernandez from Manchester United, writes Tom Hopkinson in *the Sunday People*.　　(http://www.mirror.co.uk/sport)
(Southampton は Manchester United からメキシコ人ストライカー Javier Hernandez を獲得する契約のための努力を強化したと、Tom Hopkinson が *the Sunday People* で伝えた)

イギリス英語では、堅い文章の場合は単数扱いになる傾向があるが、スポーツニュースは娯楽的で読者にとって身近なものであり、くだけたスタイルが受け入れられやすいので、複数扱いになりやすいと思われる。また、すでに述べたように、集合名詞の単数と複数の対照は、非人称と人称という概念の対照でもある。契約などは実質的には人間の行為であるので、その人称的な(personal)性質も影響しているのかもしれない。

Column メタファー・メトニミー・シネクドキ

　メタファー(metaphor)、メトニミー(metonymy)、シネクドキ(synecdoche)はレトリック(rhetoric (修辞))の一部である。一般に、レトリックとは「話術や文学作品において、説得力や美的効果を与えるための独特で巧みな表現または技術」のことである。一方、言語学の分野では、レトリックを「人間が世界を認識し、概念・思考を表現するための基本的な認知のメカニズムの一部」と解釈し、多くの言語現象をレトリックと関連付けて説明する試みが近年特に活発になっている。つまり、レトリックは人間が日常生活の様々な事柄を認識し、考え、伝えるのに欠かせない仕組みの1つと捉えられる(Lakoff and Johnson (1980))。この考えに従うと、メタファー、メトニミー、シネクドキというレトリックが、名詞・代名詞の文字通りの意味と、実際に意図する意味との関係においても大きな役割を果たしていることがわかる。

　メタファーとは別の範疇に属するものとの類似に基づくレトリックである。例えば、icing(《英》アイシング；ケーキなどにかける糖衣(《米》frosting))は見た目が氷の付着と類似していることによるメタファーである。ちなみに、the icing [frosting] on the cake は成句で「花を添えるもの；おまけ」を意味する。また、a sugar-coated promise (良さそうに思えて実はごまかしの約束)は見た目ではなく、promise (約束)を食べ物に見立てる点でメタファーの表現である。このように、メタファーは名詞の意味にも直接的・間接的に深く関わっている。

　メトニミーとは隣接性に基づくレトリックである。これは隣接性の種類の違いによって「空間の隣接に基づくメトニミー」「時間の隣接に基づくメトニミー」「概念の隣接に基づくメトニミー」の3つに分けられる(安井 2010: 51)。例えば、the White House で the US president を表すのは、アメリカ大統領官邸のホワイトハウスと大統領との空間の隣接に基づくメトニミーである。また、the

Pentagon（アメリカ国防総省）は、建物自体の命名は五角形に見えることによるメタファーだが、それによってアメリカ国防総省を表すのは、the Pentagon と呼ばれる建物とそこを使用する組織との隣接に基づくメトニミーである。このように、名詞の意味にはいくつかのレトリックが複合的に働いて意図する意味が作り出されることもある。

シネクドキとは類（上位概念）で種（下位概念）を表す（またはその逆の）レトリックである。例えば、fever は類（熱）で種（平熱より高い体温）を表すシネクドキである。また、Man does not live by *bread* alone.（人はパンのみにて生きるにあらず）の bread は種（パン）で類（食べ物；広義には身体的欲求）を表すシネクドキである。また、この文のように、ことわざには種（具体的な事例）で類（教訓）を表すシネクドキの形をとるものが多い（When in Rome, do as the Romans do.（郷に入っては郷に従え）も同様）。

かつてシネクドキはメトニミーの一種とされ、ものの一部で全体を表す（またはその逆の）レトリックも含まれていた。そのため、現在でも英語辞書などでは new faces（新顔 ← 新人）や England（イングランド代表チーム ← イングランド）をシネクドキの例として挙げているが、本書では最近の定義に従ってこれらを部分と全体との隣接性に基づくメトニミーとみなし、シネクドキには含めない。シネクドキは部分と全体との物理的な関係ではなく、上位概念対下位概念という分類の概念を背景にした抽象的な関係に基づくレトリックととらえる。

本書では、折に触れてこれらのレトリックと名詞・代名詞の意味との関わりについて述べることにする。

1.3.5 その他の固有名詞

バンド（音楽グループ）の名称には Led Zeppelin, One Direction のような単数形のものと、the Beatles, the Rolling Stones のような複数形のものがある。通例、アメリカ英語では単数形バンドは単数扱い、複数形バンドは複数扱いとなる。これに対し、イギリス英語では複数形バンドはもちろん、単数形バンドも複数扱いが普通である（例えば、Led Zeppelin are [*have, prepare*, etc.] ...）。これは、個々のメンバーが集まって（複数で）活動しているということが意識されやすいからであろう。

企業名にも単数形（Google, Sony, etc.）と複数形（British Airways, Texas Instruments, etc.)があるが、バンド名の場合とは異なり、どちらの形でも、英米ともに単数扱いのほうが多いのが現状のようである。もちろん、イギリス英語の中には、単数形の企業名が複数扱いになる例も確かに見られる(例えば、BNC では Sony の複数扱いが比較的多い)。しかし、BNC や、イギリス系企業のウェブサイト、イギリス国内のニュース記事に目を通したところ、単数扱いのほうが普通であった(企業とは異なるが、the Bank of England も同様である)。例えば、Apple と Microsoft について、これらを主語とした場合の be 動詞と have との呼応関係を BNC で検索したところ、(39)のような頻度数の差が見られた。イギリス英語でも単数呼応が際立っているのがわかる。

(39) a. Apple *is* (**30**), Apple *was* (**4**), Apple *has* (**12**); Apple *are* (**1**), Apple *were* (**3**), Apple *have* (**2**)
   b. Microsoft *is* (**75**), Microsoft *was* (**4**), Microsoft *has* (**56**); Microsoft *are* (**0**), Microsoft *were* (**1**), Microsoft *have* (**1**)

バンドの場合と異なり、企業の場合はその規模から言って、個々のメンバーが集まって活動しているということが意識されにくい。また、単一の組織体としての存在や経済活動について述べる機会が多いことや、前述のように、イギリス英語でも堅い文脈では単数扱いが普通であること(Hewings 2013: 80)などが原因となって、単数扱いの傾向が強くなるのではないかと思われる。それでも、会話のようなくだけた場面や、人格的な要素が意識されるような場合には、複数扱いになることがある。(40)の 1 つ目の Amazon は単一の組織体として語られているが、2 つ目の Amazon は have the decency (「礼儀をわきまえる」)とともに使われて複数扱いになっている。

(40) "*Amazon* deliberately *sets* up in rundown areas. These are jobs of last resort, and they effectively come with huge state subsidies. Meanwhile, *Amazon don't* have the decency to pay what they should in tax," said GMB national organiser Martin Smith.

(http://www.theguardian.com/technology)
(「Amazon はわざと寂れた地域に会社を立てるのです。この種の職は最後

の頼みであり、それによって効率よく巨額の国の補助金が得られます。それにもかかわらず、Amazon はそれに見合った納税をする良識が欠けているのです」と、労組 GMB 全国オルガナイザーの Martin Smith は言う)

Random House Webster's College Dictionary によれば、the United Nations (国際連合) は the United States (アメリカ合衆国) と同様に単数扱いであるが、「第 2 次大戦の枢軸国に対する連合国」としては複数扱いである。一方、OALD[9] と CALD[4] では「国際連合」としての the United Nations を単複両扱いとしている。この点について COCA と BNC では、実際に複数扱いの例が見られたのはわずかで、大多数が単数扱いであった。国連のサイトでも単数扱いであるのが現時点での使用の実態である。

1.4　ある目的・場面で用いられる異成分の集合——baggage, clothing, furniture, etc.

baggage, clothing, furniture などは不可算名詞であり、常に単数扱いなので、1.3.1 の集合名詞とは異なる。しかし、集合的な意味を持つという点では他の不可算名詞とも異なる。そこで、ここではこれらの語の持つ集合的な意味の特徴と語法について整理する。同類の名詞としてはほかに (41) のようなものがある。

(41) equipment (装備品), jewelry《米》[《英》jewellery](宝石類), luggage (かばん類), machinery (機械類), silverware[8]《米》[《英》cutlery](ナイフ・フォーク・スプーン類), tableware (食器類), underwear (下着類)

これらは、ある目的 (場面) (旅行、食事、身体に付けるなど) で使われる道具、衣服などの集合を表す。また、集合名詞 family や staff などが同質のメンバー (人) から成るのに対し、(41) の類の名詞は、目的は同じでも異なる機

---

[8]　(a piece of) silverware がスポーツ記事で使われる場合は、英米ともに「(1つの) 優勝トロフィー (= (1 回の) 優勝)」の意味となる。この表現は文脈に依存するだけでなく、「銀食器類」→「トロフィー」→「優勝」という順序で、シネクドキとメトニミーが関与する意味変化をしている点でも興味深い。

能を持つ(異形の)ものの集合である。例えば、furniture は tables, chairs, beds などから成る集合である。また、medical equipment ならば X-ray machines (X線機器), ventilators (人工呼吸器), wheelchairs (車椅子)などを含む集合を表す。

　語法上の特徴としては、まず、集合名詞 family や committee と同様、*one baggage, *two jewelry のように数えることはできない。個々のものを数える場合は piece や item などを用いて *a piece* [*two pieces*] *of* furniture のように表現する。また、衣類の場合は change を使って *a change* [*two changes*] *of* clothing (着替え1揃え[2揃え])と表すこともある。

　さらに、これらは不可算名詞なので、量の多少を表す時は much, little などを使うことはできるが、*many, *few は使えない。例えば、You don't need so *much* furniture. (そんなにたくさんの家具は必要ない)とは言うが、*You don't need so *many* furnitures. とは言わない。もちろん、some は不可算名詞にも使えるので、some furniture もよく使われる。この点では物質名詞の water あるいは抽象名詞の information と似ていて、全体を1つの連続体ととらえているのがわかる。しかし、現実世界では some water が不可分な物質であるのに対して、some furniture は数点の家具(例えば、a table and chairs)から構成されているので、日本人学習者などは、時に furniture を可算名詞または(people のような)複数扱いの名詞であると誤解する可能性がある。例えば、*This furniture* is mine. (ここの家具は私のものです)の this furniture は1つの家具を指して言っているのではなく、そこにある家具のすべてを指している。よって、これを *These furniture are mine. と表現することはできない。また、the only furniture は「*たった1つの家具」ではなく、「家具類はこれだけ」という意味で使われる。もちろん、家具類が1つしかない場合は結果的に「たった1つの家具」を指していることになる。(42a)は家具が複数ある場合、(42b)は家具が1点しかない場合である。

(42) a. *The only furniture* was a metal folding table, a camp chair, and a woven hammock.　　　　　　　　　　(COCA: 1999, FIC)
(家具は金属製の折り畳みテーブルとキャンプ用椅子と織物のハンモックだけだった)

b. *The only furniture* was a small bed bolted to the floor, devoid of head- or footboard. (COCA: 2002, FIC)
(家具はボルトで固定された小さなベッドだけで、頭部と脚部の板はなくなっていた)

> **Column** baggage と luggage の違い
>
> baggage と luggage はアメリカ英語とイギリス英語の違いということで単純に区別することはできない。COCA と BNC を検索すると、2 語とも英米での頻度上の差が小さいことがわかる。また、共起上の特徴を比較すると、baggage は、英米ともに、特に「空港での手荷物の容量やその取り扱い」の場面で用いられる割合が高いこともわかる。例えば、空港内の baggage claim (手荷物引き渡し所), excess baggage (制限超過手荷物)はイギリス英語でも用いられ、?*luggage claim や ?*excess luggage は普通用いられない。一方、luggage は、英米ともに「販売・収納・移動」の場面で用いられることが多い。例えば、a luggage store 《米》(かばん店), leather luggage (革製のかばん類), luggage space (ステーションワゴンの荷物スペース), pack my luggage (自分のかばんに荷物を詰める)など。通例これらの表現を baggage で言い換えたりはしない。luggage は中身よりも外見、または、かばん自体に注意が向けられていると言える。
>
> これを踏まえて、a piece of とともに用いられる baggage と luggage の数量表現の頻度差について補足しておく。COCA と BNC で 〜 piece(s) of baggage と 〜 piece(s) of luggage の頻度を比較してみた。すると、BNC (イギリス英語) だけでなく COCA (アメリカ英語) においても luggage を用いた例が多かった (COCA では、baggage : luggage = 20 件 : 88 件)。かばんの数というのは「空港での手荷物の容量やその取り扱い」の場面でも話題になりうるので、この数量表現で baggage が生じる例は一定数認められる。しかし、luggage のほうが「販売・収納・移動」というより幅広い場面で用いられるために、アメリカ英語でも 〜 piece(s) of luggage が優勢になるようである。
>
> なお、baggage は「手荷物」という意味のほか、英米ともに「精神的負担、悩み」という意味の不可算名詞としても用いられる。この意味では特に emotional [cultural] baggage (対人関係に支障をきたす感情的[文化的]問題) という連語の頻度が高い。この場合、luggage による言い換えは不可である。

1.5 常に複数形で用いられる名詞

1.5.1 2つの部分がつながってひと組になっている衣服や道具——trousers, scissors, glasses, etc.

(43)は対称的な2つの部分(部品)がつながって1つになったものを表す名詞である。これらは、現実には1つの衣服・道具でありながら対称的な2つの部分を常に含むため、常に複数形で表される。このように、常に複数形で用いられる名詞を絶対複数(pluralia tantum)と呼ぶ。一方、shoes, gloves, chopsticksなどは2つひと組で対称的ではあるものの、ひと組の左右がつながっておらず、片方だけを指してa shoe, a glove, a chopstickなどと単数形で用いることができるので、絶対複数には含まれない。ただ、2つの対称的な部分がつながっていれば常に絶対複数というわけでもない。シャツやジャケットも対称的な2つの部分(袖)がつながって1つになったものだが、shirtやjacketは可算名詞である。

(43a)–(43c)はそれぞれ異なるタイプの絶対複数の例である。(43a)はsuspenders [braces]を除けばすべてズボンのような「はくもの」、(43b)は何かをはさむ道具、(43c)は両眼を使う道具である[9]。なお、ズボン類・ハサミ類の名詞に対応するフランス語の名詞は、通例可算名詞であるという点で英語と対照的である (jeans (《仏》un jean), pyjamas (《仏》un pyjama), shorts (《仏》un short), tweezers (《仏》une pince à épiler))。

(43) a. briefs (ブリーフ；パンティ), cords [corduroys] (コーデュロイのズボン), culottes (キュロットスカート), jeans (ジーンズ), pajamas 《米》[《英》pyjamas] (パジャマ), panties《米》[《英》knickers] (パンティ), pants《米》[《英》trousers] (ズボン), shorts (短パン), suspenders《米》[《英》braces] (ズボンつり), tights (タイツ), trunks (男性用水着), underpants《米》[《英》pants] (パンツ)

b. bellows (ふいご), nail clippers (爪切り), wire cutters (針金切り),

---

[9] 何かをはさむ道具としてはclothespin《米》[《英》clothes peg] (洗濯ばさみ)などもあるが、これらは単なる可算名詞である。

　　　　forceps（鉗子(かんし)），nutcrackers（くるみ割り器），pincers（やっとこ、ペンチ），pliers（やっとこ；ペンチ），scales（天秤；重量計），scissors（はさみ），shears（大ばさみ；植木ばさみ），tongs（トング），tweezers（毛抜き、ピンセット）
　　c．binoculars（双眼鏡），glasses［spectacles,《米》eyeglasses］（めがね），goggles（ゴーグル）

　（43a）の suspenders［braces］は衣服ではないが、trousers に関連する装具なので、同様に複数形で用いられる。tights の同義語としては pantyhose《米》があるが、pantyhose は単数形で複数扱いになるので tights と用法が異なる（*My pantyhose are* worn out.（パンティストッキングが擦り切れている））。pants［trousers］の片方の足は a（pant［trouser］）leg と言う。pajamas［pyjamas］は「対称的な 2 つの部分」から成るわけではないが、上着とズボンで "a pair" という考えである。パジャマの上着は a pajama top［a pyjama jacket］，ズボンは pajama bottoms/pants［pyjama trousers］などと言う。

　（43b）の bellows は単複両扱いである（*Bellows are*［*A bellows is*］used to help start the fire.（MWALED）（ふいごは火おこしに使う））。bellows は、吹き出し口が 1 つなので、その形状に応じて単数扱いになりやすいのかもしれない（固定式のものは単数扱いと説明する辞書もある）。nutcrackers は主にイギリス英語での用法だが、くるみ割り器［人形］の形状が単一の道具としての印象を与えるために、英米ともに単数形で用いられることが多い。ちなみに、クリスマスの時期によく演じられるバレエ音楽『くるみ割り人形』は単数形の *The Nutcracker* である。同様に、scales も主にイギリス英語で用いられるが、今日一般に使われている重量計は天秤の(2 つの皿を持つ)形状をしていないので、単数形で a bathroom scale, a kitchen scale が用いられることもある。

　語によって多少の用法上の違いはあるが、（43）の一般的特徴を以下にまとめる。第 1 に、（43）の語は常に複数形なので、たとえ 1 着(1 丁、1 個)のものであっても複数形で表される。（44）の jeans はすべて 1 着のジーンズを指している。動詞も複数呼応し、代名詞も複数で受ける。

(44) a. *His jeans are* tucked into rubber boots.　　　(COCA: 1995, FIC)
(彼のジーンズのすそはゴム長靴の中に入れてあった)
(**His jeans is . . .*)

b. *These jeans are* $400, but *they're* nice.　　(COCA: 2007, SPOK)
(このジーンズは 400 ドルしますが、ものはいいです)
(**This jeans is* $400, but it's nice.)

c. *Those are my jeans*, Todd. I've been looking for *those*.
　　　　　　　　　　　　　　　　　　　　　　　(COCA: 1997, FIC)
(Todd、それは僕のジーンズだぞ。ずっと探してたんだ)
(**That is my jeans*, Todd. I've been looking for that.)

d. She bought me *some* new *jeans*.　　　　　　(COCA: 2004, FIC)
(彼女は私に新しいジーンズを買ってくれた)
(**She bought me *a new jeans*.)

(44)の jeans は形の上では1着であるかどうか不明だが、文脈から判断して1着であることは明らかである。つまり、このような表現の場合、1つのものを表すのか、2つ以上のものを表すのかは、原則として文脈に依存する。例えば、*Sunglasses* are important. (サングラスは大切です) や We have to count *all the scissors*. (ここにあるはさみをすべて数えなくてはならない) の場合、sunglasses は総称的に複数のサングラスを指し、all the scissors はその場にある数丁のはさみを指す。しかし、実際の使用では、(44)のように1つのものを指す場面が非常に多い。例えば、(44d)では some が a pair of と同義に解釈される。

　第2に、数を明記する場合は a pair [two pairs, three pairs, etc.] of 〜 を用いる (時に話しことばで two *pairs* of が two *pair* of となることがある)。したがって、*a jeans [*two scissors, *three sunglasses] などとは言わない。また、a pair of 〜 を形容詞で修飾する場合は、形容詞の種類によって修飾位置の傾向が異なる。COCA と BNC によれば、nice, new の場合は pair(s) の前に来るほうが、複数名詞の前に来るよりも多く、black のような色を表す形容詞の場合は複数名詞の前に来る傾向が強い。tight や baggy などの形状を表す形容詞の場合は複数名詞の前に来る例がやや多いが、他の形容詞と

組み合わせて使われる場合は pair の前に来ることもある。

(45) a. That's *a nice pair of* jeans.
(それはいいジーンズだ)
b. I need *a new pair of* glasses.
(新しいめがねが欲しい)(＝I need some new glasses.)

(46) a. She wears *a pair of tight black* jeans.
b. She wears *a tight pair of black* jeans.
(彼女は黒のタイトジーンズをはいている)

なお、(45b)のように、a new pair of glasses ＝ some new glasses なので、これらの省略形(代用形)としては、a new pair と言うことも、new ones と言うこともできる(I lost my glasses. I'll buy *a new pair* [buy *new ones*].(メガネをなくしたので新しいのを買おうと思う))。ただし、a new pair の代わりに *a new one と言うことはできない(a pair of ～ の数の一致については 1.10.5 で解説する；不定代名詞 one の用法については 2.3 を参照)。

1.5.2 様々な形や性質のものから成る集合——arms, clothes, contents, etc.

絶対複数は、2つ(につながった)ひと組を表す名詞の場合に限らない。(47)はある種の集合を表す名詞である。

(47) arms (武器), belongings (所持品), clothes (衣服), contents (内容物), covers (寝具), dishes (食器類), furnishings (家具と部屋の備え付け), goods (商品), groceries (日用雑貨；食料品), leftovers (食事などの残り物), odds-and-ends (雑多なもの), refreshments (軽い飲食物), remains (残り物；遺跡), supplies (物資), valuables (貴重品)

(47)の各語が表すのは、それによって総称される名称で、その中身は形や種類が異なるものの集合である。その点では(41)の集合的な不可算名詞(clothing, furniture など)と同様である。例えば、clothes の具体的な中身としては clothing の場合と同様に shirt(s) や pants などが含まれる。また、*two [three] clothes などのように数詞を付けて数えることができない点も(41)の不可算名詞と共通する。しかし、(41)の不可算名詞は piece(s) などの語を補って1つから数えることができるのに対して(a *piece* [two *pieces*, etc.] of clothing)、(47)の複数名詞はそのようにして具体的な数を数えるのには使えない(*a *piece* [two *pieces*, etc.] of clothes)。具体的な数ではなく、数の多少を表すことならば(47)もできるが、この場合も、(41)の不可算名詞では *much* clothing, *some* equipment, *little* furniture などのように much [some, little, etc.]を用いるのに対して、(47)では *many* clothes, *some* groceries, *few* supplies などのように many [some, few, etc.]を用いる[10]。

(47)のいくつかの語の意味的な特徴について触れておく。clothes が対象とするものは clothing と同様であるが、clothing が衣料品一般を表す文脈で用いられることが多いのに対して(例えば *clothing* companies [stores, retailers, etc.])、clothes はより具体的な服(の種類)を表す場合が多い(例えば、school [evening, gym, etc.] *clothes*)。dishes は plates, glasses, forks などを含み、単なる「皿」としての dish(es) よりも対象範囲が広い。したがって、do the dishes と言う時は、皿だけでなくコップやスプーンも洗うことになる。この点は日本語の「皿洗い」と似ている(なお、do the dishes も「皿洗い」も「皿」という部分で「食器」全体を表すシネクドキによる表現の一種と言える)。covers は bedcovers, sheets, blankets などを含み、単なる cover(s)(覆い)よりも対象範囲が限定的である。furnishings は、furniture と違って carpets, curtains, pictures(壁掛けの絵画)なども含む点で furniture より対象が広範囲に及ぶ。contents の場合は、the *contents* of the house(家の中にあるもの)のように、家の中の様々なものをひとまとめにして指す。ただし、contents は the *contents* of the bottle((液体の入った)瓶の中身)のように、内容物が均質で切れ目のないものである場合にも用いられる。

---

[10] 「着替え1揃え[2揃え]」を表す a change [two changes] of clothes のような表現は可能(服の組数を表しているので)。

1.5.3 漠然と複数のまとまりを表すタイプ、1つのものや場所を指すタイプ——beginnings, earnings, mountains, etc.

(48)は上記とは別のタイプの絶対複数をまとめたものである。この中には、実際には常に複数形ではなく、「通例」複数形とすべきものも含まれる(例えば、apologies, hopes, suburbs など)。なお、(48a)–(48e)は便宜上の分類の一例であり、文法上・意味上の厳密な区分を意図したものではない。

(48) a. beginnings（きざし；初期段階）, lodgings（下宿）, savings（預金）, surroundings（周囲の状況）

b. customs（関税）, damages（損害賠償金）, earnings（収入）, funds（財源；所持金）, wages（賃金）

c. apologies（謝罪）, condolences（哀悼の言葉）, congratulations（お祝いの言葉）, hopes（望み）, regards（よろしくとの挨拶）, thanks（感謝）

d. bushes（茂み）, mountains（山岳地帯）, outskirts（町外れ）, premises（敷地、構内）, sands（砂浜、砂漠）, suburbs（郊外）, woods（森）

e. ashes（灰燼；廃墟；遺灰[骨]）, bowels（腸；お腹）, brains（頭脳；知力）, communications（情報通信手段）, grassroots（一般市民）, greens（青野菜）, grounds（根拠）, guts（内臓）, heads（硬貨の表）, humanities（人文科学）, intestines（腸）, looks（容姿）, mains（《英》水道[ガス]の元栓、電源）, odds（見込み）, pains（苦労）, particulars（詳細[個人]情報）, riches（財産）, systems（コンピュータシステム）, tails（硬貨の裏）, troops（軍隊）, whereabouts（居場所）, wits（頭脳；思考力）

全体の特徴としては、漠然と複数のまとまりを表す名詞(例えば、surroundings, bowels, greens, particulars, troops)、または、複数性が希薄になるか、ほとんど意識されなくなり、実質的に1つのものや場所を表す名詞(例えば、beginnings, earnings, hopes, riches, suburbs)が含まれる。文法上の複数性は維持されるので、ほとんどが常に複数扱いである。これらは、-sを除いた単数形を持たないか、単数形があるとしても別の意味になる(例えば、beginningsの単数形 beginning は「最初」の意味)。また、ほとんどの場合、数詞を付けて数える

こともできない。例えば、*two *surroundings*, *three *earnings* などとは言わない(ただし、lodgings (five lodgings), troops (通例 10,000 troops などの多数の場合)は可能)。以下に個々の特徴を見ていく。

(48a)は語尾が -ings のものである。類例としては(48b)の earnings も含まれる。(47)の belongings も語形は同じで、ともに複数扱いではあるが、(47)が種々のものを指しているのに対して、(48a)の指示対象は 1 つである点に注意が必要である。例えば、(49)の場合、beginnings, lodgings はそれぞれ 1 つの症状、1 か所の下宿を指す。

(49) a. I feel the *beginnings* of a headache.
(頭痛がしてきた)

b. His *lodgings* were just up the street.
(彼の下宿は通りを少し行った所だ)

(47)で見た集合的な belongings などと比べると、これらは複数の意識がないか、あっても希薄である。(49a)に限らず、このような複数形と指示対象の数の上でのずれは(48)の多くで見られる。なお、lodgings については、文脈によって複数個所を示す場合(例えば、their lodgings は 2 通りにあいまい)や、明らかに複数個所を表す場合(例えば、five lodgings)もある[11]。

(48b)は代償や収益に関する語である。The company's *earnings are expected to grow only 4% annually in the next few years . . .* (COCA: 2008, MAG)(その会社の収益は今後数年間で毎年 4% しか成長が見込めない)のように、earnings は複数扱いであるが、「収益」自体は 1 つである。

(48c)は気持ちやそれを表す言葉に関する語である。これらは抽象的な意味を表すので、意味上の複数性は失われ、集合的不可算名詞と類似する。以下の 2 例では、どちらも 1 つの希望について複数形 hopes が使われている。

---

[11] 「節約された金・時間(など)」には saving (単数形)が用いられるが、アメリカ英語では a saving*s* の形(「a＋複数形」で単数呼応)も広く用いられる。COCA では a savings of を用いた例(例えば、a saving*s* of $8 billion per year (年間 80 億ドルの節約))が 132 件あり、学術論文(ACAD)での使用も見られる。

(50) a. *Hopes are* high that computer technology can help rural schools narrow that chasm. (COCA: 2000, NEWS)

(コンピュータ技術によって(都市部の学校と)地方の学校との差が縮まって欲しいという期待は大きい)

b. She went back to the restaurant *with hopes of* finding her purse there.

＝ She went back to the restaurant *with the hope of* finding her purse there. [＝ because she thought and hoped that she might find her purse there] (MWALED)

(彼女はレストランに戻ればハンドバッグが見つかるんじゃないかと思って引き返した)

　(48d)はある程度の広がりを持った場所・土地を漠然と表す語である。例えば、a lake in the *mountains* (山の中の湖)の mountains は複数の山を指しているのではなく、「山地」という1つの領域を表している。suburbs は近郊に広がる閑静な住宅地を漠然と表し、in [to] the *suburbs* の形でよく使われる。近郊の一地区を指す場合は、単数形 suburb も用いられるが(例えば、a London suburb)、複数形で表されることも多い。したがって、suburbs が一地区を指すのか郊外一帯を指すのかは文脈で判断する。例えば、I moved to the *suburbs*. (郊外に引っ越した)であれば、suburbs は "one of the suburbs" を含意し、kids from the *suburbs* (郊外出身の(育ちのよい)子供たち)では、郊外をひとまとめにして指す。suburbs と異なり、outskirts は常に複数形である。outskirts は住宅地であるかどうかにかかわらず、単に中心部からもっとも離れた地域を指すので、suburbs 以上に漠然としている。outskirts が常に複数形となるのはこの漠然とした意味のためであると思われる。premises は土地と建物を合わせた敷地をまとめて表す語だが、1つの建物や1つの区画であっても複数形が用いられ、動詞も複数で呼応する。例えば、A break-in occurred at an apartment. *The premises were* ransacked. (COCA: 2011, NEWS) (アパートで強盗事件が発生。内部が荒らされた)の the premises は1件のアパートを指している。また、イギリス英語では a BBC premises (BBC の構内), a licensed premises (一軒のパブ)のように、文法上

も単数扱いになることがある(Huddleston and Pullum 2002: 347)。woods もひとまとまりの土地を表すが、語法上、他と異なる特徴を持つ。COBUILD[8]と MWALED の記述を総合すると、a wood は「(比較的小さな)森」を意味するが、アメリカ英語では a wood または a woods で表現され、どちらも単数扱いである。さらに、「森林(forest)」の意味では woods が使われ、複数扱いとなる。

(51) a. *A thick woods runs* along the boundary of the estate.
(深い森がその地所を囲むようにあった)
b. *The woods are* a dangerous place for walking.
(その森林地帯はウォーキングには危険な所だ)

(48e)は様々なタイプの語を含んでいる。ashes は The town was burned to *ashes*. (町は焼けて廃墟と化した)のように使われるので、残骸のイメージによって複数性がある程度維持されていると思われる。これに対して、単数形で使われる cigarette *ash* は完全に灰と化した状態を表す。grounds は(48c)の hopes と同様に 1 つの根拠を指して使われるので、実質的に複数の含意はない。硬貨の表裏を表す heads と tails は、(48)の中では例外的に単数扱いである(*Is it heads or tails?* (表か裏か), *Heads is* the bus. (表が出たらバスで行こう)(COCA: 1991, FIC))。また、communications も単数扱いである(*Communications is* a growing industry. (MWALED)(情報通信は成長産業だ))。whereabouts は単複両扱いであるが、COCA と BNC によれば、複数扱いが優勢である(Her whereabouts are [is] unknown. (彼女の居場所が不明だ))。

(48)の中にはしばしば複合語で使われるものがあるが、その際、複数形を維持したまま複合語になるケースが多い。例えば、a *savings* account (預金口座), *customs* duties (関税), a *communications* satellite (通信衛星), *grass-roots* support (草の根的支援), *humanities* courses (人文系科目), *systems* engineering (システム工学)など。

1.6　複数形の語尾を持たないが常に複数扱いの名詞——cattle, people, police, etc.

(52)は人や家畜などを集合的に表す語で、語形は変化せず、常に複数扱いである。したがって、*a cattle, *cattles などとは言わない。

(52) cattle (家畜の牛), livestock (家畜), people (人々), police (警察官たち；警察), personnel (職員；隊員), poultry (家禽)

数を表す場合は語によって特徴が分かれる。cattle の場合、基本的に比較的少数の牛を表す時は head of を用いる。多数を(概数で)表す時は herd of を用いるほかに、直接数詞を付けて表現することもある。ただし、head の語形は不変化である。

(53) a. a [one, two, three] *head of cattle* = a [one] cow; [two, three] cows
　　　　(1頭[1頭、2頭、3頭]の牛)
　　　　[この場合の cows は雌牛または雌雄を区別しない牛]
　　b. twenty [100, 50,000] (*head* of) *cattle*
　　　　(20頭[100頭、50,000頭]の牛)

実際には、堅い書きことばの中で six cattle のように少数の牛を直接数詞で表す例も見られるが、頻度は低い。livestock と poultry の数の扱いも cattle とほぼ同様に考えてよい。

　people は、一般に person の複数に対応する。よって、She's a nice *person*. に対して、Her parents are nice *people*. となる(?nice persons は COCA にも BNC にもない)。また、少ない人数でも persons より people のほうが好まれる。「2人の人(たち)」を表すのに two people を使うのも英語ではごく自然である。COCA と BNC でも、people に付く数詞でもっとも多いのが two である。なお、person の複数形については、堅い文体(例えば、学術的な文章)であれば使用されることもある。

　police は「複数の警察官」の場合も「警察(組織)」の場合も常に複数扱

いである。後者の意味については、同じ「組織」を表す集合名詞 government や company が単複両扱いであるのと対照的である。「警察官」も「警察」も、police または the police で表されるので、どちらの意味で使われているのかあいまいな例もあるが、その場合は文脈で判断する。

(54) a. I was pulled over by *the* state *police* (＝ by state police officers) for speeding. (MWALED)
（私はスピード違反で州警察官に止められた）
b. *Police* [*The police*] *are* investigating the incident.
（警察はその事件を捜査している）

具体的な人数を表す場合、少数の警察官であれば police ではなく police officers [policemen] などを用いるほうが一般的だが、時に直接数詞が付いて four police のようになることもある。一方、多数の警察官を表す場合はしばしば直接数詞などが付いて 100,000 police, hundreds of police などのように表される。

1.7 語尾が -ics の名詞は単数扱いと複数扱いで使い分け―― politics, statistics, economics, etc.

以下の語は、学問(科目)として見る場合は単数扱いで、より一般的な意味で用いられる場合は多くが複数扱い(一部で単複両扱いまたは単数扱い)である((単)＝単数扱い、(複)＝複数扱い、(単・複)＝単複両扱い)。

(55) a. athletics (単)体育実技[理論]／(複)各種運動競技
b. classics (単)ギリシャ・ローマの古典文学、古典学／(複)傑作(可算名詞 classic の複数形)
c. economics (単)経済学／(複)経済[金銭]的側面
d. ethics (単)倫理学／(複)道徳上の行動規範
e. gymnastics (単)体育、体操／(単)体操競技、(複)高度な訓練
f. mathematics (単)数学／(単・複)計算処理

g. mechanics (単)力学、機械工学／(複)仕組み
h. physics (単)物理学／(複)物理的特徴[事実]
i. politics (単)政治学／(複)政治観、(単・複)政治、政治的活動、政治判断
j. statistics (単)統計学／(複)統計、統計値(可算名詞 statistic の複数形)

学問として見る(単数扱いの)例については省略し、より一般的な意味で用いられる(複数扱いの)例を(56)に挙げる。

(56) a. *His politics are* conservative.
(彼の政治観は保守的だ)

b. *The statistics are* impressive enough, but *they* hardly tell the story.　　　　　　　　　　　(BNC: W_newsp_brdsht_nat_sports)
(このデータは本当に素晴らしいが、真実はほとんど述べられていない)

c. *The economics* of burning gas *are* simply better than burning coal.　　　　　　　　　　　　　　　　(COCA: 2012, NEWS)
(経費面では、石炭よりも天然ガスを燃やすほうが断然よい)

d. *These skilful vocal gymnastics make* the music unique and unforgettable.　　　　　　　　　　　　　　(BNC: W_pop_lore)
(こういった高度な技による歌い回しが、この音楽を独特で忘れ難いものにしている)

e. For the goalie *the physics are* unforgiving. The ball will be traveling at about 125 miles an hour and enter the goal about a fifth of a second after the kick. That's not enough time for the goalie to react.　　　　　　　　　(W. Poundstone, *Rock Breaks Scissors*, 2014)
(ゴールキーパーにとって、(ペナルティキックにみる)物理の現実は容赦ない。蹴られたボールは約 0.2 秒のうちに時速 125 マイルの速さでゴールに入る。キーパーには反応する余裕などないのだ)

politics については、特に「(人の)政治観」を表して one's politics の形で用いる場合は複数扱いになる。なお、単数扱いでは、「政治学」以外に「政

治(活動)」の意味で用いられることも多いので(例えば、*Politics has* always interested her. (MWALED) (彼女はこれまで常に政治に関心を持ってきた))、必ずしも「単数形＝科目名」という関係になるわけではない。

1.8 語尾が -s でも単数扱いの名詞──measles, billiards, crossroads, etc.(絶対複数の不可算名詞と単複同形名詞)

(57)の各語は語尾に -s を持つが単数扱いである。(57a)は1つの病名、(57b)は1つのゲーム名を表す不可算名詞とされる((57a)については複数扱いを認める話者もいる(Quirk et al. 1985: 299; rickets は COD[12] では単複両扱い))。

(57) a. German measles (風疹), measles (はしか), mumps (おたふくかぜ), rabies (狂犬病), rickets (くる病), shingles (帯状疱疹)

　　 b. billiards (ビリヤード), cards (トランプ), checkers 《米》 [《英》draughts] (チェッカー), darts (ダーツ), dominoes [時に dominos] (ドミノ遊び), fives (ファイブズ), ninepins (九柱戯)

(58)も1つのものを複数形で表す名詞であるが、(57a)と異なり、すべて可算名詞かつ単複同形名詞である。(58a)の各語は、(58b)にあるように、語尾が -s のまま単数としても複数としても用いられる。単複同形名詞と言えば、fish や aircraft のような、単数形で語尾変化のない名詞がすぐに思い浮かぶが、ここで取り上げる単複同形名詞は単複ともに -s 語尾があるという点で対照的である。

(58) a. barracks (兵舎), crossroads (交差点、岐路), headquarters (司令部、本社;(集合的に)本部員), kennels 《英》(ペット犬預り所), (golf) links ((海沿いの)ゴルフ場), means (手段), steelworks (製鋼所), premises 《英》(cf. (48d)), series (シリーズ), species (種)

　　 b. *a* [two, many] barracks (1棟[2棟、数棟]の兵舎)

(58a)の各語は、1つのものを表す場合は単数扱い、複数のものを表す場合は複数扱いが基本(つまり、普通の可算名詞と同じ)である。ただし、headquarters に限っては、1つの「司令部、本社；本部員組織」を指す場合は単複両扱いとなる。「司令部、本社」を1つの所在地 (location) または機関 (authority) ととらえた場合は単数扱い、複数の部局 (offices) または複数の構成員 (members) の集合ととらえた場合は複数扱いとなる傾向がある。

(59) a. *Headquarters in Dublin has [have] agreed.*　　　　　(OALD[9])
　　　　(Dublin の会社本部が同意した)
　　b. *The company's headquarters is [are] in Atlanta.*　　(MWALED)
　　　　(その会社の本部は Atlanta にある)

kennels はイギリス英語の用法で、単数形としては a boarding [quarantine] kennels (ペット犬のホテル [検疫用の預り所]) のように用いる。また、COBUILD[8] では "a kennels = kennels" を認めており、a の付かない表現もある (例えば、put the dog in *kennels* (犬をペットホテルに預ける))。関連の有無は別として、headquarters にも同様の例が見られる (例えば、arrive at *headquarters* (本部に到着する)、be taken to *police headquarters* (警察本部に連れて行かれる))。steelworks は -works で「工場」に関係する複合語の一例として挙げた。類例として waterworks (浄水場), gasworks (ガス工場), skunkworks (企業内の極秘開発部門) などがある。なお、works は「(時計・機械などの) 仕掛け (部分)」や「何もかも」の意味では複数扱いになる。premises は基本的に複数扱いであるが、前述 (1.5.3) の通り、イギリス英語では a licensed premises (1軒のパブ) のように、ある種の形容詞を伴う形をとる場合は単数形としての使用も認められる。

series は、a TV *series* (テレビのドラマ [ドキュメンタリー] シリーズ；例えば BBC の *Sherlock* (シャーロック), *Planet Earth* (プラネットアース) のような番組；番組の「各放送回」は episode と言う), the play-off *series* (連戦による優勝決定戦) など、一連のものを1つにまとめて単数で表す。「一連の〜」を表すには、「a series of ＋複数名詞」の形を用いる。「a series of ＋複数名詞」全体としては単数扱いにも複数扱いにもなるが、COCA によれば複数扱いのほうがやや多い。ちなみに、「a series of ＋複数名詞」が主語の場合、呼応する be 動詞の語形ごと (is/was/<u>are</u>/<u>were</u>) の頻度を COCA で比較したところ、頻度は

それぞれ 13/20/**16**/**41** (件)で、複数呼応がやや優勢であった。これは、a series of が漠然とした数を表す several と同様に 1 つの形容詞となり、「a series of＋複数名詞」の複数名詞がこの名詞句の主要部とみなされやすくなるからであろう。

(60) *a series of* questions *were* [*was*] asked . . .
　　　（一連の質問がなされた）

「a series of＋複数名詞」が that 節（関係詞節）で修飾されて「a series of＋複数名詞＋that＋be 動詞」の形をとった場合、that 節内の be 動詞の呼応はどうなるか、COCA で調べてみた。その結果、is/was/<u>are</u>/<u>were</u> の頻度は順に 1/3/**64**/**30**(件)で、複数呼応の割合が著しく高くなった。be 動詞以外の動詞についても同様の傾向であると推測される。関係詞節による修飾の場合、a series of の形容詞化に加えて、関係詞が直前の名詞を先行詞とするという傾向があるために、複数名詞との近接性(proximity)に基づく数の一致を促し、動詞が複数名詞と呼応しやすくなるのかもしれない（近接性に基づく数の一致は英語の他の表現でも見られる。例えば、either A or B が主語の場合、動詞の数は通例 B と一致する。類例については 1.10 を参照）。(61)は「a series of＋複数名詞」が文中で単数と複数の両方の扱いを受けている点で興味深い。a series of steps に先行する「there＋be 動詞」では単数扱い、後続の that 節内では複数扱いになっている。

(61) In other words, there <u>is</u> *a series of steps that <u>are</u>* followed so that the pardon process is, you know, a rational process.
　　　　　　　　　　　　　　　　　　　　　　　　（COCA: 2007, NEWS）
　　　（言い換えれば、一連の手順というものがあって、それに従うので、その意味で恩赦申請手続きは合理的なんですよ）

なお、(62)のように、「a series of＋複数名詞」がひとまとまりのもの（この例では a preparatory school for young ladies）と理解されている場合は、that 節内の動詞も単数で呼応する。

(62) The galleries are located in Science Hill, *a series of buildings that was* originally a preparatory school for young ladies ...

(COCA: 1998, MAG)

(美術館は Science Hill にある一群の建物で、元は女子の大学進学予備校だった)

「a series of ＋複数名詞」は、「X of Y」の形式を持つ名詞句の 1 例であるが、この形式は数の一致(単複の扱い)に関してしばしば問題となる。「X of Y」の数の一致に関するその他のパターンについては 1.10 以降で扱う。

(58a)の最後に挙げた species については、a species of X と many species of X の語法上の違いについて補足しておく。X に可算名詞を用いる場合、a species of X の X は通例単数である。一方、many species of X の X には複数名詞が多く使われるが、単数名詞も可能である(COCA の検索結果より)。例えば、*a species of* bird, *many species of* bird*s* [bird]のように用いられる。なお、a species of X は単数扱い、many species of X は複数扱いとなる。

1.9　集合的な名詞と絶対複数の分類

1.3〜1.8 では、大きく分けて「集合名詞」「集合的な可算・不可算名詞」「常に複数形の名詞(絶対複数)」「常に複数扱いの単数形名詞」の 4 タイプの名詞を取り上げた。このうち、「絶対複数」には集合的な名詞(belongings, troops, headquarters など)と集合的でない名詞(heads, tails, economics(経済学)など)があり、「常に複数扱いの単数形名詞」(cattle, people, police など)には集合的な含意があることを見た。したがって、これらの名詞の多くは集合的意味と関わっていることがわかる。しかしながら、「集合名詞」(family など)を別とすれば各種の名詞が持つ集合的意味は一様ではなく、一定の語形や数の扱いが一定の集合的意味を表しているわけでもない。また、一部の名詞(aircraft, fish など)は集合的な用法と普通の可算名詞の用法の両方を持つなど、意味上・文法上の二面性を示す。このような多様な集合的意味の関係

表1: 語形と数の扱いから見た集合的な名詞と絶対複数の分類

語形	数の扱い	(数詞で直接)数えられる 同種・同形の集合	(数詞で直接)数えられる 異種・異形の集合	集合的でない	同種・同形の集合	異種・異形の集合	集合的でない
常に単数形	常に単数扱い				(23b) hair (*She has long hair.*)	(23a)/(41) baggage, clothing, furniture, jewelry; (23b) fruit(果物類) (*much clothing, a piece of clothing; *two/*many clothing*)	
常に単数形	常に複数扱い	(52) people (人々) (*two/three people; *a people*), police (警察官) (*four/100,000 police officers* を使うほうが多い; **a police*)			(52) police (組織) ((*The) police are/*is investigating the incident.*)		
常に単数形	常に複数扱い	(53b) cattle (多数・概数の場合) (*100/50,000 cattle; *a cattle*)			(53a) cattle (*one/two/100 head of cattle; many cattle*)		
常に単数形	常に複数扱い	(主に英) staff, crew (*two/many staff; two/?many crew; staff [crew] members* を使うほうが多い; **a staff/*a crew*)			pantyhose (*My pantyhose are/*is worn out.*)		
単複同形	単複両扱い				(29a) family, staff, team (**three/*many/*much family; *a staff*)		
単複同形	単複同形	(23b) aircraft (航空機), fish (魚) (*300 aircraft*) (複数扱い)	(23b) aircraft, fish (70 different fish; fishes も可; **aircrafts* は不可) (複数扱い)	(23b) aircraft, fish (*an aircraft* (1機の航空機); *a fish* (1匹[2種類の魚]); *two fishes* (2種類の魚)) (普通の[C]名詞として用いられる)			

1.9 集合的な名詞と絶対複数の分類 | 57

常に単数扱い				(48e) communications, heads, tails (54) economics (経済学), statistics (統計学) (57) measles, billiards, cards
常に複数扱い		(48) lodgings (複数のlodgingsを表す: five lodgings; *a lodgings), troops (多数の場合: 10,000 troops; *troopの複数ではない)	(43) trousers, scissors, glasses (48) beginnings, lodgings, earnings, mountains, premises (1つ[1か所]を指す) (his lodgings; a lake in the mountains) (48) troops (*a troop) (55) politics (政治観) (his politics), economics (経済的側面)	(48) arms, belongings, clothes, groceries (many/few clothes; *two clothes, *a piece of clothes)
単複両扱い			(55) politics (政治(活動)), (58) headquarters (The company's headquarters is/are in Atlanta.)	
常に複数形 単複同形	(48) **(主に英)** premises (a/twelve licenced premises) (58) barracks, crossroads, headquarters (a/two headquarters)	(48) **(主に英)** premises (a/twelve licenced premises) (58) barracks, crossroads, headquarters (a/two headquarters) (普通の[C]名詞として用いられる)		

※網かけを施した(23b), (48), (58)は普通の[C]名詞としても用いられる。その場合、(23b)は集合的ではないし、絶対複数でもないので、この表から除外されるべきであるが、これらの名詞が集合的な意味合いを持つ場合との比較のために入れてある。

(48) whereabouts (Her whereabouts are/is unknown.; 複数扱いが優勢)

は上記の具体例を一見しただけでは把握するのが困難である。そこで、全体をいくつかの集合的意味と語形・数の扱いの特徴に基づいて分類すれば、特徴の異なる名詞の比較が可能になり、いくつかの名詞に見られる意味上・文法上の二面性などについても理解が容易になると思われる。

　試みに集合的な名詞と絶対複数を①単数形／複数形、②単数扱い／複数扱い、③可算／不可算、④集合的な名詞／集合的でない名詞、⑤同種・同形の集合／異種・異形の集合、という5つの対照的な特徴に基づいて主な具体例を分類したところ、表1 (pp. 56–57) のようになった。分類の際の判断に関して以下にいくつか補足する。

　「常に単数形＋数えられる」に該当する (23b) aircraft, fish は単複同形の名詞である。これらは、複数扱いではそれぞれ「航空機」「魚」という類を表すことができるので、people のような集合的な名詞と類似している (*Aircraft are* prohibited from flying over any Olympic events... (COCA: 1996, NEWS))（航空機がオリンピック競技会場上空を通過することは禁止されている））。単複同形の名詞は、sheep, deer などのように、一群のものを指すことが多いので、複数のものを指して用いると集合的な解釈を受けやすい。aircraft, fish も同様で、例えば artillery, *aircraft* and tanks (大砲、軍用機と戦車)、freshwater *fish* (淡水魚類) などでは航空機や魚が集合的に用いられている。この場合、aircraft, freshwater fish の中身は同種・同形の集合 (例えばそれぞれ「戦闘機」「メダカ」) を指すことも、異種・異形の集合 (例えばそれぞれ「戦闘機・爆撃機・ヘリコプター」「メダカ・ナマズ・コイ」) を指すこともできる。これは、類を表す aircraft, fish という名詞が、「類→種」のシネクドキとして航空機の範疇に入る一部の特殊な航空機、魚の範疇に入る特定の魚を指すからである。一方、これらは an *aircraft* (1機の航空機), a *fish* (1匹［種類］の魚), two *fishes* (2種類の魚) のように、普通の可算名詞として1つのものを表すこともあるので、「集合的でない」名詞としても分類されるという点で二面性を持つ。

　「常に複数形＋単複同形」に相当する (48) premises と (58) headquarters などでは、単数の例 (a licenced *premises*, a *headquarters*) も含めている点で (23b) の単複同形 (aircraft, fish) と異なると判断した。これは、premises が通例複数扱いであることや、barracks や headquarters が意味機能上複数の存在

物・構造物と関連していることから(例えば、barracks は soldiers と、headquarters は offices と関連するので)、単数の例であっても集合的概念と関わりがあるとみなしたためである。一方、premises, barracks, headquarters などはそれを単位として1つ、2つと数えられるという点では普通の可算名詞と同様の扱いとなる。したがって、これらも「集合的でない」名詞としても分類されるという二面性を持つ。

(43) trousers, scissors などは、その構成部分(legs (ズボンの足)や blades (ハサミの刃))が2つで1セットであるという点で集合的とみなすことができる。

(48) whereabouts の語尾 -s は、本来複数形語尾ではなく、副詞形成語尾(besides の語尾と同様)なので、集合的概念とは無関係である。それでも、数の扱いは単複両扱いである。これは、whereabouts の名詞化によって、-s が複数語尾として再解釈されたためであると考えられる。

(48) beginnings, mountains や、(55) politics (政治観), economics (経済的側面)は実質的に1つのものや場所を指しているが、「同種・同形の集合」に含めた。いずれも常に複数扱いであることから、漠然と複数の概念が保たれていると判断した。

(57) measles は外見の症状である発疹が複数(spots)であること、cards はゲーム(トランプ)で使うカードが複数であることが複数形の由来であるが、単数扱いである。これらの語はもはや個々の具体物を指さず、病名やゲーム名として抽象化しているので集合的含意はない。ちなみに、(23b) hair (髪)は(57)と同じく常に単数扱いだが、集合的な具体物(髪の毛の集合体)を指すので集合的な名詞に分類される。

1.10 主語と動詞の数の一致

主語と動詞の数(すう)の一致(subject-verb agreement)については、すでに名詞の単数扱いまたは複数扱いに関する特異な例の中でその一部を取り上げた。特に、①集合名詞の複数扱い(family, media, Amazon など)、②単数の語形を持つ名詞の複数扱い(police, cattle, livestock など)、③複数の語形を持つ

名詞の単数扱い(politics, measles, billiards など)に関しては、いずれも名詞の語形ではなく、意味に基づいて動詞が呼応する(意味上の数の一致が成立する)という特徴を持つ[12]。

　以下では個々の名詞の数の扱いに注目するだけではなく、主語となる名詞句全体にも注意を向けることで見えてくる多様な数の一致の問題を扱う。1.1.2 でも述べたように、文の主語となるのは名詞ではなく名詞句である。名詞はそれ自体で文の主語や目的語となるのではなく、名詞句の形となって初めて主語や目的語としての機能を果たす。したがって、主語と動詞の数の一致は「名詞句と動詞」の数の一致ということになる[13]。もちろん、前節までの例に限って言えば、動詞の数の一致を決定づけていたのは名詞句内の主要部の名詞なので、「名詞句と動詞」ではなく「名詞と動詞」の数の一致と言ってもよさそうだが、実はそれほど単純ではない。そもそも主要部を特定するには名詞句の構造を前提にしなくてはならないので、名詞句の構造を抜きにして数の一致を考えることはできない。また、数の一致を決定づけるのが主要部の名詞ではなく、名詞句内の他の名詞であったり、名詞句の一部あるいは全体であったりすることもある。加えて、名詞だけでなく名詞句の形と意味の関係を考慮に入れなければ数の一致の特徴を十分にとらえることはできないのである。

　表 2 は、主語となる名詞句の形と数の一致との関係について、その主なものをタイプ別にまとめたものである[14]。ここに挙げたのは数の一致の主要なタイプ、あるいは、興味深いと思われるタイプのみであり、すべての例に対応するものではない。しかしながら、これを見るだけでも、もっとも典型的な Type A を始めとして、名詞句の形と意味に応じた多様な一致のタイプがあることがわかる。以下では、この表に従って各タイプの解説をしていく。その前に、表 2 でタイプ分けに使用した「文法上の一致」「意

---

[12] 「一致」に対応する用語は agreement であるが、数の一致の場合は concord (呼応) も使われる。なお、concord は数のほか、格・人称についても使われる用語である。

[13] 前置詞句や節が主語になる場合もあるが、典型的な例においては、名詞句が文の主語となる。

[14] 出典と和訳は各タイプの解説ページを参照。

1.10 主語と動詞の数の一致

表2: 主語(名詞句)と動詞の数の一致のタイプ

主語の形式	一致に関わる部分	一致のタイプ(NP内の下線部が動詞との一致と関わる部分) (N=名詞; N_head=主要部名詞; NP=名詞句; V_sing./pl.=単数/複数動詞; ADJ=形容詞)
単一の主語	主要部	**Type A: 文法上の一致(名詞の形態に呼応)【単数/複数呼応】** [_NP_...N_head_...N...] V_sing./pl._ ① _The only excuse that he gave for his actions was_ that he was tired. ② _Studies of this kind are_ important to basic and applied medical science. **Type B: 意味上の一致 I (名詞の意味に呼応)【単数/複数呼応】** [_NP_...N_head_...N...] V_sing./pl._ ③ _A large group were_ waiting for him. (集合名詞) ④ _Headquarters in Dublin has_ agreed.
単一の主語	主要部以外	**Type C: 意味上の一致 II (名詞句の意味に呼応)【単数/複数呼応】** [_NP_...N_head_...N...] V_sing./pl._ ⑤ To a teenager, _two years seems_ a lifetime. ⑥ _Neither of them are_ welcome. (近接性による一致も関与) **Type D: 近接性による一致(文法上の一致/意味上の一致 I)【単数/複数呼応】** [_NP_...N_head_...N] V_sing./pl._ ⑦ _Neither of them are_ welcome. (意味上の一致 II も関与) ⑧ About 50% [_half_] _of the houses need_ major repairs. ⑨ _Some 80% of the electorate is_ [_are_] expected to vote. (集合名詞)
等位接続された主語	A and B — A and B	**Type E: 論理上の一致(接続された名詞句の総和に呼応)【複数呼応】** [_NP_ [_NP_...N...] _and_ [_NP_...N...]] V_pl._ ⑩ _Time and money are_ spent everyday by government...
等位接続された主語	A and B — A and B	**Type F: 意味上の一致 II (名詞句の意味に呼応)【単数/複数呼応】** [_NP_ [_NP_...N...] _and_ [_NP_...N...]] V_sing._ または [_NP_...[ADJ _and_ ADJ] N...] V_pl._ ⑪ I think _valuable time and money is_ going to be lost. ⑫ "_Every parent and every kid is_ different," concludes Rob. ⑬ _American and Dutch beer are_ much lighter than British beer.
等位接続された主語	A and B — B	**Type G: 近接性による一致 (a year and a half etc.)【単数呼応】** [_NP_ [_NP_...N...] _and_ [_NP_...N]] V_sing._ (意味上の一致 II (主語全体)も関与) ⑭ _A year and a half is_ a long time to record an album...
等位接続された主語	A or/ nor B — A または B	**Type H: 論理上の一致(一方と文法上の一致/意味上の一致 I)【単数/複数呼応】** [_NP_ [_NP_...N...] _or_ [_NP_...N...]] V_sing./pl._ または [_NP_ [_NP_...N...] _or_ [_NP_...N...]] V_sing./pl._ ⑮ _Either the Mayor or her deputy is_ bound to come.
等位接続された主語	A or/ nor B — B	**Type I: 近接性による一致(文法上の一致/意味上の一致 I)【単数/複数呼応】** [_NP_ [_NP_...N...] _or_ [_NP_...N]] V_sing._ ⑯ _Either your brakes or your eyesight is_ at fault.
等位接続された主語	A or/ nor B — A or/ nor B	**Type J: 意味上の一致 II (名詞句の意味に呼応)【複数呼応】** [_NP_ [_NP_...N...] _or_ [_NP_...N...]] V_pl._ ⑰ _Either the station or the cinema are_ a good place to meet. ⑱ _Neither the twins nor Mary_ are here yet.
等位接続された主語	A or/ nor B — A	**Type K: 意味上の一致 II (a day or two, a year or two etc.)【単数呼応】** [_NP_ [_NP_...N...] _or_ [_NP_...N...]] V_sing._ (または [_NP_ [_NP_...N...] _or_ [_NP_...N...]] V_sing._) ⑲ Every time I go, _a day or two gets_ ruined while I recover.
等位接続された主語	not only A but also B; not A but B — B	**Type L: 近接性による一致(文法上の一致/意味上の一致 I)【単数/複数呼応】** _not_ [_NP_...N...] _but_ [_NP_...N] V_sing./pl._ _not only_ [_NP_...N...] _but also_ [_NP_...N] V_sing./pl._ ⑳ _Not only her parents but also Helen has_ been questioned.

味上の一致Ⅰ・Ⅱ」「近接性による一致」について説明しておく[15]。

1.10.1 文法上の一致、意味上の一致、近接性による一致

　文法書によって用語上の違いはあるものの、通例、数の一致には「文法上の一致」(grammatical concord)、「意味上の一致」(notional concord)、「近接性による一致」(concord of proximity) の 3 つが認められる (Quirk et al. 1985: 757)。**文法上の一致**とは、「名詞の語形が単数形であるか複数形であるか (形態的特徴) に基づいて動詞がそれぞれ単数、複数で呼応すること」である。*My brother lives* in New York. / *My brothers live* in New York. (兄弟 [兄弟たち] は New York に住んでいる) を例にとると、動詞は名詞の単数形 (brother)、複数形 (brothers) にそれぞれ単数、複数で呼応している。

　意味上の一致とは、典型的に「集合名詞に関して見られる数の一致」を指す。すでに見たように、集合名詞の場合、形態上は単数でも動詞は複数で呼応することがある。これは、名詞の表す対象が「意味上」複数の人を指していると理解されるからである。*All my family enjoy* skiing. (OALD[9]) (私の家族は皆スキーをするのが好きだ) がその 1 例である (集合名詞の数の一致に関するその他の例については 1.3.1 を参照)。この種の意味上の一致としては、集合名詞に見る単数形の複数呼応のほかに、複数形名詞の単数呼応 (例えば 1.8 で見た billiards (ビリヤード) や crossroads (交差点) など) も含まれる。通例、意味上の一致はこのような名詞を対象とした一致を指して言う。本書ではこれを「**意味上の一致Ⅰ**」と呼び、次の「意味上の一致Ⅱ」と区別する。

　意味上の一致Ⅱとは、「名詞句の意味を対象とした一致」である。これには複数名詞句の単数呼応と、単数名詞句の複数呼応の 2 種類がある。例えば、表 2 (p. 61) の Type C に示した用例⑤を見ると、主語の two years は複数名詞句であるが、ひとまとまりの期間とみなされて動詞は単数呼応している。また、用例⑥の neither of them の場合、主要部は neither なので名詞句としては通例単数扱いとするのが文法的だが、否定される対象が複数

---

[15] 表 2 (p. 61) の記号 (N_{head}, $V_{sing./pl.}$ など) とそれによる記号列は便宜的な表記であり、厳密な統語構造を表すものではない。また、Type E〜Type L の N は N_{head} とすべきであるが、煩雑さを防ぐために N と表記している。

とみなされて動詞が複数呼応することもある。意味上の一致Ⅱには、このような話し手の解釈や文脈に影響される場合(その他、Type F 用例⑪など)が多いが、Type F 用例⑫, Type K 用例⑲に見るように、文法的に決まっている場合もある。

近接性による一致とは、主語となる名詞句に複数の名詞が含まれる場合、そのうちの主要部ではなく、「動詞に近接する(多くの場合、動詞の直前の)名詞」に動詞が呼応することを言う。これは、近接関係にある語の影響を受ける牽引(attraction)の一種である。動詞は近接する名詞の語彙的特徴(形態的特徴・意味的特徴)に従って呼応するので、対象となる名詞の特徴に応じて文法上の一致または意味上の一致Ⅰが成立することになる(Type D 用例⑨を参照)。

近接性による一致が適用されるタイプには、単一の主語では Type D が、等位接続された主語では or [nor]を使った Type I や、but を使った Type L (not only A but also B; not A but B)などが含まれる。近接性による一致には義務的な場合とそうでない場合がある。義務的になるのは、何らかの理由で表現が定型化したためであると思われるが、その理由(環境)はそれぞれのタイプまたは表現によって異なる。例えば、Type D 用例⑧, ⑨は割合を表すという特定の表現の中で用いられている。また、Type I では、特に等位接続される要素の数(すう)が異なる場合(「単数＋or＋複数」または「複数＋or＋単数」)、単数または複数のどちらを選択すべきか判断に迷うため、最後のよりどころとして近接性による一致が発動される(Quirk et al. 1985: 762)。Type L では、but の持つ打消しの意味や、but の後部要素に意味の焦点が置かれることなどがその理由と思われる。

一方、義務的でない近接性の一致が見られるのは、主にくだけた文脈で用いられる場合で、Type D 用例⑦がそれに当たる。また、くだけた文脈に加えて、(63)のように、本来呼応すべき主要部が動詞から離れた位置にある場合も近接性による一致の影響を受ける可能性がある。(63)は主要部が member なので動詞は本来単数呼応(was)のはずだが、近接する people の影響で複数呼応している。

(63) ?*Every member of the vast crowd of 50 000 people* were pleased to see him. (Quirk et al. 1985: 764)

とはいえ、(63)のような数の一致は概して容認度が低い。特に、each, every, everybody, nobody などを含む場合は容認されないことが多い。

近接性による一致には、意味上の一致IIと比べて制約が多い。意味上の一致IIの場合、「名詞句の意味＝主語の意味」という関係が保たれるので、文解釈の上で不自然さは生じにくい。ところが、近接性による一致は、単に動詞に近接する名詞の形と意味が動詞の呼応に影響を与えるだけなので、「近接する名詞の意味 ≠ 主語の意味」となり、解釈に不自然さを残しやすい。同様の問題は、近接性の一致が通例義務的とされる Type I の (either) A or B の場合でも指摘されることがある。例えば、Huddleston and Pullum (2002: 508–509) は、?(*Either*) *Mary or the twins* are sure to go. / ?(*Either*) *the twins or Mary* is sure to go. (Mary かその双子 [その双子か Mary] が必ず行く) のように、AとBの一方が単数でもう一方が複数の場合、AとBのどちらと呼応しても不自然と判断されることが多いと言う。(either) A or B ではAとBが意味上対等な関係にあるにもかかわらず、一方だけを取り上げて動詞が呼応しているからである (不自然さを回避する例については 1.10.18 を参照)。

したがって、近接性による一致が単独で問題なく成立するのは、Type L (not A but B) などの一部の定形表現に限られていて、それ以外の表現では意味上の一致IIによって補強された環境、あるいは、何らかの意味的根拠が認められる環境で使われるのが自然とみなされる。実際、Type D 用例⑦では、主語の名詞句は意味上複数と解釈されるので、意味上の一致IIが動詞の複数呼応に影響を与えているのがわかる。Type G も同様である。

このような制約があるにもかかわらず近接性による一致が使用されるのは、結局のところ、この一致が近接性以外に文法や意味を考慮に入れる必要がないという点で、もっとも負荷のかからない言語処理の方法であるからと言えるかもしれない。

以上が文法上の一致、意味上の一致 I・II、近接性の一致の概要である

が、このほか、表 2 (p. 61) には Type E, Type H として「論理上の一致」を設けた。論理上の一致は Type F や Type J などの意味上の一致 II と対照的な一致で、言い換えれば「and または or の論理的必然性に基づく一致」である。Type E の論理上の一致は and で接続される項 (A, B) が必然的に 2 つであること、Type H の論理上の一致は or で接続される項が意味上対等であること (すなわち、どちらか一方を選択するという含意) に基づいてそれぞれ動詞の呼応が決まる。したがって、Type F, Type J のような、名詞句全体の意味に基づいて呼応が決まるタイプとは区別して示すことにした。

1.10.2　Type A・Type B: 主要部の名詞で決まる——数の一致の原則

　原則として、主語と動詞の数の一致は、(主) 名詞句の主要部で決まる。この原則に従うタイプが Type A と Type B である。両タイプの違いは、主要部名詞 (head noun) の形態的特徴に基づいて文法上の一致が成立するか (Type A)、意味的特徴に基づいて意味上の一致 I が成立するか (Type B) という点にある。

　Type A の文法上の一致の場合、主要部が単数形ならば動詞は単数で呼応し、主要部が複数形ならば動詞は複数で呼応する。*Her parents live* in New York. (彼女の両親は New York に住んでいる) を例にとると、動詞は複数主語 her parents を受けて複数で呼応する。名詞句 her parents が複数なのは、主要部である名詞 parents が複数形だからである。この例では、動詞が名詞 parents の形態的特徴に従って複数呼応している。

　Type B の意味上の一致 (=意味上の一致 I) の場合、主要部は単数形だが動詞は複数で呼応する場合 (例えば family) と、主要部は複数形だが動詞は単数で呼応する場合 (例えば headquarters) がある。Type B についてはすでに数多くの例を見てきたので、後述の解説では特に気になる名詞に限って取り上げることにする。

　数の一致の原則によれば、主語である名詞句の中で数の一致を決定するのは主要部名詞であり、その他の名詞ではない。この点を確認するために、名詞句内に 2 つ以上の名詞が含まれる例を Type A の中からいくつか取り上げてみる。(64a) は主語に関係詞節が含まれる例、(64b) は主語に前置詞

句が含まれる例で、それぞれ主語に2つの名詞を含んでいる。これらの例において、数の一致を左右するのは主語名詞句の主要部となる名詞((64a)では excuse, (64b)では studies)であり、もう一方の名詞(actions, kind)ではない。

(64) a. [_NP The only excuse that he gave for his actions] was that he was tired. (Hewings 2013: 80)
(彼が自分の行いに対して唯一言い訳できたのは、疲れているからということだった)

b. [_NP Studies of this kind] are important to basic and applied medical science. (COCA: 2009, ACAD)
(この種の研究は基礎医学にも応用医学にも重要である)

また、次の例では、主語によって表される対象は実際のところ複数のものまたは人であると解釈できるが、動詞は主要部の数(すう)に従ってすべて単数で呼応している。(65a)では「複数の出来事」、(65b)(one in four)では「4人に1人の割合のアメリカ人」、(65c)では「次々と訴える人々」といった複数のものや人が主語によって示されているが、それぞれの主要部である sequence, one, speaker が単数なので、動詞はすべて単数呼応である((65b)の61% of Americans の数の一致については1.10.11 を参照)。

(65) a. [_NP After a sequence of events] is over, ... (COCA: 1994, ACAD)
(一連の出来事が過ぎた後 ...)

b. 61% of Americans are overweight and [_NP one in four] is obese. (COCA: 2006, ACAD)
(61%のアメリカ人は肥満気味で、4人に1人が肥満である)

c. [_NP One speaker after another] was complaining about the lack of adequate sanitation. (Quirk et al. 1985: 761)
(衛生設備が十分でないことについて、不満を訴える声が次々と続いた)

さらに、A in addition to B (Bに加えてAも), A along with B (BとともにAも), A as well as B (Bと同様Aも)(A, Bは名詞句内の名詞句)などの場合、AとBをつなぐ表現は意味上等位接続詞的なので(Quirk et al. (1985: 982)では、

これらを quasi-coordinator と呼ぶ)、名詞句全体としては A と B を合わせて 2 つ以上のものや人を指すと解釈できる。しかし、このような主語の場合も通例数の一致の原則に従い、動詞は主要部を含む A と呼応する ((66a))。語法上特に注意すべき例を挙げるとすれば、(66b) に示すように、A が単数で B が複数の場合である。この場合、動詞は A に呼応して単数となる。対照的に、(66b) の下の cf. のような純粋な等位接続詞 (and) を含む主語の場合は複数呼応する。

(66) a. [_NP *Retention as well as academic performance*] is critical to students' success in college; ...　　　　(COCA: 2008, ACAD)
(学力と同時に記憶力が学生の大学での成功にとって重要である)

b. [_NP *John, as much as his brothers,*] was responsible for the loss.
　　　　　　　　　　　　　　　　　　　　(Quirk et al. 1985: 982)
(John は彼の兄弟と同じ程度にその損失に責任がある)

cf. [_NP *Blair, and Thatcher before him,*] were able to create a new image for Britain ...　　　　(COCA: 2007, MAG)
(Blair、そして彼より前に現れた Thatcher はイギリスの新しいイメージを作り上げることに成功した)

このように、数の一致の原則では名詞句の意味よりも統語構造に従って数の一致が成立することがわかる。なお、この種の表現の意味上の一致については 1.10.10 で取り上げる。

最後に、主語の形式は単純だが、構文上注意すべきものとして、主語が倒置された例を挙げる。(67) では主語が動詞に後続しているが、この場合も数の一致の原則に従って、動詞は後続する複数名詞句に複数で呼応する。

(67) a. Displayed on the board were *the exam* results.　(Hewings 2013: 80)
(掲示板には試験の結果が貼ってあった)

b. Here are *some examples*.
(いくつか例を挙げてみます)

(67) と類似した特徴を持つ there 構文については、集合名詞を含む名詞句

と be 動詞の数の一致の問題とともに、次節以降で詳しく説明する。

1.10.3　Type B: 気になる名詞の語法(1)——group (a [the] group と a group of X (複数))

　Type B は主要部に集合名詞が使われる場合が典型的である。family や committee を使った単純な例についてはすでに述べたので、以下では気になる集合名詞として、group (of), couple (of), pair (of), bunch (of) の語法を取り上げる。

　group は family と同様に集合名詞として用いられるので、主にイギリス英語では単複両扱いとなる。ただ、実際の使用では冠詞が付いて a [the] group の形をとったり、さらに of 句を伴って a group of X (複数名詞句) の形をとったりすることが多いので、その際の数の一致はどのようになるのか、つまり、このような名詞句になっても単複両扱いという集合名詞の特徴が受け継がれるのかという疑問が残る。そこで、COCA と BNC を使って a [the] group と a group of X が主語となる場合の動詞の呼応について調査を行った。調査は以下の疑問に答える形をとった。

(68) a. a [the] group が単複両扱いなのは、主にイギリス英語の特徴か。
　　 b. a group of X について、後続する動詞は単数・複数のどちらで呼応するか。
　　 c. 「a group of X that [which, who] + 動詞」について、関係詞節内の動詞は単数・複数のどちらで呼応するか。
　　 d. there 構文の主語が a group of X の場合、先行する動詞は単数・複数のどちらで呼応するか。

　調査に当たっては、関連するすべての表現を対象とするのは困難なので、対象を一部の表現に限定した。文は平叙文のみを対象とし、述語動詞については比較的頻度の高い be 動詞と have による呼応に限定した。(68a), (68b) に関する検索では、a group (of X) が主語として使われる環境を「ピリオド・接続詞・疑問詞・関係詞の後に生じ、be 動詞・have を述語とす

る場合」(具体的には ./when/what/where/why/how/while/through/although/because/that/which a/an * group (of *) is/was/has/are/were/have の文字列)に指定して、be 動詞と have の単数呼応・複数呼応の出現数を比較した。(68c)に関しては、「a group of X that [which, who]＋動詞」が主語位置に来る場合だけでなく、(出現数の不足を補って有意差判定を可能にするために)その他の位置に来る場合も含めて検索を行った。なお、関係詞節内の動詞に限っては、be 動詞と have を含むすべての動詞を対象とし、単数呼応・複数呼応が明らかな事例を調べた。(68d)に関しては、a group of (X) が使われる環境を「ピリオド・接続詞・疑問詞・関係詞の後に生じる there 構文」(具体的には ./when/what/where/why/how/while/though/although/because/that/which there is/was/are/were a/an * group (of *) の文字列)に指定して呼応の比較を行った。なお、検索文字列 a/an * group of * に含まれる2つの * のうち、前方の * は形容詞1語、後方の * は複数名詞(X)1語に相当するワイルドカードである。以上の条件で検索した結果を次ページの表3に示す。表中の各表現の冒頭に記載したピリオド(.)は、a [the] group (of X) が文頭位置または節頭位置であることを示す(D1′とD2′だけは主語位置以外も含めて検索したのでピリオドによる表示はない)。

　(68)の疑問に沿って検索結果をまとめると、以下のようになる。
　A 群に見るように、a [the] group は COCA でほとんどすべてが単数呼応、BNC でも複数呼応と比べて 10 倍以上が単数呼応であり、単数呼応が圧倒的に多い。また、B 群に見るように、形容詞を伴う a [the] * group になると BNC で複数呼応の頻度が上がる。
　C 群(COCA, BNC どちらの場合も C1・C2 間に有意差なし)に見るように、a/an (*) group of X は COCA, BNC ともに単数呼応と複数呼応が同じ程度に用いられる(堅い文脈(ACADEMIC)でも複数呼応が用いられる)。特に COCA においては、A・B 群の a/an (*) group が通例単数扱いであるのと対照的である。
　D 群(特に D1′と D2′)に見るように、「a group of X that [which, who]＋動詞」における関係詞節内の動詞は、COCA, BNC ともに複数呼応のほうが単数呼応よりも約 10 倍多い。しかも、D2′ に見るように、その度合いは

表3: COCAとBNCに見るa group (of X)と動詞(be動詞とhave)の数の一致(D群の$V_{sg./pl.}$はその他の動詞も含む)

		sg./ pl.	COCA	BNC
A1	. a group is/was/has	sg.	24	26
A2	. a group are/were/have	pl.	0	2
A1'	. the group is/was/has	sg.	764	242
A2'	. the group are/were/have	pl.	1	22
B1	. a/an * group is/was/has	sg.	83	31
B2	. a/an * group are/were/have	pl.	1	11
B1'	. the * group is/was/has	sg.	417	154
B2'	. the * group are/were/have	pl.	12	45
C1	. a/an (*) group of X is/was/has	sg.	88	24
C2	. a/an (*) group of X are/were/have	pl.	83	35
D1	. a/an (*) group of X that/which/who $V_{sg.}$	sg.	1	2
D2	. a/an (*) group of X that/which/who $V_{pl.}$	pl.	22	4
D1'	a/an (*) group of X that/which/who $V_{sg.}$	sg.	81	15
D2'	a/an (*) group of X that/which/who $V_{pl.}$	pl.	827	135
E1	. there is/was a/an (*) group (of X)	sg.	121	35
E2	. there are/were a/an (*) group (of X)	pl.	26	1

C2の場合よりも高い。

E群に見るように、there構文の主語がa/an (*) group (of X)の場合、動詞はCOCA, BNCともに単数呼応が多い。

数の一致の各タイプ、すなわち、Type A (文法上の一致), Type B (意味上の一致Ⅰ), Type C (意味上の一致Ⅱ), Type D (近接性による一致)を念頭において上記の結果を考察すると、(68a)–(68d)に挙げた疑問の答えはそれぞれ(69a)–(69d)のようになる。

(69) a. a [the] groupは英米ともに単数扱い(文法上の一致)が一般的である。また、イギリス英語で単複両扱いが見られるのは、主にgroupが形容詞を伴う場合である。

b. a/an (*) group of X は英米ともに単複両扱いとなる。a/an (*) group of X が複数扱いになるのは、a number of などと同様に、a group of が数量を表す 1 つの句と解釈され、a group of X の主要部が X と認識される(その結果、文法上の一致が成立する)ため、あるいは、X (複数名詞句)と述語動詞の間で近接性による一致が成立するためである。

c. 「a group of X that [which, who] +動詞」における関係詞節内の動詞は、英米ともに複数呼応が一般的である。一般に、関係詞の先行詞は関係詞の直前の要素なので、動詞は複数である X に呼応する。言い換えれば、X と関係詞と動詞の近接性が関係している。

d. there 構文の主語が a/an (*) group (of X) の場合、動詞は英米ともに単数呼応が多い。動詞が不定冠詞 a(n) に直接先行することで、単数概念を想起させやすいからである(近接性による一致)。

(69a)–(69d)に関する例をそれぞれ(70a)–(70d)に示す。

(70) a. *A large group* was [《主に英》 were] waiting for him.

(MWALED)

(大勢のグループが彼を待っていた)

b. *A large group of people* were waiting for him at the airport.

(MWALED)

(大勢の人たちが空港で彼を待っていた)
(※アメリカ英語でも were が普通とみなされている例と言える)

c. There are *a group of people* who believe that there is no right or wrong—only degrees of right. (COCA: 1996, NEWS)

(正しいとか間違っているとかということはなく、あるのはただある程度の正しさであると信じている人たちがいる)

d. Finally, *there* is *a group of patients* who are considered mentally unfit to make decisions concerning themselves.

(BNC: W_non_ac_humanities_arts)

(最後に、精神的能力に欠けるために自分自身についての判断ができないとみなされる患者たちがいる)

(70d)では、a group of patients に先行する be 動詞は単数で一致し、後続する関係詞節内の動詞は複数で一致している点が対照的である。同様の例はアメリカ英語にも見られる。

group は集合名詞の特徴として基本的にイギリス英語で単複両扱いとされるものの、a [the] group, a group of X においては、a group of の語彙化や、近接性による数の一致が働くので、イギリス英語でもアメリカ英語でも呼応の関係にほとんど差がないことがわかった。これらは、集合名詞として意味上の一致Ⅰ (Type B)が成立することが比較的少ないということを意味する。

1.10.4　Type B: 気になる名詞の語法 (2)──couple (a couple と a couple of X (複数))

couple は、夫婦などの「ひと組の男女」の意味で用いる場合、他の集合名詞と同様に単複両扱いである。不定冠詞が付いた a couple も単複両扱いである。この場合、「ひと組」に視点を置けば単数扱い、「男女2人」に視点を置けば複数扱いとなるが、実際のところ、a couple は単数扱いとなる傾向が強い。a couple が kiss, marry, divorce などの動詞や each other など、(男女) 2人による行為を含意する語句とともに用いられる場合でも、動詞は単数で呼応することが多い (*A couple* was married . . . / *A couple* loves each other . . .)。a couple の語形によって表される数は単数なので、文法上の一致が成立しやすいものと思われる。

「ひと組の男女」の意味とは別に、a couple はくだけた表現で「2, 3人; 2, 3のもの」を意味することが多い。この場合、a couple = two or a few people [things] という解釈なので、(71)のように複数扱いとなる。数の一致の観点から言えば、名詞句 a couple がその意味に基づいて複数扱いとなるので、意味上の一致Ⅱが成立している。

(71) All of the rooms feature a tiled bathroom, and *a couple* have tubs

for two.　　　　　　　　　　　　　　　　　(COCA: 1997, MAG)
(すべての部屋にタイル張りの浴室付きというのが特長で、一部の部屋には2人サイズのバスタブが入っています)

　a couple に of 句が付いて a couple of X (複数)になると、英米ともに「ひと組の男女」よりも「2, 3 の X (= a few X)」の意味で用いられることが多く、常に複数扱いとなる。さらに、(72)のように、主にアメリカ英語でくだけた表現になると、a couple of X の代わりに(of のない) a couple X が用いられることもある。ここまで来ると、a couple は a few と同じく数量を表す決定詞(determiner)になる。

(72) *A couple girls* pass by him, giggling.　　　(COCA: 1999, FIC)
　　(数人の女の子がクスクス笑いながら彼とすれ違う)

1.10.5　Type B: 気になる名詞の語法 (3)——pair (a [this] pair と a pair of X (複数))

　couple と同様に、「2つ[2人]ひと組」を意味する pair も集合名詞として単複両扱いになる(例えば *This pair is* 16 years old, cost $300 at the time. (COCA: 2010, SPOK) (この靴は 16 年履いているもので、当時は 300 ドルした) / *The pair are* working more harmoniously now. (AHD[4]) (今 2 人は以前より仲よく働いている)など)。上記の第 1 例にもあるように、this pair (of X)は通例単数扱いであるが、時に複数扱いになることもある。通例、「this＋名詞」は単数扱いだが、pair に関しては必ずしもそれが当てはまらないということになる。特に pair が人を表す場合はその傾向が強いように思われる(*This pair are* real cowards and the poor lady was left in tears. (BNC: W_newsp_other_report) (この 2 人はまさに卑怯者で、泣き崩れる女性を置き去りにした)なども同様)。なお、this pair を代名詞で受ける場合は複数扱いが普通である(Quirk et al. 1985: 300)。この場合、this pair の中身(複数の存在物)に意味の中心が置かれることになる。ただし、通例 2 つひと組であっても、*this shoes [trousers]は不可である。

(73) I like *this* [*these*] pair. How much <u>are</u> *they* [<u>is</u> *it*]?
　　(このズボン(靴など)が気に入ったのですが、いくらですか)

第 1 章 名　　詞

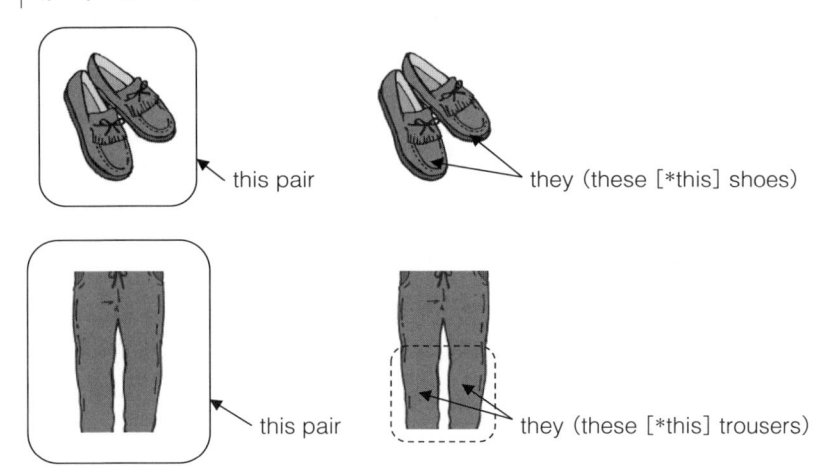

this pair

they (these [*this] shoes)

this pair

they (these [*this] trousers)

　　a pair に of 句の付いた a pair of X になると、人・動物について用いるよりも、ものについて用いるほうがずっと多い。COCA と BNC によれば、X には shoes, jeans, scissors などが頻度の上位に来る。a pair of X は「ひと組」が意味の中心の場合は(74a)のように単数で一致する。しかし、shoes 類の場合は 2 つひと組であっても左右独立しているので、(74b)のように複数での一致も可能である(shoes 類の場合、片方を指して単数形の shoe を用いることも可能：Where's my *shoe*?(片方の靴はどこだろう))。一方、もともと切り離すことのできない pants 類は、(75a)のように単数呼応である(よって、shoes と違い「ズボンの片方」を指して *my pant と言うこともできない。代わりに my pant leg を用いる)。ただし、(75c)のように、「a pair of X＋関係詞節」の関係詞節内における動詞の呼応については、X が shoes 類でも pants 類でも、複数呼応となる例が多い。なお、a pair of X を代名詞で受ける場合は、(76)のように通例複数扱いとなる。

(74) a. *A pair of shoes* costs more than a month's wages for . . . .

(COCA: 1993, FIC)

(. . .にとって靴 1 足はひと月の給料よりも高い)

b. *A pair of shoes* are more than $ 500.　　(COCA: 2003, NEWS)

(靴 1 足で 500 ドル以上する)

(75) a. Beside a pair of men's work boots, *a pair of pants* <u>was</u> folded over a plastic chair. (COCA: 2010, NEWS)
（男性用作業ブーツのそばには、1本のズボンがたたまれてプラスチック製の椅子の上に載せてあった）

b. *Beside a pair of men's work boots, *a pair of pants* <u>were</u> folded over a plastic chair.

c. I take out *a pair of glasses that* <u>have</u> sturdy black frames but no lenses. (COCA: 2001, FIC)
（私は太い黒縁の眼鏡を取り出すがそこにはレンズが入っていない）

(76) He lowers *a pair of binoculars* and passes <u>them</u> to Whitman. (COCA: 2004, FIC)

（彼は双眼鏡を下ろして Whitman に渡す）

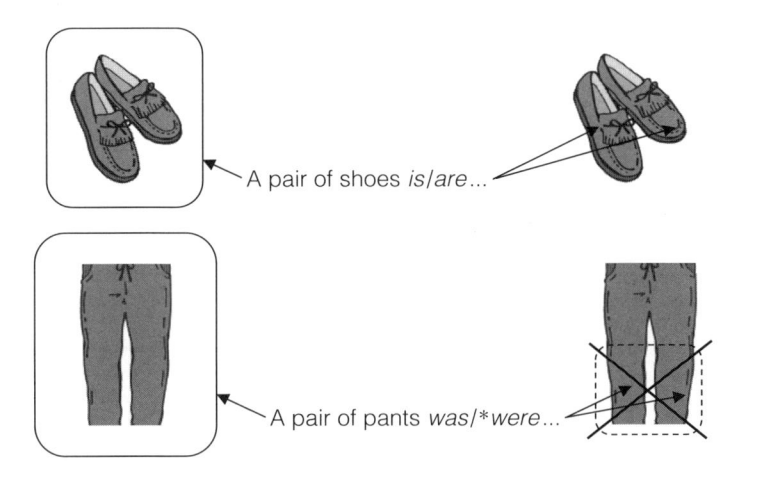

← A pair of shoes *is/are*…

← A pair of pants *was/*were*…

a pair of X が人について用いられる場合も動詞は複数呼応する。OALD[9]によれば、イギリス英語では pair が人を表す場合、(77a)のように通例複数扱いとなるので、(77b)に示す a pair of X の場合も動詞は複数で一致する[16]。

---

[16] of X を伴わない a pair を主語とする場合は別で、各種コーパスを見る限り単数扱いになる場合が多い。a couple の場合と同様の理由によると思われる。

(77) a. *The pair* are planning a trip to India together. (OALD⁹)
　　　（2人は一緒にインドに旅行する計画を立てている）

　　b. *A pair of children* were kicking a ball about. (Ibid.)
　　　（2人の子供がボールを蹴って遊んでいた）

OALD⁹ の解説に従えば、(77b)の動詞の複数呼応は pair との意味上の一致 I によるものである。しかし、実際には、a pair of が数量(two)を表す決定詞または数詞と同等に解釈され、children が主要部と解釈されて複数呼応したり(文法上の一致)、children との近接性による一致によって複数呼応したりすることもある。

なお、pair は類義の couple と違って「ひと組の男女」としてではなく、単なる「2人」としてみなされやすいようである。LDOCE⁶ では、pair を「ひと組の男女」の意味で用いるのは避けられ、代わりに couple を用いるのが望ましいとしている。上で見たように、pair が人よりも物について用いられる例が多いことも一因と思われる。

1.10.6　Type B: 気になる名詞の語法(4)──bunch（a [the] bunch と a bunch of X（複数））

bunch は、「束、房」の意味ではいわゆる普通名詞、くだけた文脈で「人々、連中」の意味では集合名詞として用いられる。集合名詞の場合、(78a)、(78b)に見るように、a [the] bunch には単数呼応と複数呼応の両方がある。

(78) a. Turns out *the whole bunch* was raring to go, but nobody had wanted to come right out and say so. (COCA: 1990, FIC)
　　　（結局のところ、彼らは皆行きたくてたまらなかったのだけれど、誰も正面切ってそう言えなかったのだ）

　　b. *The parental bunch* were told to sit in a row ... (COCA: 1991, NEWS)
　　　（保護者たちは1列に並んで座るように言われた）

bunch が a bunch of X で用いられる場合の意味は主に 3 つで、何を主要部とみなすかで動詞の呼応が異なる。1 つは、a bunch of X が「1 束[房]の X」を意味する場合で(例えば a bunch of flowers [bananas, etc.]（花束1つ[1房のバナナなど]))、主要部は bunch である。したがって、動詞は単数で呼応する(典型的な Type A (文法上の一致))。第 2 に、くだけた表現では a bunch of X が「一団の X (人々、連中)」を表し、動詞は(通例)複数で呼応する。a [the] bunch (人々)が(78)に見るように単複両扱いであるのに対して、この a bunch of X が複数呼応であるのは、a bunch of が1つの数量表現と解釈されやすく、その結果、複数の X が主要部となるからであろう。この点は(一部)複数呼応する a group of X の場合と同じである。また、a group of X と同様に近接性による一致も関与していると思われる。第 3 に、アメリカ英語では、くだけた表現で a bunch (of X)が「たくさん(の X)」の意味で使われる。X は可算名詞も不可算名詞も可能で、可算名詞(people, guys, kids など)の場合は複数呼応である(実際、COCA ではこの用例が多い)。この場合も、主要部は X となる。特に、この a bunch of X は a lot of X とほぼ同義なので、X は完全に主要部となる。第 2, 第 3 の意味から、アメリカ英語で a bunch of people と言えば、その意味は文脈次第で「数人のグループ[一味]」か単に「多数の人」ということになる。第 1～第 3 の意味に相当する具体例をそれぞれ(79a)–(79c)に挙げる。いずれも文法上の一致(Type A)が当てはまる点では共通するが、何を主要部とするかで(79a)と(79b)、(79c)は異なる。

(79) a bunch of X の意味と動詞の呼応(すべて Type A)
　　a. 1 束の X：主要部は bunch
　　　　a bunch of keys is missing from the hall table
　　　　　　　　　　　　　　　　　　　　(BNC: W_non_ac_polit_law_edu)
　　　　(廊下のテーブルから鍵の束がなくなっている)
　　b. 《くだけて》一団の X (人々)：主要部は X
　　　　A bunch of people come over and play tunes, ...
　　　　　　　　　　　　　　　　　　　　(BNC: W_pop_lore)

(あるグループがやってきて、音楽を演奏する)
(※近接性の影響も考えられる)

c. 《米・くだけて》たくさんの X: 主要部は X

 A bunch of things have happened, and I'm excited.

(COCA: 1995, MAG)

(いろんなことがあって、今興奮しているの)

なお、a bunch of X が there 構文の主語として be 動詞に後続する場合、第 2、第 3 のどちらの意味でも単数で一致することがある(近接性による一致)。

(80) We got outside, and *there was a bunch of cameras* all around us.

(COCA: 2004, NEWS)

(私たちが外に出るとカメラの放列に取り囲まれてしまった)

1.10.7 Type C: 名詞句の意味に呼応(1)——数量の表現(表2: 用例⑤)

Type C の意味上の一致Ⅱでは、複数名詞句の主語に対して動詞が意味上単数で呼応したり、単数名詞句の主語に対して動詞が意味上複数で呼応したりする。前者の例として、空間・時間の長さや幅を表す複数名詞句が主語の場合、数量が1つの空間・時間とみなされれば、動詞は複数呼応よりも単数呼応になるほうが望ましい(文法上の一致よりも意味上の一致Ⅱが優先される)。(81)の only three metres は「1位と2位を分けた距離の差」を指している。

(81) *Only three metres separates* the runners in first and second places.

(Hewings 2013: 84)

(わずか3メートル(の差)が走者の1位と2位を分けた)

また、(82)のように、補語が単数名詞句(a lifetime)の場合、動詞は単数で呼応するのが自然であり、複数呼応は不自然または不可とされる。補語の形が主語の意味に影響を与え、意味上の一致Ⅱがより優先される例と言える。

(82) To a teenager, *two years* seems [?*seem] *a lifetime*.

(COCA: 2001, MAG)

1.10 主語と動詞の数の一致

(10代にとって2年間は一生涯ぐらいに長く感じる)

温度と角度を表す degrees の場合も、1つの値を指す時は単数呼応する。(83a)では a temperature of を、(83b)では an angle of を前に補うことも可能である。また、(83c)では、異なる温度が示されているが、一定の幅を指しているので、単数呼応となっている。

(83) a. Cover and let rise in warm place (*85 degrees* is best) until dough has doubled in bulk, about 1 hour.　　(COCA: 1997, NEWS)
(パン生地は倍の大きさになるまで、約1時間、蓋をして暖かいところで膨らませます(華氏85度が最適です))

b. Adjust an incline bench to a 75-degree angle (*90 degrees* is straight up).　　(COCA: 1999, MAG)
(((ベンチプレス用)インクラインベンチを75度の角度に調整します(90度が垂直の状態)))

c. Cure fruits in a warm place (*80 to 85 degrees* is ideal) for a couple of weeks.　　(COCA: 2004, MAG)
([冬カボチャの]実は暖かい所で2〜3週間保存します。華氏80〜85度が理想です)

単数としての意識がより明示的に表される例として、時間などを表す複数名詞句に this, that, a(n) が付く表現がある。例えば、COCA と BNC には *This last 10 weeks* has been ... / *That forty-two dollars* covers ... / *A pleasant two hours* was slept. / *Another 10 hours* is devoted ... などの例が見られ、いずれも単数呼応する[17]。

---

[17] 抽象的な単位とは異なり、具体的な人やものについて「another [a further, an additional] +数詞+複数名詞」を用いる場合は、(少なくとも COCA と BNC を見る限り)複数呼応となるのが一般的である。つまり、動詞は主要部の複数名詞に基づいて呼応する。以下では 10 patients をひとまとめにしているのではなく、10人ずつ数えている中で「もう10人」と言っている。

(i) *Another 10 patients* were excluded for insufficient data.
　　(COCA: 2006, ACAD)
(もう10人の患者がデータ不足のため除外された)

1.10.8 Type C: 名詞句の意味に呼応 (2) ——掛け算は Type C か Type A か？

　算術の数式を表す文には、動詞が単数呼応する場合と複数呼応する場合がある (Quirk et al. 1985: 760)。(84) の掛け算の場合、主語の ten times five が単数呼応するのは、five (単数形) が主要部であるからではなく、ten times five が「10×5」という1つの数式、あるいは、数式の答え (the result of ten times five) として解釈されるからである (意味上の一致Ⅱ(単数))。一方、複数呼応となるのは、ten times の複数か、「10×5」の答えが表す数 (50) の複数概念の影響と思われるが (意味上の一致Ⅱ(複数))、はっきりとした理由は不明である。

(84) *Ten times five* is [are] fifty. (10×5＝50)
　　　　(is: 意味上の一致Ⅱによる単数呼応 [are: 意味上の一致Ⅱによる複数呼応])

関連して、X times Y が主語の場合の動詞の単数呼応と複数呼応の頻度を COCA と BNC で比較したところ ([mc*] times [mc*] [v*] [mc*] (「数詞＋times＋数詞＋動詞＋数詞」の文字列で検索；数詞は数字を含む))、どちらのコーパスでも単数呼応しかなく、複数呼応は見られなかった。これについては、(84) の例を挙げた Quirk et al. (1985) では何も言及されていないが、コーパスの

　　上の例と類似した表現に「an estimated＋数詞＋複数名詞」がある。この表現も不定冠詞が付きながら複数呼応、つまり、動詞は主要部の複数名詞に基づいて呼応する。この句は number [figure] of を補って「an estimated *number of*＋数詞＋複数名詞」と解釈されることもあるが、実際にそのような言い換え表現が用いられることはほとんどない。この表現は報道や学術分野でもしばしば用いられ、用法として確立しているので、another 10 patients などと同様に複数名詞を主要部とする Type A と考えてよいだろう。

(ii) *An estimated 19 million influenza illnesses occur* in the United States each year.　　　　(http://www.vdh.state.va.us/epidemiology/flu/) (米国では毎年およそ1,900万件のインフルエンザ関連疾患が発生している)

(iii) As of 2013, there *were an estimated 44.4 million people with dementia* worldwide.　　　　(http://www.alz.co.uk/research/statistics) (2013年現在で世界には推定4,440万人の認知症患者がいた)

結果を見る限り、X times Y が主語の場合は、文法上の一致と意味上の一致Ⅱ(単数)が優先され、動詞は単数呼応となりやすいようである。より具体的な単数呼応の例を『不思議の国のアリス』の中から挙げておく。

(85) I'll try if I know all the things I used to know. Let me see: *four times five* is twelve, and *four times six* is thirteen, and *four times seven* is — oh dear! I shall never get to twenty at that rate!

〈Lewis Carroll: *Alice's Adventures in Wonderland*, 1865 (安井泉(訳))〉
(前に知っていたことは今も覚えているかしら、試してみましょう。4 掛ける 5 は 12、4 掛ける 6 は 13、4 掛ける 7 は 14 ── このままいったらいつになっても 20 にはならないんじゃないかしら)

一方、two fives のような X Ys の形を主語とする掛け算の場合、(86)に見るように、数の一致は make を用いた場合と be 動詞を用いた場合で異なる特徴を示す。

(86) a. *Two fives* make [makes] ten. (2×5＝10)   (Quirk et al. 1985: 760)
(make: 文法上の一致による複数呼応[makes: 意味上の一致Ⅱによる単数呼応])

b. *Two fives* are [*is] ten. (2×5＝10) (Ibid.)
(are: 文法上の一致による複数呼応[*is: 意味上の一致Ⅱによる単数呼応は不可])

(86a)の場合、主語名詞句(two fives)の主要部の語形に従えば、make は複数呼応する(文法上の一致)。また、two fives が「2×5」という 1 つの数式、あるいは、"the result of two fives" と解釈されれば、名詞句全体で意味上単数となり、make は単数呼応して makes になる(意味上の一致Ⅱ(単数))。一方、(86b)の場合、be 動詞は複数呼応の are (文法上の一致)が普通で、単数呼応になると不自然な印象を与える。(86a)と(86b)で呼応に違いが生じる理由は定かではないが、あるインフォーマントは make よりも be 動詞のほうが単純(等式の関係が直接的)であるために、主語の数との呼応も直接的となり(主語の形に呼応し)、複数呼応が優勢になるのではないかと指摘している。make と be 動詞のどちらの場合も複数呼応が認められること

を考えると、主要部 fives の形態的特徴(複数形)、および、fives と動詞の近接性が動詞の呼応に対し、より強く影響を与えているのかもしれない。

　結局、掛け算の X times Y では意味上の一致Ⅱが、X Ys では文法上の一致が優勢ということになる。

　なお、引き算の *Ten minus two* is [equals] eight. (10−2＝8)と割り算の *Ten into fifty* is [gives, goes] five. (50÷10＝5)の場合は動詞の種類にかかわらずすべて単数呼応となる。これには2つの理由が考えられる。1つは、minus と into が前置詞なので、ten minus two, ten into fifty の ten が明らかに主要部と認識され、しかも、ten が抽象的な数(抽象名詞＝単数形名詞)とみなされるからである(文法上の一致)。もう1つは、ten minus two, ten into fifty がそれぞれ「10−2」「50÷10」という1つの数式、あるいは、"the result of ten minus two [ten into fifty]" と解釈され、意味上の一致Ⅱ(単数)が成立するからである。

1.10.9　Type C: 名詞句の意味に呼応(3)――any [each, neither, none] of X の複数呼応と Type D (近接性による一致) の関係 (表2: 用例⑥, ⑦)

　Type C の意味上の一致Ⅱには、前節の場合とは反対に、単数の主語に対して動詞が意味上複数で呼応する場合もある。代表的な例は、不定代名詞を主要部とする any [each, either, neither, none] of X (X＝複数名詞句)が主語となる文である。これらの文は、本来は(規範的には)数の一致の原則に従って不定代名詞と単数呼応するが、会話などのくだけた文脈では規範性が崩れて複数呼応することがある。

(87)　*None* (*of the books*) have been placed on the shelves.

(Quirk et al. 1985: 764)

　　　(本棚には(本が)1冊も置かれていない)

(88)　a.　*None of them* have been placed on the shelves.　　　(Ibid.)

　　　　　(本棚にはそれらが1冊も置かれていない)

　　　b.　*Either* [*Neither*] *of them* are welcome.　　　(Ibid.)

(2 人とも大歓迎だ［歓迎しない］)

(87)で、none (＝no＋one)は、本来は単数扱いだが、すべての本を意識しているので意味上複数扱いが可能となる。(88)は of 句に代名詞が来る例である。(88a)は(87)の the books を them に置き換えたものである。(88b)が可能なのは、「歓迎する［しない］」相手は実際のところ 2 人(*Both* are (not) welcome.)だからである。(88)については、none of them のほうが either [neither] of them の場合より複数扱いになりやすい(Quirk et al. 1985)。これは、none が単独でも複数扱いが可能であるのに対して、either [neither]は単独では複数扱いが不可であることが関係しているものと思われる。

Quirk et al. (1985)によれば、(87)の none of X の複数呼応は、堅い文脈でも容認される傾向にあるという。そこで、これを COCA と BNC で検証してみた。具体的には、文または節の主語になる「none of the＋複数名詞」(の一部)に対して、be 動詞と have がどのように呼応するかを調べた(検索文字列は ./when/what/where/why/how/while/through/although/because/that/which/if none of the [*nn2*] is/was/has/are/were/have で、[*nn2*]は普通名詞複数形を表す)。その結果、単数呼応と複数呼応の出現件数は、COCA で 108：147、BNC で 36：30 だった。COCA で複数呼応が多いことがわかる。さらに、複数呼応(are/were/have)に限って none of X の使用域(分野)を調べると、COCA では ACADEMIC と FICTION で、BNC では MAGAZINE と ACADEMIC での使用が際立った。特に、どちらのコーパスでも were による呼応が著しく多い。ACADEMIC での使用が多いということは、現時点で none of X の複数呼応が堅い文脈でも十分容認されているということを示唆しており、Quirk et al.(1985)の指摘が正しいことが認識できた。

(87)の none of the books, (88b)の either [neither] of them では、動詞の直前にある語(books, them)が複数なので、動詞がそれらに直接呼応していると考えれば、これらの文では近接性による一致も成立していると言える(表 2 (p. 61)で、同一の文が Type C 用例⑥と Type D 用例⑦の両方に当てはまることがこの関係を示している)。(63)でも見たように、くだけた文脈では文法への意識がゆるみやすく、加えて、主要部(none, either, neither)が動詞と離れた位

置にあると、動詞は本来呼応すべき主要部ではなく動詞に近接する名詞に呼応しやすくなる。類例を(89)に挙げる。

(89) a. I don't think *any of them* <u>know</u> where the money is hidden.

(Hewings 2013: 82)

(その金の隠し場所を知る者は誰もいないと思う)
(※堅い書きことばでは knows)

b. *Each of the cars* <u>are</u> tested for safety, fuel economy and reliability.

(Ibid.)

(それらの車はみな安全性、燃費、信頼性が試される)
(※堅い書きことばでは is)

Hewings (2013) は (89) を近接性による一致の例として挙げているが、実際には上の例と同様に意味上の一致 II も関与していると考えられる。(89a) では、not . . . any of them が (88a) の none of them と同様に複数 (彼らすべて) を意識して使われている。(89b) でも、each of the cars は検査対象となる車全体が意識されているとみなすことができる。

1.10.10 Type C: 名詞句の意味に呼応 (4) ── A as well as B の複数呼応と Type D (近接性による一致) の関係

1.10.2 ((66a), (66b)) では、A と B を等位接続詞的につなぐ A as well as B などの表現が主語となった場合、基本的に数の一致の原則に従う (動詞が A に呼応する) ことを見た。一方、主にくだけた文脈では、A as well as B などが意味上 A and B と同等とみなされて、複数呼応することがある。例えば、(90a) は正式な表現で、as well as his wife は前後にコンマ (comma) が付いて挿入句となっている。基本的に主語に付加される挿入句は動詞の呼応に影響を与えることはないので、動詞は that man を受けて単数呼応する。一方、(90b) はくだけた表現で、コンマが省略されている。この場合、A as well as B が意味上 A and B とみなされて、動詞は複数呼応している。ただし、(90c) のように、コンマの付いた堅い文脈でも動詞は複数呼応することがある。つまり、A (,) as well as B (,) などの表現ではコンマの有無

にかかわらず形式よりも意味が優先されることが十分にありうるのである。

(90) a. *That man, as well as his wife*, is not to be trusted.
　　 b. *That man as well as his wife* are not to be trusted.

　　　　　　　　　　　　　　　　　　　　　　　(Declerck 1991: 238)

　　（あの男とその妻は信用されない）

　　 c. *Prediction, as well as collaboration*, are hallmarks of this three-dimensional simulation of the Chesapeake Bay below developed at the National Center for Supercomputing Applications.

　　　　　　　　　　　　　　　　　　　　　　　(COCA: 2001, ACAD)

　　（予測および協同が、米国立スーパーコンピュータ応用研究所で開発されたこの Chesapeake 湾の 3D シミュレーション（下を参照）の特徴である）

また、A(,) as well as B(,) の B が複数の場合は、意味上の一致 II に加えて近接性による一致も動詞の複数呼応に影響を与える。(91) は意味上の一致 II と近接性による一致の両方が関与している例である（(91b) は正式な表現と比べて容認度が落ちるので、Quirk et al. (1985) に従い「?」の表示を付けた）。

(91) a. *Clinton, as well as past presidents*, have utterly failed to address the problems America has here at home.　(COCA: 1993, NEWS)
　　　（Clinton と過去の大統領はアメリカの国内問題への対応に完全に失敗した）

　　 b. ?*The President, together with his advisors*, are preparing a statement on the crisis.　　　　　　　　(Quirk et al. 1985: 761)
　　　（大統領と補佐官はこの危機に関する声明の準備をしている）

1.10.11　Type D: 割合の表現と近接性(1) ── about 50% [half] of the houses など（表 2: 用例⑧, ⑨）

　割合を表す表現とはパーセント (percent, %) や分数を使ったものである。(92) に見るように、パーセントや分数が主語名詞句の主要部にある場合、動詞はパーセントや分数に呼応するのではなく、動詞の直前にある名詞に

呼応する。つまり、この種の表現は近接性による一致に従う。対照的に、(92)の下の cf. に挙げた文では、パーセント表現が主要部ではなく of 句内にあるので、動詞は数の一致の原則通り主要部に基づいて呼応する。

(92) *About 50% [half] of the houses need* major repairs.

(Hewings 2013: 84)

　　（それらの家の約半数は大規模修理が必要である）

　cf. *An inflation rate of only 2% makes* a difference to exports.

(Ibid.)

　　（わずか 2% の物価上昇率が輸出に多大な影響を与える）

近接性による一致の場合、動詞に近接する要素が集合名詞であれば、動詞はその集合名詞を受けて単数呼応（文法上の一致）にも複数呼応（意味上の一致Ⅰ）にもなる。

(93) a. *Some 80% of the electorate is [are]* expected to vote.

(Ibid.: 84)

　　　（約 80% の有権者が投票すると見られている）

　　b. *Around a third of the population* regularly *shops [shop]* out of town.　(Ibid.: 85)

　　　（住民の約 3 分の 1 が決まって郊外で買い物をする）

1.10.1 で述べたように、近接性による一致には義務的な場合とそうでない場合があるが、この種の表現はどちらかと言えば義務的な場合に相当する。これらは(87)の none of the books など(Type C)と違って、主要部(about 50%, half など)と動詞の間で数の一致が成立しない。また、Hewings (2013) では(92), (93)の主語全体(about 50% [half] of the houses など)に対して意味上の一致Ⅱが成立するとも言っていない。さらに、この種の表現は、堅い文脈でもくだけた文脈でも近接性の一致が成立する。このような理由から、この種の表現では近接性による一致がほぼ義務的に働いているものと思われる。

　基本的に、割合を表す表現は近接性の一致が成立する定形表現の一種と

言ってよいが、意味上の一致IIの入り込む余地がまったくないわけではない。(92)や(93)の複数呼応は、主語の名詞句全体によって表される具体的な数(家の軒数や人数;例えば about 50% of the houses ＝ 100 houses などという解釈)に意識が向けば、意味上の一致IIが成立する可能性がある。また、(93a), (93b)の単数呼応については、集合名詞(electorate, population)の単数扱いによる場合だけではなく、主語(some 80% of the electorate, around a third of the population)を1つの数量として意味上単数扱いする場合を認める母語話者もいる。とはいえ、このような意味上の一致IIは個々の話者の判断に依存する部分が大きく、(81)で見た only three metres の単数呼応ほど定着しているものではないので、ここでの数の一致の主たる要因にはならないと考える。

1.10.12　Type D: 割合の表現と近接性 (2) ——one in five people は Type D か Type A・B (数の一致の原則に従う) か？

one in five people のような「one in [out of]＋数詞＋複数名詞」を受ける動詞の複数呼応については2通りの考えがある。すなわち、複数呼応は①非常にくだけた文脈で近接性に基づいて生じるという考え(Declerck 1991)と、②「one in [out of]＋数詞」(one in five)の部分を1つの数量表現とみなすことで生じる(その結果、名詞(people)が主要部となり数の一致の原則に従った呼応をする)という考え(Huddleston and Pullum 2002)である。なお、後者では、文体に関する言及は特にない。いずれにせよ、(94)のように、動詞は名詞句内の複数名詞に基づいて複数呼応する。

(94) *One in five <u>pregnancies</u>* <u>are</u> still unwanted in this country. (very infml)

(Declerck 1991: 237)

(この国ではいまだに5人に1人の妊婦が望まない妊娠をしている)

①と②の説明の妥当性を確認するため、「one in [out of]＋数詞＋複数名詞」がどういった文脈でどのような数の一致を示すのか、COCA と BNC を使って以下の2点について調べてみた。

(95) a. 「one in［out of］＋数詞＋複数名詞」は、単数呼応と複数呼応のどちらが多いか。
　　 b. 「one in［out of］＋数詞＋複数名詞」の複数呼応は非常にくだけた文脈でしか用いられないのか。

まず、(95a)について、文または節の主語として生じている「one in［out of］＋数詞＋複数名詞」(の一部)が動詞と単数・複数のどちらで一致するかを調べた(検索文字列は ./when/what/where/why/how/while/though/although/because/that/which/if one in [mc*] [n*] [v*]である；文字列中の in と out of を入れ替えて検索；[mc*]は数詞または数字、[n*]は名詞、[v*]は動詞を表す)。コーパスごとの生起件数を表したのが表 4 である。

表 4：「one in [out of]＋数詞＋複数名詞」と動詞の数の一致

	COCA	BNC
one in＋数詞＋複数名詞＋$V_{sg.}$	69	14
one in＋数詞＋複数名詞＋$V_{pl.}$	36	18
one in＋数詞＋複数名詞＋その他の V (動詞過去形・助動詞)	49	15
one out of＋数詞＋複数名詞＋$V_{sg.}$	25	0
one out of＋数詞＋複数名詞＋$V_{pl.}$	15	1
one out of＋数詞＋複数名詞＋その他の V (動詞過去形・助動詞)	17	0

表 4 に見るように、COCA では、「one in＋数詞＋複数名詞」も「one out of＋数詞＋複数名詞」も単数呼応が多いが、複数呼応も一定程度見られた。BNC では「one in＋数詞＋複数名詞」において、単数呼応と複数呼応が同程度であった。

次に、(95b)について、COCA と BNC の複数呼応の内訳を書きことばである ACADEMIC, NEWSPAPER, MAGAZINE の分野に限って調べてみた。すると、「one in＋数詞＋複数名詞」については、COCA で合計 23 件、BNC で合計 13 件、「one out of＋数詞＋複数名詞」については、COCA で合計 6 件であった。つまり、「one in [out of]＋数詞＋複数名詞」の複数

呼応は書きことば(堅い文脈)でも比較的多く用いられており、必ずしも非常にくだけた文脈に限ったことではないことがわかった。

上記の結果、この表現の複数呼応は冒頭で示した①の「非常にくだけた文脈で生じる」という文体上の特徴だけでは十分に説明できないことが確認できた。そうなると、①で根拠とされた近接性による一致についても再考の余地がある。

また、「one in [out of] ＋数詞＋複数名詞」が複数呼応しやすいのは、近接性による一致の影響に加えて、「one in [out of] ＋数詞」の部分が数量詞化することとも関係しているからである。さらに、「one in [out of] ＋数詞」は割合を表す表現なので、one in five people ＝ 20 out of 100 people ＝ 20% of people という関係が成立し、これによっても複数が意識されやすくなるものと思われる(パーセントを使った表現では近接性による一致が成立する；(92)を参照)。結局、数の一致のタイプとしては、Type D と Type A・B のどちらにも該当することになる。

なお、「one in [out of] ＋数詞＋複数名詞」(例えば one out of a hundred students)の類義表現として、「one＋単数名詞＋in [out of] ＋数詞」(例えば one student out of a hundred)があるが、この場合の数の一致は、原則通り単数呼応となる。

(96) a. *One student in a hundred takes* [*take] drugs.
　　 b. *One student out of a hundred takes* [*take] drugs.
(Huddleston and Pullum 2002: 504)
　　(100 人に 1 人の学生が薬物を使用している)

ところで、(94)の one in five pregnancies のような表現に主格の関係代名詞が後続した場合、つまり、「one in [out of] ＋数詞＋複数名詞＋関係詞＋動詞」となった場合、関係詞節内の動詞の呼応はどうなるであろうか。これを COCA と BNC で検索したところ、(97a)のように複数呼応する例が多いものの、(97b)のような単数呼応の例も少数見られた。さらに、この関係詞節を伴う主語を受ける(主節の)述語動詞が単数と複数のどちらで呼応するかを調べたところ、関係詞節内の動詞が単数呼応の場合は、(97b)

のように述語動詞も単数呼応であった。一方、関係詞節内の動詞が複数呼応の場合は、(97a)のように述語動詞も複数呼応である例が多いが、(97c)のような単数呼応の例も見られた。

(97) a. *One in four people who reach the summit die.*
　　　　　　　　　　　　　　　　　　　　　　(COCA: 1998, FIC)
　　　（頂上にたどり着いた4人に1人が死亡する）

　　b. *One in three people who undergoes surgery uses herbal remedies.*
　　　　　　　　　　　　　　　　　　　　　　(COCA: 2001, SPOK)
　　　（手術を受けた3人に1人が薬草療法を受けている）

　　c. It could have been worse — *one in five people who contract the infection dies.*　　　(COCA: 2007, NEWS)
　　　（最悪の事態だけは免れた。感染症にかかる5人に1人は死亡するからである）

(97b)のwho節は意味上three peopleを「手術をした3人」に限定すると考えられるので、動詞は複数(undergo)で呼応するはずである。しかし、話し手の意識が話題となる1人に向いているために、関係詞節内の動詞にも影響を与えて単数(undergoes)で呼応するものと考えられる。関係詞節で指示対象を単数(one)に絞り込んだ場合は、主節の述語もその1人について叙述することになり、((97a),(97c)と違って)単数呼応(uses)を選択するのである。結論として、関係詞節内の動詞は複数呼応が基本だが、話し手の視点がoneに移動した場合は単数呼応もありうるということになる。

1.10.13　Type D: more than a [one] X, many a X の単数呼応

　more than a [one] X と many a X (X=単数名詞)は、それぞれ「1より多い数」「多数」を表すので、意味上は複数である。しかし、動詞は近接する単数名詞に基づいて単数で呼応する。

(98) a. *More than one member has protested against the proposal.*
　　　　　　　　　　　　　　　　　　　　　　(Quirk et al. 1985: 758)
　　　（その提案に反対した委員は1人だけではなかった）

b. *Many a member* has protested against the proposal.　　　(Ibid.)
(多くの委員がその提案に反対した)

これまでに見た近接性による一致では、主語名詞句の意味上の数も、動詞に近接する名詞句の数も、数の上では一致するので(例えば、用例⑦ *Neither of them* are welcome. では、neither of them も them も複数)、意味上の一致IIと近接性による一致で呼応する数が一致していた。ところが、(98)では、主語名詞句(more than one member, many a member)で示される意味上の数が複数であるのに対し、動詞に近接する名詞句(a member)は単数である。このような例は、近接性の一致が意味上の一致IIに優先して単数呼応となる点で特異である。

1.10.14　Type E・Type F: A and B の論理上の一致・意味上の一致 II (表2：用例⑩～⑬)

　Type E～Type L は、等位接続された名詞句が主語となる場合の数の一致を表している。このうち、Type E は and で接続された主語が示す典型的な数の一致である。Type E では、動詞は主要部と文法上の一致をするのではなく、等位接続された名詞句の総和(＝2以上)に対して複数呼応する。これが数の一致の原則として常識的に理解されるのは、呼応が名詞の形態や意味に基づくのではなく、論理的な根拠に基づいているからである。

　A and B にも、典型的な数の一致とは別に意味上の一致IIと近接性による一致がある。Type F が意味上の一致IIに関わるタイプである。意味上の一致IIでは、A and B が意味上ひとまとまりとみなされると、単数呼応が可能となる。(99), (100)にそれぞれ論理上の一致と意味上の一致IIの例を挙げる。(99a)では time と money を別々のものとみなし、(99b)では両者をひとまとまりとみなしている。また、(100)のように、3つのものが等位接続された場合でも、1セットとみなされれば単数扱いが可能である。

(99) a. *Time and money* are spent everyday by government, churches and non-governmental organizations, ...　　(COCA: 2009, NEWS)
(時間と経費が政府と教会と非政府組織によって毎日消費されている)

(＝用例⑩)(論理上の一致)

  b. I think *valuable time and money* <u>is</u> going to be lost.

(COCA: 1995, SPOK)

   (貴重な時間と資金が失われていると思う)(＝用例⑪)(意味上の一致Ⅱ)

(100) *The lorry, its cargo and passengers* <u>weighs</u> [<u>weigh</u>] around 35 tonnes. (Hewings 2013: 82)

  (そのトラックと積荷と乗客を合わせて35トンになる)(Type F [Type E])

　意味上の一致Ⅱによる単数呼応は、(99b)のように、等位接続される要素が抽象名詞の場合によく見られる。等位接続された抽象名詞によって表される2つの概念は、相互に関連する1つの概念としてとらえるのが比較的容易である。特に、類義の概念や対になる概念はひとまとまりとして考えやすい。意味上の一致Ⅱによる単数呼応と論理上の一致による複数呼応の例を(101a)、(101b)に挙げる (has＝意味上の一致Ⅱ；have＝論理上の一致)。

(101) a. *Your fairness and impartiality* <u>has</u> [<u>have</u>] been much appreciated. (Quirk et al. 1985: 761)

   (公正で公平であったことに深く感謝します)

  b. *Law and order* <u>has</u> [<u>have</u>] been established. (Ibid.)

   (法と秩序が確立された)

　(101)のほか、COCAとBNCを検索するとresearch and development (研究開発), health and safety (安全衛生), early diagnosis and treatment (早期の診断と治療), child abuse and neglect (児童の虐待と放置), life and death (生と死) などがType E (論理上の一致)、Type F (意味上の一致Ⅱ) の両方に当てはまるのが確認できる。また、(101)のように、どちらの一致のタイプも可能な場合が多いが、(102a)のように、後続する述語に単数の補語 (a widespread social problem) が来る場合は意味上の一致Ⅱが成立しやすい。また、(102b)のように、抽象名詞が対概念を表していても、2つの概念が (each other によって) 別々にとらえられている場合は論理上の一致が選択される。

(102) a. *Child abuse and neglect* <u>is</u> *a widespread social problem . . .*

(COCA: 1992, ACAD)

(児童の虐待と放置は社会に広まっている問題で...)(Type F)

b. We do not fear death because we understand that *life and death* <u>are</u> necessary to *each other*.　　　　　　(COCA: 2005, SPOK)

(私たちは死を恐れません。なぜなら、生と死はお互いに必要なものだからです)(Type E)

なお、life and death は life or death (死活問題)と解釈されることもある。その場合はしばしば単数扱いとなる。

A and B の形式が意味上の一致Ⅱにより単数扱いされるもう1つのパターンは、A, B それぞれに each [every] が含まれる例で見られる。これは、each [every] が個々のものを指すと解釈される(言い換えれば、配分的な(distributive)解釈を与える)からである。

(103) a. This school can not be regarded as typical, partly because *each school and each project* <u>is</u> unique,...

(BNC: W_non_ac_soc_science)

(この学校は典型的な学校とはみなされない。1つには学校や研究課題はどこも独特だからであり...)

b. "*Every parent and every kid* <u>is</u> different," concludes Rob.

(COCA: 1995, MAG)

(「親も子供もそれぞれ(性格が)異なるのだから」と Rob は話を結んだ)(=用例⑫)

and を算術の足し算に用いる場合も、単数呼応(意味上の一致Ⅱ)が可能である。(104)では、two and two を1つの式(2+2)とみなせば、名詞句全体で意味上単数となり、be 動詞は単数呼応して is になる((84), (85)(掛け算と数の一致)を参照)。

(104) *Two and two* <u>is</u> [<u>are</u>] four.

(2+2=4)(is: 意味上の一致Ⅱ [are: 論理上の一致])

Type F (意味上の一致Ⅱ)には上記に挙げた単数呼応のほかに、複数呼応の例もある(論理上の一致としての複数呼応とは異なる)。これは、A and B が等

位接続された形容詞となって、1つの単数名詞を修飾する形式（[A and B]＋単数名詞）をとる場合に見られる。(105a)の主語の主要部は単数名詞（しかも不可算）の beer なので、数の一致の原則（Type A）に従って動詞は単数呼応が予測される。しかし、American and Dutch beer は 2 種類のビールについて述べているので、主語は意味上複数となり、動詞は複数で呼応する。(105b)では主語が不定冠詞 a を伴う名詞句なので、一見すると動詞が単数呼応すると予測される。しかし、主語は意味上 first-language and second-language learners という複数名詞句と同等の総称表現であるので、動詞（share）は複数で呼応する。

(105) a. *American and Dutch beer* <u>are</u> much lighter than British beer.
（Quirk et al. 1985: 760）
(アメリカとオランダのビールはイギリスのビールと比べてずっと弱い)（＝用例⑬）

b. *A first-language and (a) second-language learner* <u>share</u> some strategies in their acquisition of the language. (Ibid.)
(第 1 言語と第 2 言語の習得者は言語習得に関していくつかの共通した習得法を持っている)

1.10.15　Type G: A and B の近接性による一致（および意味上の一致 II の関与）——a year and a half（表 2：用例⑭）

A and B には、近接性による一致に従って動詞が B と呼応する例もある。a year and a half（1 年半）, a pound and a half（1 ポンド半（の重さ））, a mile and a half（1 マイル半）など、時間・距離・重さなどの単位を表す名詞を使った表現が主語の場合、動詞は近接する a half が単数であることを受けて通例単数呼応する。

(106) *A month and a half* <u>is</u> needed just to . . .　（COCA: 1990, MAG）
（. . . するだけでひと月半かかる）

ただし、ほかの近接性による一致でしばしば見られるように、この場合も意味上の一致 II が同時に関与している。a 〜 and a half をひとまとまり

の数量として扱えば、主語は意味上単数とみなされるからである (Type C 用例⑤と同様)[18]。

Column　数と単位の単数・複数

(1) 「1年」は one [a] year.「半年」は half a year または a half year と言うが、half a year のほうが普通。

　　「1年半」は a year and a half または one and half years と言うが、**a year and a half** のほうが多く用いられる。ところが、「2年半、3年半、...」になると two [three, ...] **and a half years** のほうが圧倒的に多く、two [three, ...] years and a half はまれである (COCA では 2,044 件：9 件)。year の場合だけでなく、month, week, day についても同様である。

(2) 「0.5 メートル」「1.5 メートル」を half で表すと half a *meter*, a *meter* and a half となり、meter は単数である。これを小数で言い換えると複数の meters が使われ、0.5 *meters* [《米》zero point five *meters*,《英》nought point five *meters*]、1.5 *meters* となる。1 より小さいその他の小数を表す場合も数量の単位には複数を使い 0.15 *grams* などとする。ただし、0.1 の場合は単数 (0.1 grams) と複数 (0.1 gram) の 2 通がある。0.1 の「1」(one) に牽引されて単数呼応するのかもしれない。このあいまいさを回避する表現としては a tenth of a *gram* がある。

　　なお、数の一致の上で注意すべきは、0.5 [1.5] meters, 0.15 grams などが主語の場合、動詞は通例単数で呼応するという点である。なぜなら、Type C 用例⑤で見たように、これらは「1つ」の数量を表すからである。

(3) 温度・角度・経度などで「0度」を表す場合も「度」は複数 (degrees) を使って 0 [zero] *degrees* とする。

---

[18] このようなタイプを近接性による一致というよりも意味上の一致Ⅱとしてとらえる話者もいる。

1.10.16　Type E～Type G 補足：一見 A and B に見える表現の数の一致——A, and＋副詞＋B

　一見 A and B と思われる表現の中には、論理上の一致に従わない例もある。以下のように、主語 A に付加された and B が副詞を含む場合、and B の部分は挿入句とみなされる。挿入句は数の一致に影響を与えないので、動詞は単一の主語である A の数に呼応する。(107a)、(107b)ではともに A が単数(a writer, the ambassador)なので、動詞は単数で呼応する。(108)の論理上の一致(Type E)と対照的である。

(107)　a.　*A writer, and sometimes* an artist, is invited to address the society.
　　　　　　　　　　　　　　　　　　　　　　　　　　　　(Quirk et al. 1985: 762)
　　　　　(作家、そして時に芸術家がその会での講演に招待される)

　　　b.　The *ambassador* — *and perhaps* his wife too — is likely to be present.　　　　　　　　　　　　　　　　　　　　　　　　(Ibid.)
　　　　　(大使、それから大使夫人も出席する可能性が高い)

(108)　*Blair, and Thatcher before him*, were able to create a new image for Britain ...(＝(66)cf.)(Type E)

1.10.17　Type H・Type I：A or B の論理上の一致・近接性による一致（表2：用例⑮, ⑯）

　A or B が主語の場合、動詞は or 接続の論理に基づいて A または B の数に呼応する(論理上の一致(Type H))。A, B ともに単数ならば、動詞は単数呼応で、A, B ともに複数ならば動詞は複数呼応である。(109a)は A, B ともに単数、(109b)は A, B ともに複数の例である。論理上の一致に関して問題となるのは、(110)のような、A と B の一方が単数でもう一方が複数の場合である。この場合、論理的に考えれば動詞は単数呼応も複数呼応も可能なはずだが、B が単数ならば動詞も単数、B が複数ならば動詞も複数で一致させる。B の数とそれに近接する動詞の数が異なると不自然な印象を与えるからである。したがって、(110)のような場合は論理上の一致よりも近接性による一致(Type I)が優先される。

(109) a. *Either the Mayor or her deputy is* [*are] bound to come.

(Quirk et al. 1985: 762)

（市長または副市長が出席することになっている）

　　b. *Either the strikers or the bosses* have [*has] misunderstood the claim. (Ibid.)

（スト参加者または雇用者側がその要求について誤解した）（論理上の一致）(Type H)

(110) a. Either your brakes or your eyesight is [?are] at fault. (Ibid.)

　　b. Either your eyesight or your brakes are [?is] at fault. (Ibid.)

（あなたの視力かブレーキのどちらかが悪い）（近接性による一致）(Type I 用例⑯)

1.10.18　Type J: A or [nor] B の意味上の一致 II (1)──主語全体の意味に呼応 (表2: 用例⑰, ⑱)

基本的に、A or [nor] B の数の一致は論理上の一致または近接性による一致に従う。特に A or B の場合、語法書では近接性による一致に関する説明が中心となる。しかし、A or [nor] B においても、文脈によっては意味上の一致 II が関与する。なぜなら、A or B は "A or B or both"、A nor B は "not [both A and B]" という、AB 両方を含む解釈が可能なこともあるからである。この場合、A or [nor] B は意味上複数とみなされ、動詞は複数呼応する。この種の意味上の一致 II の例を (111a)–(111d) に挙げる。(111a)–(111d) は順に、A or B が「単数 or 単数」「単数 or 複数」「複数 or 単数」「複数 or 複数」の例である。比較のために他のタイプの数の一致の可能性も付記した。

(111) a. ＜単数＋or＋単数＞

Either the station or the cinema are a good place to meet.

(Hewings 2013: 82)

《くだけて》（待ち合わせには駅か映画館がいい）
(is も可；その場合は論理上の一致、または、近接性による一致)

　　b. ＜単数＋or＋複数＞

Neither Mary nor the twins are here yet.

(Huddleston and Pullum 2002: 510)

(Mary もその双子もまだ来ていない)
(are は twins との近接性による一致とも考えられる)

c. ＜複数＋or＋単数＞

Either the teachers or the principal are to blame for the accident.

(Hewings 2013: 82)

(教員または校長にその事故の責任がある)
(is も可；その場合は近接性による一致)

d. ＜複数＋or＋複数＞

Neither the twins nor their parents are here yet.

(Huddleston and Pullum 2002: 510)

(その双子も親たちもまだ来ていない)
(are は論理上の一致、または、近接性による一致)

　(111a)–(111d)の意味上の一致Ⅱについては次のように説明できる。(111a)は、くだけた表現で時に複数呼応が見られる。これは、「駅も映画館も（どちらも）待ち合わせにいい」（A or B or both）の解釈に近くなるからである。(111b)の are は、通例 twins との近接性による一致とみなされるが、意味上「誰も来ていない」（not [both A and B]）という解釈も可能である。実際、Huddleston and Pullum(2002)は、特に neither A nor B の場合、前者より後者の解釈のほうが自然としている。(111c)は、動詞が is であれば単なる近接性による一致だが、are も可能である。理由は、(Hewings(2013)は言及していないが)「教員または校長、またはその両方」（A or B or both）という含意も成立するからである。(111d)は、論理上の一致と近接性による一致が成立すると同時に、(111b)と同様、意味上は「誰も来ていない」という解釈ができる。

　(109)–(111)を通して、A and [or] B の A, B がそれぞれ単数か複数かによって、論理上の一致、近接性による一致、意味上の一致Ⅱがどのように当てはまるのかを見てきた。これらが可能な場合の動詞の単数呼応・複数呼応をまとめたのが表 5 である。ここから、意味上の一致Ⅱによる呼応の

1.10 主語と動詞の数の一致

特徴が見えてくる。

表5：A or B の数の一致のタイプと動詞の呼応可能性

A or/nor B	論理上の一致 単数呼応	論理上の一致 複数呼応	近接性による一致 単数呼応	近接性による一致 複数呼応	意味上の一致 II 単数呼応	意味上の一致 II 複数呼応
単数 or/nor 単数	(109a)	—	(109a)	—		(111a)
単数 or/nor 複数	?	?	—	(110b)(111b)		(111b)
複数 or/nor 単数	?	?	(110a)	—		(111c)
複数 or/nor 複数	—	(109b)(111d)	—	(109b)(111d)		(111d)

(？＝判断に迷う；－＝該当せず(単数か複数の一方が該当する欄なので))

表5に見るように、意味上の一致IIは複数呼応のみ可能である。意味上の一致IIの単数呼応ができないということは(表中の空欄▨を参照)、A or B を意味上ひとまとまり(の人々)とみなす解釈ができないことを意味している。neither A nor B の場合は、either A or B よりも意味上の一致IIの容認度は高く、ややくだけた表現では複数呼応となる。なぜなら、neither によって否定されるのはAとBの両方なので、複数主語と意識されやすいからである。特に、話しことばでは複数呼応のほうが単数呼応よりも自然とされる。

A or [nor] B の近接性による一致について1点補足しておく。Huddleston and Pullum (2002: 508–509) によれば、A or [nor] B が「単数 or/nor 複数」または「複数 or/nor 単数」(特に、(either) A or B)の場合、近接性による一致には抵抗を感じる話者が多いという。これに従えば、(110)の近接性による一致は単数呼応であれ複数呼応であれ、不自然ということになる((111b)も近接性による一致に基づく複数呼応の可能性があるが、neither A nor B の意味上の一致IIに基づく呼応も複数なので結果的に問題は生じない)。その背景には、すでに述べた論理上の一致の不自然さがある(表5の「?」を参照)。したがって、不自然な文にならないためには、あえて A or B の形式を用いるのではなく、*Either your brakes <u>are</u> at fault or your eyesight <u>is</u>*. ((110a)と同義)としたり、可能ならば助動詞を補って Either your brakes or your eyesight may be at fault. などとするのが望ましい。

1.10.19　Type K: A or [nor] B の意味上の一致 II (2)——a day or two の単数呼応(表 2：用例⑲)

「1 年か 2 年」の期間を表す表現に one or two years と a year or two がある(頻度上は a year or two のほうが多い)。one or two years が主語の場合、動詞は原則通り複数呼応する。一方、a year or two が主語の場合、動詞は単数呼応である(「月・週・日・時間」(month, week, day, hour)についても同様)。通例、A or B のタイプでは近接性による一致が成立するのだが、a year or two についてはそれが当てはまらないことになる。a year or two では、「1 年」と言い切るのを弱めて or two を付け足す形をとっているだけなので、意味の焦点は a year に置かれ、意味上は単数とみなされるのである。もちろん、a year or two をひとまとまりの期間とみなして単数呼応するという考え方も成り立つ。その場合はむしろ Type C の意味上の一致 II (単一主語の意味上の一致 II)と考えたほうがよいだろう(通例複数呼応の one or two years も意味上の一致 II に従い、単数呼応する可能性がある)。

(112)　I still can't handle the jet lag. Every time I go, *a day or two gets* ruined while I recover.　　　　　　　　(COCA: 1992, NEWS)
　　　　(いまだに時差ぼけに慣れてなくて、飛行機に乗るたびに治るまで 1 日か 2 日は台無しになるんだ)

1.10.20　Type L: not only A but also B; not A but B の近接性による一致(表 2：用例⑳)

Type L の表現では、動詞は近接する B の数に基づいて呼応する。

(113)　a.　*Not only Mary [her parents] but also Helen has* been questioned.
　　　　　　　　　　　　　　　　　　　　　(Huddleston and Pullum 2002: 510)
　　　　　(Mary [両親]だけでなく、Helen も取り調べを受けた)

　　　b.　*Not only Mary [her parents] but also the twins have* been questioned.　　　　　　　　　　　　　　　　　　　　　　　　(Ibid.)

(Mary［両親］だけでなく、その双子も取り調べを受けた)

このタイプでは、not によって(only) A が否定されることで、B に焦点が当たりやすいという意味上・情報構造上の特徴が、近接性による一致を促す1つの理由と言える。タイプは異なるが、否定された要素が数の一致に関与しないもう1つの例を(114)に挙げる。A, and［but］not B を主語とする文の場合、動詞は A の数に呼応する。and［but］not B が挿入句であることに加えて、この部分が否定的な内容であることが、動詞の呼応を決めている。

(114) a. *Ed, and not the twins*, is [*are] here.

(Huddleston and Pullum 2002: 510)

(その双子ではなく、Ed がここにいる)

b. *The twins, and not Ed*, are [*is] here.　　(Ibid.)

(Ed ではなく、その双子がここにいる)

not による否定でなくても、接続される2つの要素(A, B)の一方が間接的に否定されることで数の一致が決定される例もある。(115)は一見近接性による一致の例に見えるが、そうではなく、or rather B によって先行する A の内容が訂正(否定)され、結果的に B が数の一致に関与するという、意味的な要因に基づく数の一致を示している。(115)では or rather the visible one が挿入句であるにもかかわらず、動詞が挿入句内の名詞(one)に基づいて単数呼応している。

(115) Her eyes, *or rather the visible one*, was [*were] pale blue.

(Huddleston and Pullum 2002: 509)

(彼女の目、というより見えるほうの目は淡い青色をしていた)

上で見たように、not only A but also B が主語の場合、意味の焦点は B に置かれ、動詞は近接する B の数に呼応するのが典型的である。しかし、時には(116)のように、B が焦点化されることなく主語が(both) A and B のように解釈されて動詞が複数で呼応する例も見られる。このような意味上

の一致Ⅱの例は比較的少ないものの、特に不自然な印象を与えることはなく、堅い書きことばでも用いられるようである[19]。

(116) a. We found that *not only frontness but also aperture* were better perceived than nasality, which corresponds in part to our expectations.　　　　　　　　　　　　　　　　(COCA: 2012, ACAD)
((母音の)前舌性も開口度も鼻音性より知覚しやすいということがわかった。これは我々の予測とある程度一致する)

b. And they will be even less inclined than before to defer to the supposed expertise of the more developed countries, believing — correctly — that *not only economic but also intellectual power* are becoming increasingly evenly distributed.
(COCA: 2011, ACAD)
(それら(途上国)は以前ほど先進国の専門知識とされるものに従おうとしなくなるだろう。というのも、正確に言えば、経済力においても知力においても世界は等しくなりつつあると途上国は信じているからである)

cf. *American and Dutch beer* are much lighter than British beer.
(=(105a))

(116a)は、すでに先行文脈で母音の前舌性と開口度(frontness and aperture)に言及した上での記述である。この後の文脈でも特段 aperture に話題を絞って議論をしているわけではないので、aperture には焦点が置かれていないと理解できる。したがって、問題の部分は(both) frontness and aperture に近い解釈となる。(116b)は A, B が形容詞の例である。主語の主要部が power であること、また、主語が not only economic *power* but also intellectual *power* とパラフレーズできることを考えると、形式上は単数になる

---

[19] not only A but also B → (both) A and B の変化は意味解釈上の変化を表すので、その点に注目すれば(116)の数の一致は意味上の一致Ⅱに基づいていることになる。一方、(both) A and B そのものは A と B という項の総和によって複数と認識されるので、その点に注目すれば、(116)は論理上の一致に基づいていることになる。ここでは意味解釈上の変化の部分をより重視し、(116)を意味上の一致Ⅱの例とみなして説明する。

はずだが、前後の文脈(省略)から特に intellectual power に焦点が置かれているわけではないので、主語は意味上複数のものを表している。その点では(116b)の下の cf. に示した A and B とも類似している。これらの例は近接性による一致が典型的であっても文脈が許せば意味上の一致 II も可能になることを示している。

なお、not only A but also B の類義表現である B as well as A の複数呼応については、くだけた文脈での使用例がしばしば指摘されるが、詳しくは 1.10.2 の(66a)、1.10.10 の(90)、(91)を参照。

1.10.21　その他の主語と動詞の数の一致(1)——there 構文

there 構文における数の一致については、すでに(70d)の a group of X と動詞の単数呼応や、(80)の a bunch of X と動詞の単数呼応などで示したように、どちらも近接性による一致が関わっている。このほか、there 構文が関わる近接性による一致には、(117)のようなものもある。主語の名詞句内に 2 つ以上の項目が並列されている場合、動詞は後続する最初の項目の数に呼応する。

(117) a. When I opened the fridge *there* was *only a bottle of milk, some eggs, and butter*.　　　　　　　　　　　(Hewings 2013: 190)
(冷蔵庫を開けると牛乳が 1 本、卵が数個と、バターがあるだけだった)

b. When I opened the fridge *there* were *only some eggs, a bottle of milk, and butter*.　　　　　　　　　　　(Ibid.)
(冷蔵庫を開けると卵が数個、牛乳が 1 本と、バターがあるだけだった)

there 構文には数の一致に関与しない場合もある。「there ＋ be [have been] ＋名詞句」において、be [have]は後続する(意味上の主語である)名詞句の数に呼応するのが通例だが、くだけた会話では名詞句が複数でもしばしば短縮形の there's が用いられる。この場合、there's の代わりに there is [has] とすることはできない。なぜなら、there's は主語の単複にかかわらず単に存在を表す(新情報を導入する)表現として定型化しているからである。

(118) a. "Anything to eat?" "Well, *there's some apples* on the table."

(Hewings 2013: 190)

(「何か食べるものない？」「テーブルにリンゴがあるよ」)

b. *There's* been *lots of good films* on lately. (Ibid.: 82)

(最近いい映画がたくさん出るようになった)

1.10.22 その他の主語と動詞の数の一致(2)──one of X that [who] ＋動詞

　one of X が単独で(修飾語句が後続せずに)主語となる場合、動詞は数の一致の原則に従って(one を受けて)単数で呼応する。では、one of X に主格の関係詞が後続した「one of X that [who]＋動詞」(X＝複数名詞句)の場合、動詞は単数・複数のどちらで一致するだろうか。Hewings (2013: 82)によれば、複数で一致するのがより文法的であるが、しばしば単数で一致する例も見られるという。

(119) He's *one of those teachers* who insist [insists] on pupils sitting silently in class.

(彼は、生徒は授業中静かに座っているものだと主張する教師の1人である)

those (...) who [that]... の形は、those によって示される名詞(人々)の指示対象を関係詞節によって限定するものなので、(119)の場合も、関係詞の先行詞は those teachers であり、one of those teachers ではないと考えるのが文法的である。それにもかかわらず、上記のように関係詞節内の動詞は単数で呼応する場合がある。Huddleston and Pullum (2002)によれば、このような呼応の例は先行詞に those を含めて one of those (...) という形を用いる場合に著しい。その理由は、one of those (...)全体が際立って意識されること(salience)にあるという。また、この種の表現の中には、(120)のように、文法的にも意味的にも one と一致するのが正しい場合もあるので、そのことも影響していると指摘する。

(120) He's *one of her colleagues who is* always ready to criticise her.

(Huddleston and Pullum 2002: 506)

(彼は彼女の同僚で、いつも彼女を批判しようと待ち構えている)

『ウィズダム英和辞典』[第3版] (s.v. *one*)によれば、(119)のような one of X の単数呼応は、the＋単数名詞＋who [that, which]...((119)で言えば the teacher who insists...)を和らげた表現に近くなると用いられるという。言い換えれば、the teacher と特定できる情報は十分に持っているにもかかわらず、少しオブラートに包んで述べる時の表現である。また、この傾向は特に one of those things that... の場合に著しいと指摘しており、その点で Huddleston and Pullum (2002) とほぼ一致する。

関係詞節内の動詞の単数呼応が one of those (...) の表現に多いという上記の指摘を確認するために、「one of X that [who, which]＋単数動詞」の使用の実態を COCA を用いて調べてみた。その結果、特に多いパターンは one of the things that's [has, is, etc.] (1,060件)であった。また、those を含む表現も比較的多く、one of those people who's [is, does, etc.] (104件)、one of those who [has, believes, 's] (83件)、one of those things that's [happens, is, etc.] (67件)などが目立った。使用域としては、単数動詞 's が多く用いられていることからもわかるように、全体として話しことばで用いられる傾向が強い。また、of 句内の「the [those]＋名詞」に注目すると、the things, those people [guys, things] といった比較的漠然とした意味の語が来るのが特徴的である。これは、実質的に話し手の視点が、話題となっている1つのものや1人に向けられやすいことを示唆している。このような背景も一因となって、one of the things や one of those (...) を先行詞とした場合に動詞が単数呼応しやすいものと思われる。(121)のような例でも、one of the things は one thing とほぼ同等の意味で用いられている。この例の the things は実際に何らかの具体的な事柄を指すのではない。その証拠に、この文の前後の文脈では、その他の「いくつかの大事なこと」については言及されていない。one of the things には、「いくつかの意見の1つ」という含意を与えることで、話し手の主張が突出したものではないという印象を与える働きがあると見ることができる。

(121) And I think *one of the things that's* really important is for parents

to just listen. (COCA: 1998, SPOK)
(そして本当に大事なことは親が[子供の]聞き役になることです)

以上より、「one of X that [who]＋動詞」における動詞の呼応は「文法的な」複数呼応のほかに、one of X の one に視点が移動することによって、意味的な単数呼応も見られることがわかった。また、単数呼応の場合、of X には、特定される対象をぼかして表現を和らげるという効果をもたらす傾向があることも確認できた。

1.11　who や what と動詞の呼応——Who *was* at the party? / *What we need most* is [are] books.

疑問代名詞 who と what は通例単数扱いである。したがって、(122)のように、who と what が文の主語に相当する部分を尋ねる場合(学校文法で言えば、「who や what が主語の場合」)、その答えに複数のものや人を想定していたとしても、動詞は単数を用いる。

(122) a. *Who is* working tomorrow? — *Phil, Lucy and Shareena* (are working tomorrow.) (Swan 2005: 525)
(「明日は誰が仕事ですか」「Phil と Lucy と Shareena です」)
(*Who are* working...? よりも自然)

b. *Who was* at the party? (Ibid.)
(パーティに来てたのは誰？)
(*Who were*...? よりも自然)

c. *What lives* in this little holes? — *Rabbits* (do). (Ibid.)
(「この小さな穴の中には何が棲んでいるのですか」「ウサギです」)
(*What live...?)

ただし、(123)のように、同一文中に複数名詞句(their passes)がある文では、who によって求められる答えは複数の人であることが明示されることになるので、who は複数扱いとなり、動詞も複数で呼応する。

(123) *Who* have not received *their passes*? (Quirk et al. 1985: 756)

(入場券を受け取っていないのは誰ですか)

なお、(124)の疑問文は、一見(122)と似ているが、(122)の who [what] が主語に相当する部分を尋ねるのに対し、(124)では your closest friends が主語なので、who [what]は補語に相当する部分を尋ねている。つまり、(124)の場合、語順は「who [what]＋動詞＋主語」なので、動詞は後続する主語に呼応する。したがって、後続する主語が複数ならば、動詞も複数で呼応する。

(124) a. Who *are your closest friends*? — (*My closest friends are*) Naomi and Bridget. (Swan 2005: 525)
（「あなたの親友は誰ですか？」「(私の親友は)Naomi と Bridget です」）

b. What *are your politics*? — (*My politics are*) extreme left-wing. (Ibid.)
（「あなたの政治的な立場は何ですか」「(私の立場は)極左です」）

次に、who や what が関係詞節を作って主語となる文、すなわち、擬似分裂文(pseudo-cleft sentence)の場合、主語の who [what]節と(主節の)動詞の呼応はどうなるであろうか。基本的に節は単数扱いなので、(125a)の通り、who [what]節を主語とする場合も動詞は単数で呼応するのが通例である。しかし、Quirk et al. (1985)によると、what には単数・複数 2 通りの解釈 ("the thing [things] that")が可能なので、(125b)のように、動詞が複数で呼応することもある。また、Swan (2005)は別の観点から複数動詞が来る可能性について指摘している。Swan (2005)によれば、(125c)のように、動詞に比較的長い複数補語が後続すると、動詞はしばしば複数になる。特に、what が動詞から比較的離れた位置にあると、この傾向が強いという。

(125) a. *What we need most* is books.
b. *What we need most* are books. (Quirk et al. 1985: 767)
（私たちが今一番欲しいのは本です）
c. ***What*** we need most of all are *some really new ideas*.
(Swan 2005: 525)

(私たちが何よりも必要としているのは本当に新しいアイディアなのだ)

whatと動詞の距離がこのような呼応関係を引き起こすのは特に不自然なことではないようである。Swan (2005)では、what節が主語の場合だけでなく、名詞句が主語の場合でも同様の呼応関係が成立することを示している。例えば、(126)において、主語が動詞から比較的離れた位置にあると、動詞は主語の代わりに補語と呼応することもあるという。(126)では主語(the most interesting thing)が明らかに単数であるにもかかわらず、動詞は単数だけでなく複数にもなる可能性があることを示している。これは、what節の主語が意味上複数と解釈されなくても、動詞は複数呼応する可能性があることを意味する。(126)と平行して、複数呼応する擬似分裂文のさらなる例を(127)に挙げる(Swan (2005)では、what節ではなくwhatのみに注目し、それが動詞から離れた位置にあることを要件としている点に注意)。

(126) <u>₅The most interesting thing</u> on radio and television last weekend, without any doubt, <u>ᵥwas/*were*</u> <u>c*the tennis championships*</u>.
(Swan 2005: 524)
(先週末のラジオとテレビで一番関心があったのは、間違いなく、テニス選手権です)

(127) <u>₅**What** I am most interested in</u> <u>ᵥis/*are*</u> <u>c*your immediate personal reactions*</u>. (Ibid.)
(私が一番関心を持っているのは、あなたがすぐに示す個人的な反応です)

Quirk et al. (1985)に従えば、(125b)では主語全体(what we need most)が意味上複数と解釈され、動詞との間で意味上の一致Ⅱが成立することになる。一方、Swan (2005)の指摘に従えば、(125c)と(127)において動詞が複数呼応するのは、動詞に後続する補語の長さと距離(近接性)、および、動詞とwhatとの距離の関係によるもので、what節の複数解釈によるものではない。しかし、この2つの指摘は互いに矛盾するものではない。なぜなら、Quirk et al. (1985)の指摘は主語の意味に基づいたものであり、Swan (2005)の指摘は動詞とほかの要素との近接性に基づいたものであるからである。

さらに言えば、2つの指摘は同時に影響を与えることもありうると思われる。というのも、1.10.1で述べたように、近接性による一致は意味上の一致Ⅱによって補強された環境で用いられるのが自然だからである。原則として、動詞は主語に呼応する。特に、*What we need most are books.*（=(125b)）のような文では補語が1語で短いので、動詞が複数呼応するのは補語の長さによるのではなく、what節の複数扱い("the things that")に基づく意味上の一致Ⅱの影響と考えられる。このような、主語と動詞の呼応関係の原則に沿った一致が成立していることが、近接性による一致を成立させる環境を整えていると言えるのではないだろうか。

次は、主節とwhat節内の両方にbe動詞が使われている擬似分裂文の例である。(128)のすべての文において、補語には複数名詞(books, managers)が含まれている。

(128) a. *What is needed is books.*
 b. *What is needed are managers with new ideas and the will to apply them.* 　　　　　　　　（Huddleston and Pullum 2002: 505）
 （今必要なのは、新しい考えとそれを実行する意志を持った経営者だ）
 c. *What are needed are managers with new ideas and the will to apply them.* 　　　　　　　　　　　　　　　　　　　　（Ibid.）
 d. *What are needed is managers with new ideas and the will to apply them.*

規範的な観点から言えば、whatとwhat節は単数扱いなので、(128a)のように、主節のbe動詞とwhat節内のbe動詞はともに単数(is)で一致させるべきである(Quirk et al. 1985: 767)。しかし、実際には(128b)のように、主節のbe動詞が複数(are)で呼応することもある。さらには、(128c)のように、主節のbe動詞の複数呼応に合わせてwhat節内のbe動詞も複数(are)になることがある。なお、Huddleston and Pullum (2002)によれば、(128b),(128c)の主節のbe動詞は単数(is)で置き換えることができると言う。したがって、(128d)のように、主節のbe動詞が単数(is)で、what節内のbe動詞が複数(are)という組み合わせも可能である。以上より、主節とwhat節

内の be 動詞の単数・複数の組み合わせはすべて可能ということになるが、COCA と BNC に基づく頻度上の関係は (128a) ＞ (128b) ＞ (128c) ＞ (128d) であり、実際のところは (128a) が圧倒的に多く用いられるようである。

　語法上は、(128b) も一定の文脈では自然な表現とされる。Hewings (2013: 80) によれば、この種の疑似分裂文における主節の動詞は、(128a) のような単数呼応と (128b) のような複数呼応の両方が可能であるが、単数呼応はより口語的な文脈で使われ、複数呼応はより堅い文脈で使われる傾向があると言う。確認のために、使用域に違いがあるのかどうか、COCA と BNC の検索によって「what is needed is＋複数名詞句」と「what is needed are＋複数名詞句」の頻度を比較してみた (複数名詞の生起範囲は主節の is/are の後の 4 語以内に限定し、補語の名詞句の主要部となる複数名詞だけを抽出した)。その結果、有意差を判定できるほどの件数ではないが、ACADEMIC などの堅い文脈のジャンルでは複数呼応 ((128b) のタイプ) のほうが多かった。少なくとも、(128b) のような文が堅い文脈で自然に用いられていることは確認できた。

　(128b) は、what 節内の動詞 (is) と主節の動詞 (are) で数が一致しないので一見不自然な文に見えるが、これは先に見た (125b)、(125c) の擬似分裂文の場合と同様に、what 節の複数扱いと、be 動詞と比較的長い補語との近接性による一致を考慮に入れれば、be 動詞が複数呼応する可能性は十分にあると言える。

　(128c) のような「what are needed are＋複数名詞句」の例は、COCA と BNC を合わせても全 4 件で、(128a)、(128b) と比べると使用頻度は低い。これはおそらく、what 節内の be 動詞が、what に近接 (直接後続) しているにもかかわらず、what との単数呼応の原則を破って複数 (are) になっていることが原因であると思われる。ただし、Google Books のコーパス (Mark Davies 作成) を検索すると、"What are needed are" の単純な文字列検索だけでも英米の例を合わせて 761 件が検出され、その大多数が「What are needed are＋複数名詞句」の形式であった (ちなみに、(128b) に相当する"What is needed are" は 3,049 件)。「what are needed are＋複数名詞句」は、what との単数呼応の原則は破っているものの、主節と what 節の動詞がともに複

数(are)で、文全体として複数で一貫している点が、意味的に自然な印象を与えるのかもしれない。

(128d)のような「what are needed is＋複数名詞句」という形式は、Huddleston and Pullum (2002)では容認されているが、COCA, BNC, Google Booksのコーパスを検索したところ、結果は0件であった。(128c)と同様、what節内のbe動詞が単数呼応の原則を破って複数になっていることが原因と思われるが、加えて、what are neededが複数として解釈されることを明示しているにもかかわらず、主節のbe動詞が複数で呼応しないということが使用の可能性をさらに低くしているものと思われる。なお、Google検索では、堅い文脈でも「what are needed is＋複数名詞句」の使用例が見られる。主語と補語がともに複数であるという意味的な整合性に基づいて使用されているのかもしれないが、この形式の使用の実態については十分に把握できなかった。現時点では使用の事実について言及するのみに留めておく。

1.12 主語と補語の数の関係——*My favorite fruit* is *apples*.

通例、主語(名詞句)と補語(名詞句)の間には数の一致が成立する。例えば、*My daughter* is *a doctor* [*doctors].(娘は医者です)と、*My daughters* are *doctors* [*a doctor].(娘たちは医者です)の対照に見るように、主語が単数ならば補語も単数、主語が複数ならば補語も複数である。ただし、ここで注意すべきは、①主語と補語の間の数の関係は、両者の「意味的な関係」に基づくのであって、(主語と動詞の間の数の一致に見られるような)文法上の一致に基づくのではないということ(Huddleston and Pullum 2002: 510–515)、また、②動詞は主語の数に呼応するのであって、補語の数に呼応するのではないということである(この点で、前節で見た擬似分裂文などにおける動詞と補語の複数呼応は例外的ということになる)。したがって、主語と補語の間に意味的な整合性が保たれる限り、主語と補語は必ずしも単数または複数で一致しなくてもよい。(129a)は単数主語と複数補語の組み合わせ、(129b)–(129d)は複数主語と単数補語の組み合わせの例である。

(129) a. *My favorite fruit* is *apples* [?an apple].
(私の好きな果物はりんごです)

b. *Drugs* are *a big problem* [*big problems].
(麻薬は大きな問題である)

c. *Our neighbors* are *a nuisance*. (Huddleston and Pullum 2002: 514)
(近所の住人たちは迷惑な連中だ)

d. *The new neighbors* are *a small nuclear family*.
(COCA: 2002, ACAD)
(隣に引っ越してきた人たちは小さな核家族である)

(129a)の補語は「リンゴという種(しゅ)」を指すので、種の数としては1つと考えれば、単数主語と意味的に整合する。ちなみに、総称表現には「a(n)＋名詞」の形もあるので an apple でもよいように思えるが、「a(n)＋名詞」は特に任意の1つ(個体)を意識して使われるものなので、この文で用いると種の意味と対立し不自然になる。また、(129a)は主語と補語を入れ替えても数の関係は変わらない。もちろん、動詞は主語に合わせて複数で呼応する(*Apples* are *my favorite fruit*.)。(129b)の drugs は総称的に「麻薬というもの」を指すので、全体として1つの問題として扱われ、a big problem が用いられている。また、a problem は形の上では単数の名詞句だが、意味上は形容詞(highly problematic)とみなすこともできる。(129c)の a nuisance は、our neighbors をひとまとめにして「迷惑な存在」とみなす表現である。もちろん、(129c)は *Our neighbors* are *nuisances*. と複数で言い換えることも可能である。その場合、nuisances は一人ひとりが「迷惑な人」を表し、それが「隣人」一人ひとりに当てはまるという配分的な(distributive)解釈になる(*My daughters* are *doctors*. も同様；配分的な単数・複数については 1.13 を参照)。(129d)は補語に集合名詞(family)が来る例で、複数の人が人の一団として単数で表されている。

補語の名詞句には主語を特徴付ける(characterize)という意味上の働きがある。主語が単数であれ、複数であれ、補語はその特徴を述べるのに相応しい形として単数または複数を選択するのであり、文法上の一致の影響は受

けない。また、単数・複数のどちらを選択するかは語によって異なる。例えば、My neighbors are (　　). の空欄に doctor, nuisance, wonderful family を入れるとすると、それらの単数・複数の選択パターンは、*a doctor / doctors, a nuisance / nuisances, a wonderful family / *wonderful families となる。これは、それぞれの名詞句に配分的解釈と集合的解釈が可能かどうかという意味的な要因が影響しているからである。このことからも、主語と補語の数の関係は意味に基づいて決まるということが理解できる。

(129a)で favorite を用いた例を見たが、形容詞または名詞の favorite には、語法上 nuisance に似た特徴があるので、さらに詳しく見ておく。favorite は「もっとも好きな［大好きな］(もの)」という意味である。例えば、favorite を使って「私がもっとも好きな花はスイセンです」を表すとしたら、次のような表現が可能である。

(130) a. *My favorite flower* is *daffodils*.
　　　 b. *My favorite* is *daffodils*.
(131) a. *My favorite flowers* are *daffodils*.
　　　 b. *My favorites* are *daffodils*.

また、「(いろいろな花が好きだが)私はスイセンが一番好きだ」と言うなら、次のような表現も可能である。

(132) a. *Daffodils* are *my favorite flower*.
　　　 b. *Daffodils* are *my favorite*.
(133) a. *Daffodils* are *my favorite flowers*.
　　　 b. *Daffodils* are *my favorites*.

(130)–(133)の daffodils は複数形だが、単にスイセンという種を指すだけなので、花の種類としては1つである。そうであれば、「もっとも好きな花」は my favorite (flower) と単数で表現するほうが正しいように思われる。つまり、(129b) (*Drugs* are *a big problem*.) で、「大きな問題」が a big problem と単数で表現されるのと同じ理屈である。しかし、(131)や(133)に示したように、実際には(特に話しことばで)複数表現もよく用いられる。

これは、(130) と (132) の単数表現である my favorite (flower) が「大好きな花の種」を表すのに対して、(131) と (133) の複数表現である my favorite flowers や favorites は「大好きな花の種(しゅ)の中の個々の花」を表すという違いがあるからである。言い換えれば、favorite flowers や favorites には配分的な解釈が許されるのである。複数形の favo(u)rites を用いたその他の例を以下に挙げる。これらは ( ) 内に見るように、単数で言い換えても意味に違いはない (少なくとも知的に同義な (cognitively synonymous) 文である)。

(134) a. *Dahl's books* are *firm favourites* with children. (LDOCE[6])
   (Dahl の本は子供に根強い人気がある)
   (≒ ... are *a firm favourite* with children)

 b. *These biscuits* are *great favourites* with the children. (OALD[9])
   (これらのビスケットは子供たちに大人気です)
   (≒ ... are *a great favourite* with the children.)

 c. Would you like to try one of Aliss's cookies? *They* are *my favorites*. (COCA: 2010, FIC)
   (Aliss のクッキーを 1 ついかがですか。私は大好きなんです)
   (≒ ... are *my favorite*.)

 d. *Her favorites* were *the reality shows* ... (COCA: 2000, FIC)
   (彼女のお気に入りはリアリティ・テレビ番組だ)
   (≒ *Her favorite* was ...)

Column as sure as eggs is eggs と数の一致

成句 as sure as eggs is eggs (きっと間違いなく) における eggs is eggs は、主語と補語の間では数が一致しているのに、主語と動詞の間では数が一致しないという例外的な数の関係を示している。このような数の関係が成立する原因はこの成句独特の成立過程にある。『ブルーワー英語故事成語大辞典』(p. 594) によれば、eggs is eggs は「論理学の思考原理の 1 つである同一原理 (同一律) "X is X" (X は X である) の転訛した表現であると思われている」との

> ことである。つまり、eggs is eggs (/egz ɪz egz/)はX is X (/eks ɪz eks/)との発音の類推に基づくと考えられている。なお、as sure as eggs is eggsの同義表現として、as sure as eggs *are* [*be*] eggsも用いられるが、この場合は、"eggs"が実質的な語として再解釈され、文法上の数の一致が適用されることになる。

1.13　配分複数と配分単数——*The students* raised *their hands* [*hand*].

1.12で見たように、Our neighbors are *nuisances*. の nuisances は、主語である our neighbors の一人ひとりが「迷惑な人」(a nuisance)であることを表す。そのような一対一の対応関係が複数当てはまるので複数形が使われている。この場合の nuisances を配分複数(distributive plural)と言う。配分複数は補語の位置に生じるだけではない。(135a)、(135b)における your cameras と your papers のように、目的語の位置に生じて主語または代名詞の先行詞と関わる例もある。

(135) a.　Have you all brought *your cameras*?　　(Quirk et al. 1985: 768)
　　　　（皆カメラは持ってきましたか）['Each has a camera.']

　　　b.　Hand in *your papers* next Monday.　　(Ibid.)
　　　　（来週の月曜日にレポートを提出して下さい）['Each has to hand in one paper.']

(135)のような文では配分複数を用いるのが普通である。しかし、個々の対応関係に焦点を当てた場合は目的語の名詞句が単数となることもある。この場合の単数を配分単数(distributive singular)と言う。(136)の各文は配分複数と配分単数の両方が可能である[20]。

---

[20] Some students have *a boyfriend*. （何人かの生徒はボーイフレンドがいる）の場合も、a boyfriend は配分単数として解釈されるのが自然である。複数の生徒が同一のボーイフレンドと付き合うことは普通考えられないからである。a boyfriend を複数の boyfriends にすると、生徒1人につき1人かそれ以上の

(136) a. The students raised *their hand(s)*. (Ibid.)
(生徒たちは挙手をした [片手を挙げた])

b. Some children have *understanding fathers* [*an understanding father*]. (Ibid.)
(子供たちの中には理解のある父親を持つ者もいる)

c. The exercise was not good for *their back(s)*. (Ibid.)
(その運動は彼らの腰には良くない)

(136)のような場合もどちらかと言えば配分複数が普通である。特に、「their＋名詞」を使った表現では配分複数が目立つ。Swan (2005: 442) も their などの複数所有代名詞は複数名詞とともに用いるのが配分的用法として普通であると指摘する。確認のため、raise their hands [hand] (挙手をする) と、nod their heads [head] (うなずく、肯定する) について、COCA と BNC における使用頻度を比較したところ、表6のような結果となった。どちらの例でも配分複数が選択されやすいことがわかる。

表6: raise their hand(s) と nod their head(s) の生起数

	COCA	BNC
raise/raised/raising *their hands*	205	7
raise/raised/raising *their hand*	58	1
nod/nodded/nodding *their heads*	136	10
nod/nodded/nodding *their head*	10	1

また、表6の配分単数にはある傾向が見られた。これらの配分単数の半数以上は、their の先行詞が everybody, somebody, no one, one of ... など、単数代名詞を含む名詞句であった (例えば *Everyone* raised *their hand*.)。つまり、この場合の their は (性別を明示するのを避けるための) 単数扱いの代名詞として用いられていたのである[21]。そこで、配分単数から単数扱いの例を除いて、改めて配分単数と配分複数の割合を計算したところ、配分複数の割合

ボーイフレンドがいるという配分的解釈が成り立つ (Huddleston and Pullum (2002: 405))。

[21] 不定代名詞 everyone, somebody などを受ける they については 2.2.1 を参照。

がさらに高くなった。COCA と BNC を合わせて、raise *their hands* は 90%、nod *their heads* は 97% で、配分複数の使用が著しいことがわかった。

その他、比較的使用する機会の多い at the end of *their lives* [*life*]、live *their lives* [*life*]、make up *their minds* [*mind*] などについても、配分複数が選択されやすい。

このように、特に「their＋名詞」の場合は配分複数が優位であるが、それ以外について言えば、何らかの理由によって、配分単数が優位となる表現も見られる。例えば、raise *your hand* [*hands*]（挙手をする）では配分単数が用いられることが多い。これを用いた典型的な表現である Raise *your hand* [*hands*] if . . .（[複数の人に向かって] . . . の場合は挙手をお願いします）における配分単数(your hand)と配分複数(your hands)の生起数を COCA で比較すると、「配分単数：配分複数＝45：6(件)」で、Raise *your hand* if . . . のほうが約 8 倍多かった。この結果は、raise *their hands* [*hand*] において配分複数が圧倒的に優位であったのと対照的である。おそらく、Raise *your hand* [*hands*] if . . . は聞き手を前にして発話される表現なので、話し手は個々の聞き手への配慮を印象付けるために配分単数(your hand)を選択する傾向があるものと思われる。

(137) Raise *your hand* if you're left-handed. (COCA: 2011, FIC)
（左利きの人は手を挙げて下さい）

また、あいまいさを避けるために配分単数が選択されることがある。(138)では「their＋名詞」が使われているが、生徒がスポーツの名前を 1 つだけ答えることを明示するために配分単数が選択されている。もちろん、各生徒の答えるスポーツの種類はそれぞれ異なっていてもよい。

(138) Students were asked to name *their favourite sport*.
(Quirk et al. 1985: 768)
（生徒たちは大好きなスポーツを 1 つ挙げなさいと言われた）

このほか、一部の慣用句や比喩表現などで配分単数が選択（あるいは望ま

(139) a. We are *keeping an open mind* [?open minds].　　　(Ibid.)
　　　　（私たちは偏見にとらわれない）
　　　b. They *vented their spleen* [*their spleens] *on* him.　　（Ibid.)
　　　　（彼らは怒りを彼にぶちまけた）
　　　c. They can't *put their finger* [*their fingers] *on* what's wrong.
　　　　　　　　　　　　　　　　　　　　　　　　　　　　（Ibid.)
　　　　（彼らは誤りを指摘できない）

　主語が複数の場合、主語と補語の間で成立するのは配分複数だけである（*Our daughters* are *doctors* [*doctor].）のに対し、主語と目的語の数の配分では配分単数と配分複数の 2 通りが認められることを見た。複数主語と目的語の場合、配分単数では「個」に視点が置かれるのに対し、配分複数では対象全体に視点が置かれるという違いがある。傾向として配分複数のほうが使われやすいのは、話し手の意識が主語(動作主)の指す複数の人に向けられているからなのかもしれない。

1.14　気になる名詞の単複とその用法

1.14.1　this *kind of* thing と these *kind(s) of* things——kind of を用いた類義表現の語法

　this [that] kind of A は「この[その]種の A」を意味し、A の位置には通例無冠詞で単数の可算名詞または不可算名詞が来る(例えば this kind of *thing* [C]、this kind of *information* [U]など)。可算名詞単数形が無冠詞のままであるのは歴史的な理由による。例えば this kind of thing は、そもそも of のない "this kind thing" のような形をとっていて、kind の位置には属格形が使われていた。その後、フランス語の影響を受けて of が付け足され、現在の形になった(OED², s.v. *kind*)。このように、かつては this が thing の指示詞として働いていたために、冠詞を必要としなかったのである。

　A が可算名詞の場合、this [that] kind of A の this [that] が複数であれば、

名詞句全体は複数で統一して these [those] *kinds* of things とするのが通例正用法とされるが、一方で kind が単数のまま使われて these [those] *kind* of things となる表現もあり、これらの違いがしばしば語法上の問題として取り上げられる。この表現は these [those] *kind* の部分で単数形と複数形が共起しているので非文法的と判断されることが多いが、話しことばではよく使用される。実際、COCA における「these [those] *kinds* of＋複数名詞」と「these [those] *kind* of＋複数名詞」(複数名詞は 1 語の場合のみ対象) の生起件数は 3,671：1,088，BNC では 119：87 で、後者の表現が決して少ないわけではない。この変則的な表現が使われる理由は少なくとも 2 つある (以下、説明を簡略化するため、this と that の併記は行わず this のみで代用することにする)。

第 1 に、かつて「these *kind* of＋複数名詞」は文法的な表現であった。歴史的に kind は deer, folk, sheep などと同様に語尾変化のない複数名詞であったため、these kind of は古い形式として Shakespeare や Jane Austen の時代に用いられていた。また、現代でも Winston Churchill や Jimmy Carter の記述に残っている。しかし、その後は these *kind* だと数が一致していないという印象を与えるために、these *kinds* of が用いられるようになり、それが正用法となった (RHWCD: s.v. *kind*)[22]。

第 2 に、「this *kind* of＋名詞」における kind of は、前後の関係から 1 つの形容詞とみなされやすい。そのため、名詞句が複数になっても、kind だけは変化せず、these *kind* of things の形で用いられるようになった。なお、この名詞句を受ける述語動詞は通例複数で呼応する (*These kind of men have their use.* (OED[2]: s.v. *kind*) (こういった男たちは役に立つことがある))。kind of はその後も機能上の変化を遂げて「いくぶん (to some extent)」という副詞的な意味を持つまでに発展している。この第 2 の理由として挙げた特徴は kind

---

[22] MEU[3] によると、sort も 16 世紀から集合的に用いられるようになった。また、*Collins COBUILD English Language Dictionary* (1987) にある以下の例では sort が集合的に複数扱いされている点が興味深い: I need a new typewriter. The electronic sort are easier to use, but more expensive. (新しいタイプライターが欲しいんです。電子のものは使いやすいけれど、そのぶん値が張りますね)

の類語である sort にも影響を与え、sort も kind と同じ語法上の特徴を持つようになった(RHWCD: s.v. *kind*)。

　これらの理由により、「these *kind* of＋複数名詞」は非常にくだけた文脈での使用に限られてはいるものの、現代英語においても依然として用いられる表現として存続しているのである。

　以上、歴史的経緯を含めて this *kind* of thing の類義表現である these *kinds* of things (正用法)と these *kind* of things (非常にくだけた用法)の関係について述べてきた。上記の 2 つの理由に基づけば、正用法と非常にくだけた用法という違いはあるものの、these *kind* of things ＝ these *kinds* of things ということになる。

　ところが、この種の表現に関するほかの辞書・語法書の記述を見ると、上記の説明と一致しない点があることに気付く。以下では、その点を確認した上で、this *kind* of thing とその類義表現の解釈の実際について詳しく説明したい。

　kind の単複の問題は、くだけた表現である these *kind* of things を話題にする際にしばしば指摘されてきた。そこで前提とされるのは、「this と kind は数の一致をするのが文法的である」ということと「kind の単複(-s の有無)は種類の単複を表す」という 2 つの考え方である。例えば、Sinclair (ed.) (1992: 343) は、会話ではしばしば kind とともに these が用いられて I don't like these *kind* of films. となることがあるが、この用法は避けて、I don't like this *kind* of film. とすべきであると述べている。この指摘は上記の第 1 の前提である this と kind の数の一致に基づくものである。この説明から読み取れる 2 つの表現の関係は this *kind* of film ＝《会話》these *kind* of films ということになるが、これは先の歴史的経緯に基づく these *kinds* of things ＝《会話》these *kind* of things という関係と異なる。

　また、COD[12] は、this とともに kind を用いる場合は(this が単数指示代名詞であることから)1 種類のものを指しているので、this *kind* of fabric などと表現し、these とともに用いる場合は(these が複数指示代名詞であることから)2 種類以上のものを指しているので、ともに複数形で一致させて these *kinds* of changes などと表現するのが正しく、these *kind* of questions など

とするのは非文法的なので避けるべきであると指摘している。この指摘は上記の「this と kind は数の一致をする」と「kind の単複(-s の有無)は種類の単複を表す」という 2 つの前提に基づいている。したがって、「この種の問題」を kind を用いて表現する場合は、種類の単複を明示して this *kind* of question か these *kinds* of questions のどちらかを選択しなくてはならない。結局、COD[12] では会話表現の 1 つとされる these *kind* of questions などは選択肢として認められていない。

　説明の仕方は異なるが、Sinclair (ed.) (1992) と COD[12] はともに「this と kind は数の一致をする」という文法規範をもとに「kind の単複(-s の有無)は種類の数の単複を表す」とみなしていると言える。その点では、石橋（編）(1966: 117) も同様である。そこではより具体的に、these *kind* of trees は「1 種類の木」を指し、these *kinds* of trees は「2 種以上の木」を指すなどと記述されている。

　上記の辞書や語法書の指摘は規範的な立場に基づいた指摘と言えるが、はたして実際のところ常に kind の単複が厳密に意味(種類)の単複に反映されているのであろうか。この疑問を示唆する例が OALD[4] にある。(140) では、同じ文中で this sort of thing, these sorts of things, things of this sort が併記されている。

(140) We can't approve of *this sort of thing/these sorts of things/things of this sort*. 　　　　　　　　　　　　　　　　(OALD[4])
　　 （このようなものには賛成しかねる）

OALD[4] ではこれらが同義であるとは明記していないものの、これらによって示される対象は、日本語の「このようなもの」と同様に、数や種類が漠然としたものと解釈されていると思われる。sort は kind と同じ語法上の特徴を持つとみなすことができるので、(140)に見られる関係は kind of についても当てはまると言ってよいだろう。これが正しければ、kind of を含む表現を用いる場合、kind の単複(-s の有無)は必ずしも種類の単複(1 種類か 2 種類以上かの違い)と一致するわけではないということになる。

　言い換えれば、問題の焦点は「複数形 kinds を使った these *kinds* of things

には『複数の種類を指さない』解釈もあるのではないか」ということになる。もちろん、具体的に two [many, different] *kinds* of things を意図して these *kinds* of things と言う場合、kinds は明らかに複数種を表している。しかし、それとは別に、these *kinds* of things には、くだけた表現の these *kind* of things と同様に単にある種のものを複数形で総称的に表すだけで、特定の種類を明確に意識しない用法もあるようである。名詞句の構造の点から言い換えると、these *kinds* of things は、kinds が主要部 (head) の場合は複数種が意識されるが、kinds of が形容詞化して主要部が things に変わると、種類の数の意識が薄れて実質的に these things に近い解釈となるのではないかということになる。これに関して実例に当たってみたところ、(141)、(142)にあるように、these *kinds* of things の形が複数種を指す場合と、漠然とある種のものを指す場合のそれぞれに相当する例が見られた。(141)の these *kinds* of behaviors は複数種の「行動」を明確に指している。一方、(142a)の these *kinds* of questions が指す2つの「質問」は、別個の種類に分けるほどのものではなく、どちらかと言えば questions like these に近い。さらに、(142b)では、先行文脈をたどってみても「話」は1つしか挙げられていなかったので、those *kinds* of stories は明らかに1つの種類の話(人の温かさが感じられる話)しか指していない。実質的に that *kind* of story あるいは stories like that のように言い換えることができる。

(141) Teachers take responsibility for *these kinds of behaviors*: creating and asking the right questions, giving guidance, putting material in context, explaining one-to-one, creating rigor, and ensuring quality. (COCA: 2011, ACAD)
(教師は次のいくつかの種類の行動に責任を持つ。すなわち、適切な質問の作成と実施、学習指導、状況に合った教材の提示、一対一の説明、厳格さの表出、質の保証である)

(142) a. Are you yourself a bully? Have you ever asked yourself why you bully other people? At this site, you will be asked *these kinds of questions* in order to help you get control of yourself.
(COCA: 2004, MAG)

(あなたは誰かをいじめていますか。あなたはなぜ人をいじめるのか自分で考えたことはありますか。このサイトではあなたが自分の感情をコントロールする手助けをするためにこのような質問をします)

b. That's a great story about humanity. I love hearing *those kinds of stories*. (COCA: 2005, SPOK)

(人の温かさを感じる話ですね。そんな話はとても好きです)

(142a)の these kinds of questions は2つの具体例をひとまとめにして述べるために使われ、(142b)の those kinds of stories は総称的に「人の温かさを感じる話」を指すために使われていることがわかる。よって、「these *kinds* of＋複数名詞」は kinds の複数形に関係なく、漠然とある種のもの(1つの集合)を複数で表し、実質的に these things, things like this [these], this *kind* of thing と同様に用いられる場合があるということになる。

関連して興味深いのは、成句の that *kind* of thing が、(142a)の these kinds of questions と同様に複数の具体例を指すことがあるということである。

(143) I need to buy paper and pencils, *that kind of thing*. (OALD⁹)
(紙とか鉛筆とか、そういったものを買う必要がある)

(143)では、paper and pencils (紙と鉛筆)が「(セットとして)筆記具と書き留めるもの」を指している。これは下位概念によって上位概念を指すシネクドキの表現である。そして、この上位概念を言い換えたのが that kind of thing である。つまり、paper and pencils は複数の具体物を表してはいるが、ひとまとまりの概念とみなされるので、that kind of thing という単数表現によって指すこともできるのである。

『ウィズダム英和辞典』[第3版] (s.v. *kind* (成句 ... and that kind of thing))によると、複数の具体例を受けて述べる表現として、that *kind* of thing は those *kinds* of things になることもあるという。このような例からも、kind(s) of が形容詞化すると kind の単複は意味(種類の単複)に影響を及ぼさなくなり、単にある種のもの(1つの集合)を指すようになることがわかる。

this *kind* of thing などの kind of を用いた表現は、くだけた文脈で使用されることが多い。特に、複数形の these *kinds* of things はその傾向が強く、

COCA, BNC でもその事実を確認できる。くだけた文脈では「複数の種類」と「同じ種類の中の複数の具体例」の違いがあいまいになりやすい。よって、同じものを指すにしても、複数の具体例をまとめて this kind of thing となることもあれば、複数の具体例をそのまま指して these kinds of things となることもあるということになる。この文脈上の特徴に、先に述べた kind of の形容詞化が加わって、これらの表現がしばしば同義で使われる環境が生まれたと考えられる。

結論を言えば、「この種のもの」の表現については、種類を明確に意識する場合は this *kind* of thing と these *kinds* of things を区別して使うが、くだけた文脈ではその意識が崩れ、kind of が形容詞化して、両者の区別があいまいになりやすい。そして、そのような背景があるために、these *kind* of things が用いられる余地も残されたということになる(これを踏まえれば、these *kind* of things が通例複数扱いであることも理解できる)。

ところで、this kind of に後続する名詞だけを複数にした表現は、誤用または避けるべきであるとされる(*?this kind of *things*)。これも kind of の形容詞化が一因であろう。「this＋形容詞＋things」という非文法的な句ができてしまうからである。なお、what kind of に後続する名詞は、可算名詞複数形も可能である。その場合、述語動詞は複数で呼応する(例えば、*what kind of risks are* most prevalent (COCA: 2003, ACAD) (どのようなリスクがもっとも多いのか)；この場合、kind of が形容詞化したと考えれば文法上の一致、そうでなければ近接性による一致とみなすことができる)。

不可算名詞または(まれに)可算名詞単数形を伴って these kinds [sorts] of が用いられる場合は kinds [sorts] が主要部として意識され、述語動詞も複数で呼応する。

(144) a. *These sorts of behaviour are* not acceptable.
(このような行為は受け入れられない)

b. *These kinds of question* often *appear* in the exam. (OALD[9])
(この種の問題は試験によく出る)

1.14.2 chopped onion(s), mashed potato(es), etc の可算・不可算

　可算名詞の中には、個体としての本来の形を失うと、不可算名詞として扱われるものがある。例えば、I roasted a *chicken*. (ローストチキンを作った)における chicken は「丸1羽のニワトリ」を指すので可算名詞だが、I ate *chicken* yesterday. (昨日はチキンを食べた)における chicken は個体としての形をなさない「鶏肉」を指すので不可算名詞である。このような「可算名詞の不可算名詞化」は名詞の一般的な特徴の1つで、現実世界におけるものの見方とも一致するが、このような一致が常に見られるとは限らない。その1つの例として chopped onions, sliced tomatoes, mashed potatoes などの語法について考えたい。

　onion (タマネギ)は可算名詞であるが、タマネギをみじん切りにすると個体としての形が失われるので、「みじん切りにしたタマネギ」は実態に合わせて chopped onion と不可算名詞で表現されるはずである。予想通り、chopped onion は正しい用法である。ところが、(145)のように、複数形を用いた chopped onions もよく見られる。一定の形をなさないものがなぜ複数形をとれるのだろうか。

(145) The recipe calls for *chopped onions* [chopped onion]. (MWALED)
　　　(そのレシピではタマネギのみじん切りが必要だ)

個体としての形をなさないタマネギのみじん切りが複数形になるのは、chopped onions が "onions that have been chopped" と解釈されるからである。この解釈における onions はみじん切りにされる前の個々のタマネギである。個々のタマネギを意識して使う場合はみじん切りにしたタマネギの個数を表現することも当然可能で、「1個[2個]のタマネギみじん切り」は a chopped onion [two chopped onions]となる。これに対して、みじん切りにされた結果のタマネギの状態に意識が置かれると、個体としてのタマネギの概念は失われて不可算の chopped onion が用いられる。みじん切りのプロセスのどこに意識が置かれるかによって可算と不可算の使い分けが生じるのである。この種の表現は特にレシピの中で野菜などの調理を説明する際によく見られる。類例として sliced tomato(es) (スライスしたトマト),

mashed potato(es)（マッシュ（した）ポテト）, diced carrot(s)（さいの目に切ったニンジン）などがある。

　chopped [sliced] onions を日本語に直訳すると「みじん切りにした[スライスした]タマネギ」となるので、みじん切りにした[スライスした]結果だけが意識されやすい。そのため、chopped [sliced] onions が可算名詞由来の表現である点が意識されにくく、場合によっては two chopped [sliced] onions = *two pieces [slices] of chopped onion（みじん切りになった2かけらの[スライスした2枚の]タマネギ）と誤解してしまうおそれがあるので、語法上注意が必要である（左記の「*」は「同義ではない」ことを表しているのであって、句自体は非文法的ではない）。

　実は、chopped onions などの複数形表現にはもう1つの用法がある。それは「複数形ではあるが可算名詞ではない（数えられない）名詞」としての用法である。例えば、(146) の eggs, onions, bananas は明らかに複数の個体を表すので可算名詞であるが、(147) の 1/4 cup chopped onions, some mashed carrots, some mashed potatoes はそれぞれの野菜1個分に満たない少量を指すとみなされるので、複数形を用いてはいるが、複数個の野菜を指しているのではない。

(146) two *scrambled eggs*（卵2個分のスクランブルエッグ） / 3 *sliced onions*（3個のスライスしたタマネギ） / 4 *mashed bananas*（つぶしたバナナ4本分）

(147) a.　1/4 cup *chopped onions*　　　　　　　（COCA: 1995, MAG（ほか））
　　　　　 （4分の1カップ（≒50ml）のタマネギのみじん切り）

　　　b.　She fed the baby some *mashed carrots*.　（MWALED: s.v. *mash*）
　　　　　 （彼女は赤ん坊につぶしたニンジンをいくらか食べさせた）

　　　c.　Mrs. Truman was at our table and spit some *mashed potatoes* onto the front of Ruth's uniform.　　　　　　（COCA: 2012, FIC）
　　　　　 （Mrs. Truman は私たちと一緒に食事をしていたところ、マッシュポテトを Ruth の制服の前に吐き出した）

(147) の onions, carrots, potatoes は実際に複数の野菜を指すのではなく、

単にそれぞれの野菜の種類(タマネギ[ニンジン・ジャガイモ]一般)を指すために用いられる複数形であると考えられる。したがって、これらは実質的に不可算の chopped onion, mashed carrot, mashed potato と同じである(そう考えると、(145)の chopped onions の onions も具体的な数を意識していれば可算名詞、そうでなければ数えられない複数形名詞の2通りにあいまいであると言える)。(147b)の some mashed carrots と(147c)の some mashed potatoes で使われている some は、carrots や potatoes の個数を表すのではなく、調理して出来上がったものの漠然とした量を表している。特に、mashed potatoes は「つぶしたジャガイモ」よりも料理の一品(マッシュポテト)としてすでに多くの辞書に登録され、mashed potato (あるいは《英》mash)と同じく不可算名詞の扱いを受けているので、mashed potatoes に数詞などが付くことは実際のところまれである。また、I'll have some *mashed potatoes*. (マッシュポテトをお願いします)と言えば、(147c)のような文脈がなくても、通例不可算の some mashed potato と同等とみなされる。なお、「数人[皿]分のマッシュポテト」を表すのであれば、several servings of mashed potatoes などの表現を用いる。

　このように、mashed potatoes などは意味上不可算名詞とまったく同じと言ってよいが、語形は複数形なので、1品のマッシュポテトを指していても、数の扱いとしては依然として複数の意識が強い。mashed potatoes が主語の(148)では、動詞は複数で呼応することが多い[23]。

(148) The *mashed potatoes were* creamy and perfect. (COCA: 2012, FIC)
(あのマッシュポテトはなめらかで完璧な出来だった)

このように、chopped onion などの表現に含まれる名詞には可算名詞、数えられない複数形名詞、不可算名詞の3通りの用法があり、複数形に関しては可算名詞複数形と数えられない複数形の2通りがあることがわかった。数えられない複数形は意味上不可算名詞と同等とみなすことができるが、数の扱いの上で異なるので区別した。まとめると次ページの表7のように

---

[23] COCA では、mashed potatoes に動詞が単数呼応する例はまれ。また、these [those] mashed potatoes は7件確認された。

表すことができる。

表7: chopped onion などの表現の可算・不可算と単複の使い分け

可算名詞	単数	a *chopped onion* / 1 medium *chopped tomato*
	複数	two *scrambled eggs* / 3 *sliced onions* / 4 *mashed bananas*
		The recipe calls for *chopped onions*. (数個のタマネギを意識)
数えられない複数形名詞		The recipe calls for *chopped onions*. (種類としてのタマネギを意識)
		1/4 cup *chopped onions* / spit *some mashed potatoes*
不可算名詞		The recipe calls for *chopped onion*.
		1/4 cup *chopped onion* / I'll have some *mashed potato*.

　種類を意識した複数表現の場合は、ものの具体的な数が問題でなくなると同時に、その形状も問題ではなくなる。onions で言えば、タマネギは複数の個体も、みじん切りの状態も含意することがありうる。これを踏まえれば、以下のような表現で onions が用いられても、それが数個のタマネギを指すのではなく、みじん切りやスライスになったタマネギを含意していることが理解できる。

(149)　a.　Hold the *onions* on my salad. . . . But please, no *onions*.

(COCA: 2003, FIC)

(私のサラダはタマネギ抜きで。. . . とにかくタマネギ抜きでお願いします)

　　　b.　Sprinkle with *onions*.　　　　　　(COCA: 1998, NEWS)

((スライスした)タマネギを上に散らします)

1.15　いわゆる総称的用法について

1.15.1　定・不定による区別と指示的意味(reference)に基づく区別

　固有名詞を除けば、名詞句は the, my, John's, this などが付く定名詞句と、a(n), some, another などが付く(または無冠詞の)不定名詞句にしばしば区別される。定名詞句の「定(definite)」とは「特定のものを指していることが話し手と聞き手の両方に理解されている」という意味で、それ以外

の場合は「不定(indefinite)」となる。例えば the book, John's bicycle, this chair などは定名詞句で、an apple, some students, coffee などは不定名詞句である。定・不定による区別は使用される冠詞などによって形式上の違いを示すことができる点で明示的な区別である。

定・不定による区別とは別に、名詞句は「種・範疇の全体を指すのか、部分を指すのか」という観点からも区別することができる。これは話し手がその名詞句を使って実際に何を指しているのか、どの程度具体的に対象を絞り込んでいるのかを示すための区別である。そもそも、個々の名詞はある特徴を共有する個体すべてから成る「種・範疇」を表す名前とみなされる(物質や抽象概念を表す不可算名詞の場合は、ある特徴を一様に持つ連続体のすべてから成る「種・範疇」を表す名前とみなされる)。この観点から言えば、名詞が文の中で用いられる場合、話し手は名詞句によって種・範疇の全体を指し示すのか、その種・範疇の成員の一部(部分)を指し示すのかのどちらかの指示(reference)を行っていることになる。そして、全体を指し示す場合はその「中身(成員すべて)」を意識するのか、しないのか、また、部分を指示する場合は「特定の部分」を指すのか、「不特定の部分」を指すのかという点でさらに区別され、話し手の意図する対象が確定する。以下では、この「種・範疇」に関わる指示のタイプについてさらに詳しく見ていきたい(以下、「種・範疇」をまとめて「種」と呼ぶことにする)。

本書では、種全体を指す名詞句を①「総称的指示を持つ名詞句(総称的名詞句)」と②「単に種を指示する名詞句」の2つのタイプに分ける。まず、総称的名詞句の定義を(150)に、その典型的な4つの例を(151)に示す。(151a)–(151c)は可算名詞の例、(151d)は不可算名詞の例である。

(150) 総称的名詞句:
　　　種全体を指し、かつ、種の成員すべてに共通する特徴を述べる文で用いられる名詞句。

(151) a. *The lion* is a fierce animal.

　　　b. *A lion* is a fierce animal.

　　　c. *Lions* are fierce animals. (ライオンはどう猛な動物である)

d. *Fruit* is good for you. (果物は健康にいい)

総称的名詞句は、種の中身が意識されることと、文の内容が一般的であることが特徴的である。一方、単に種を指示する名詞句では、種の中身は意識されず、文の内容にも特に制約がない。その定義と用例を以下に示す。

(152) 単に種を指示する名詞句：
　　　種全体を指してはいるが、種の中身(成員すべてに共通する特徴)には触れず、単に種を指すために使われる名詞句。

(153) a. Do you play *the guitar*? (ギターは弾きますか)
　　　b. You will be paid in *American dollars*.
　　　　　(支払いはアメリカドルになります)
　　　c. I'm afraid of *dogs*. (私は犬が怖い)
　　　d. I play *baseball*. (私は野球をします)

(153)の dogs, American dollars, the guitar, baseball はそれぞれ動物、通貨、楽器、競技の種類を指しているだけで、その中身(共通する特徴)については述べていない。言わば、「種のラベル」を指す名詞句である。もちろん、上記のうち(153c)の dogs は all dogs あるいは dogs in general を含意し、「犬はみな怖い」と解釈できるので、成員すべてに関わる名詞句と言うことができるかもしれない。しかし、(153c)の文はすべての犬の一般的特徴を述べているのではなく、話し手(私)の側から見た、犬という種に対する個人的な考え(恐怖)を述べているだけなので、総称的名詞句には含めず、(153)のほかの例と同じく単に種を指示する名詞句とみなす。

　文法書や辞書によっては本書と異なる立場をとり、(151)と(153)にあるような名詞句をすべて総称的名詞句とみなすものもある。しかし、次節以降で見るように、(151)と(153)のタイプの間には意味上・語法上の点からいくつかの違いが見られるので、種全体を指示するという共通点は認めつつも、両者を別個に扱うことにする。

　種全体を指示する上記2つのタイプの名詞句に対して、種類の一部を指示する名詞句には「特定的指示(specific reference)を持つ名詞句」と「非特定

的指示 (nonspecific reference) を持つ名詞句」の2つのタイプがある。話し手が特定のもの(個体または集団・部分)を指す場合が特定的指示、話し手がある種類に属する任意の個体または集団・部分を指す場合が非特定的指示である。(154) が特定的指示の名詞句の例、(155) が非特定的指示の名詞句の例である。

(154) a. I have bought *a* [*the, his, this*] car.
(私は車[その車、彼の車、この車]を買った)

b. Neil wants to employ *a private detective*. He is talking to him over the phone now.
(Neil はある探偵を雇いたいと思っている。彼は今その探偵と電話で話をしている)

(155) a. We'll have to buy *some wine*.
(ワインを買わなくてはならない)

b. Neil wants to employ *a private detective*, but he hasn't found a suitable one yet. (Declerck 1991: 32)
(Neil は探偵を雇いたいと思っているが、適当な探偵がまだ見つかっていない)

このように、「種の全体か一部か」という指示の観点から名詞句を分類すると、名詞句の定・不定では見分けることのできない4つの指示のタイプが見えてくる。指示の観点から見た名詞句のタイプ分けと定名詞句・不定名詞句の使い分けとの関係をまとめると表8のようになる。

表8: 指示の観点から見た名詞句の分類

	種の全体か一部か	成員すべてに共通する特徴に言及するか	指示のタイプ	例	定名詞句	不定名詞句
名詞句 (固有名詞を除く)	全体を指示	言及する	総称的指示	(151)	○	○
		言及しない	単なる種の指示	(153)	○	△
	一部を指示	−	特定的指示	(154)	○	○
			非特定的指示	(155)	×	○

「単なる種の指示」については不定名詞句の使用を「△」とした。なぜなら、このタイプでは不定名詞句のうちの「a(n)＋可算名詞単数形」の使用がごく限られているからである(詳細は 1.15.7 を参照)。

　名詞句が実際にどの指示のタイプに相当するかは、名詞句の定・不定の形だけで決まる場合もあれば、文脈に依存する場合もある。例えば、*The lions* are sleeping. (そのライオンたちは眠っている)の場合、the lions が特定的であることはそれが複数定名詞句であることから明らかであるが、*The lion* is a fierce animal. の場合、単数定名詞句 the lion は(151a)に示した総称的な場合と、「そのライオン」という特定的な場合の 2 通りの可能性がある。話し手がライオンという種の一般的特徴を言っているのか、目の前のライオンについて言っているのかによって指示が異なるからである。また、(154b)と(155b)では同じ不定名詞句 a private detective が使われているが、(154b)の場合は特定的、(155b)の場合は非特定的である。これらは話し手が特定の人物を念頭に置いているか否かで指示が異なる例である。指示の違いはそれぞれの後続部分の代名詞にも現れている。名詞句が特定的であれば代名詞は he となり、非特定的であれば代名詞は one となる。

　このように、「種の全体か一部か」という観点から名詞句を区別することは、名詞句の語彙的な情報だけでなく文脈情報を正しく理解する上でも意義がある。以下では「種の全体を指示する名詞句」に注目し、その 2 つのタイプである「総称的指示」(＝(151))と「単なる種の指示」(＝(153))の例をさらに取り上げ、両者の意味上・語法上の特徴について詳しく論じる(代名詞の総称的用法については第 2 章で論じる)。

1.15.2　総称的指示を持つ名詞句――概要

　前述の通り、総称的指示を持つ名詞句(総称的名詞句)は種全体を指し、かつ、種の成員すべてに共通する特徴を述べる文で用いられる名詞句である。この名詞句に見られる冠詞と名詞の典型的な組み合わせは(156)と(157)のようになる。(156)が「冠詞＋可算名詞」、(157)が「冠詞＋不可算名詞」の組み合わせである(ϕ は無冠詞(ゼロ冠詞)を指す；用例は(151)と同じ)。

(156) a.「the＋可算名詞単数形」

　　　　The lion is a fierce animal.

　　b.「a(n)＋可算名詞単数形」

　　　　A lion is a fierce animal.

　　c.「φ＋可算名詞複数形」

　　　　Lions are fierce animals.

(157)　　「φ＋不可算名詞」

　　　　Fruit is good for you.

これ以外の総称名詞句のタイプとしては、「the＋国民・民族を表す名詞」や、「φ＋人類・男女を表す名詞」などがある。

(158) a.「the＋国民・民族を表す名詞」

　　　　The Germans are good musicians.　　　(Quirk et al. 1985: 285)

　　　　（ドイツ人は音楽に秀でている）

　　b.「φ＋人類・男女を表す名詞」

　　　　Man does not live by bread alone.

　　　　（人はパンのみにて生きるにあらず）

「the＋国民・民族を表す名詞」のタイプでは、複数形名詞またはtheを含めて複数扱いの名詞句(例えばthe British)が用いられる点で(156a)の「the＋可算名詞単数形」と異なる。なお、国民・民族を表す名詞句としては、theを伴うタイプ(the Germans)以外に、ほかの総称的名詞句と同様、「a(n)＋可算名詞単数形」(a German)と「φ＋可算名詞複数形」(Germans)のタイプも可能である。「φ＋人類・男女を表す名詞」のタイプは例外的で、実際のところ名詞は man（人間；男）と woman（女）しか当てはまらない[24]。

　(156)–(158)に示した総称的名詞句における冠詞と名詞の組み合わせをまとめると表9のようになる。▓▓▓▓にはtheを伴う名詞句を示したが、

---

[24] ことわざや堅い表現、古い表現などでは不定冠詞付きの a man や無冠詞複数形の men も男女を問わず「人間」の意味で使われることがある：A man is known by the company he keeps. / Men are known by the company they keep.（人の良し悪しは付き合う友達によってわかる）

国民・民族を表す名詞句の場合、the を伴う名詞句は複数(扱い)で用いられるという点で普通の可算名詞の場合(the lion)と対照的である。その他の国民・民族を表す名詞句の例からは、同じ国民・民族でも使用される名詞が1種類とは限らない場合があるのもわかる。例えば「イギリス人」についてはa Briton, Britons, the British が用いられる[25] (*a British, *the Britons は不可)。なお、Germans と the Germans のように、国民・民族を表す複数名詞句に the が付く場合と付かない場合の違いについては 1.15.8 を参照。

表9: 総称的名詞句における冠詞と名詞の組み合わせ

名詞		冠詞	例	国民・民族を表す名詞句の例			
可算	単数形	the	the lion (156a)	—			
		a(n)	a lion (156b)	a German	an American	《堅く》a Briton	a Japanese
	複数形	φ	lions (156c)	Germans	Americans	《堅く》Britons	Japanese
		the	—	the Germans (158a)	the Americans		
the 〜で複数扱い			—			the British	the Japanese
不可算		φ	fruit (157)	—			
			man (158b)	—			

(156)–(158)の例からわかるように、総称的名詞句は主語位置に生じるのが典型的である。これは、「...とは[...はすべて]〜である」という表現を用いて種についての一般的特徴を述べることが多いからである。情報構造の点から言えば、「種について何かを述べる」ということは、種が話題(topic)となることを意味する。通例、話題となる名詞句は旧情報を担う文頭位置を占めるので、種を表す名詞句も文頭である主語に生じるのは自然なことである。

ところで、種の成員すべてを指示する方法としては、*all* lions, *any* lion, *every* lion のように、「all [any, every] + 名詞」による表現も可能である。これらは all, any, every を用いる点で(156)–(158)に示した形をとる総称

---

[25] a Briton と Britons は主に報道などの堅い文脈で使用される。それ以外ではこのような総称的名詞句ではなく、a British person, British people などが使用されることが多い。

名詞句よりも明示的・強意的である。このことから、総称名詞句は種の成員すべてを明示するのではなく、文脈に基づいて「含意」するものであることがわかる。また、その含意は「all [any, every] ＋名詞」とまったく同じであるとは限らない。「all [any, every] ＋名詞」の場合は例外を認めないが、総称的名詞句は例外があってもよい。例えば、(159a)の文はすべてのトラの体毛がオレンジ色に黒の縞模様でなければ真とはならないが、(159b)は例外(例えば白に黒の縞模様のベンガルトラ白変種)があっても真となる。

(159) a. *All tigers* are orange with black stripes.
（すべてのトラはオレンジ色に黒の縞模様がある）

b. *Tigers* are orange with black stripes.

(COBUILD[8] による tiger の定義の一部)

（トラはオレンジ色に黒の縞模様がある）

総称的名詞句は明示的な語を用いずに成員すべてを指示するという点で「all [any, every] ＋名詞」よりも抽象度が高い。特に、「the＋可算名詞単数形」と「a(n)＋可算名詞単数形」は個体(単数)によって種の成員(複数)を表すので、その度合いはさらに高いと言える。

　総称的名詞句の持つ含意は定冠詞、不定冠詞、無冠詞のどれを選択するかによっても異なる場合があり、それが語法上の違いにも現れる。次節から各タイプの特徴とその具体例についてさらに詳しく見ていきたい。

1.15.3　the＋可算名詞単数形──*The lion* is a fierce animal.

　「the＋可算名詞単数形」は主に堅い文脈で用いられる。この定冠詞 the は特定の個体を指すのではなく、「特定の種(a specific type)」を指す。例えば *The lion* is a fierce animal. の the lion が指すのは目の前にいる「特定のライオン」ではなく、動物を複数の種(ライオン、キリン、ゾウなど)に分類された中の「特定の種」としての「概念上のライオン」である。概念化されたライオンは1頭のライオンの典型を表すこともあれば、ライオンという種全体の特徴を表すこともある(この点で後述の典型的な個体を表す a lion と異なる)。例えば *The lion* is in danger of extinction. （ライオンは絶滅の危機にさ

らされている)では、「絶滅」という種全体の問題を扱う文中で the lion が用いられている。

「the＋可算名詞単数形」が堅い文脈で使用されやすいのは、分類の概念を前提にしていること、定冠詞が具体的なものではなく種を限定していること、話し手が典型を想起していることなど、抽象的な概念が多く関わっていることが一因と考えられる。したがって、日常会話などのくだけた文脈でこのタイプを使うと不自然な印象を与えることがある。例えば、「リンゴは体にいい」と言う場合は、?*The apple* is good for you. よりも *Apples are* [*An apple is*] good for you. と言ったほうが自然で誤解も生じにくい。また、この文で the apple を用いると「そのリンゴ」という特定的な解釈を受ける可能性が高い。もちろん、これは程度の問題であり、やや堅い語句で書き換えて、*The apple* is a good source of antioxidants. (リンゴは抗酸化物質が豊富に含まれている)などとすれば、文脈上リンゴという種を指すことがより明確になり、総称的名詞句としての自然な解釈が可能になる。

「the＋可算名詞単数形」の例にはしばしば動植物の種が使われる。というのも、動植物という概念(これを「類概念」と呼ぶことにする)は、その下位区分として複数の種(例えば、動物の下位区分としてのライオン・キリン・ゾウなど)を含んでいることが一般によく知られていて、「複数ある種の中の特定の種を指す」というこのタイプの特徴に合っているからである。言い換えれば、類概念の下位区分として複数の種の存在が前提にあるとみなされるような場合であれば、動植物以外でも「the＋可算名詞単数形」による総称表現は可能である。実際、(160)の名詞句もこのタイプの代表例とされる。(160a)–(160d)の総称的名詞句はそれぞれ「交通手段」「通貨」「発明品(創造的な装置)」を上位の類概念として想定し、その下位区分としてそれぞれの名詞句が特定の種を指している。

(160) a. *The bicycle* is an excellent means of transport. (Murphy 2012: 152)
　　　　(自転車はすぐれた交通手段である) [交通手段]
　　 b. *The dollar* is the currency of the United States. 　　　(Ibid.)
　　　　(ドルは米国の通貨である) [通貨単位]

c. *The computer* is an important research tool. （Hewings 2013: 90）
（コンピュータは重要な研究ツールだ）［発明品・創造的な装置］

これとは反対に、名詞句の指すものがあまりに一般的で、それが属するより上位の類概念が考えられないような名詞については「the＋可算名詞単数形」による総称的名詞句が作れない。(161) の object は一般性の高い概念であるため、これより上位の類概念は考えられない。

(161) **The object* is in space. 　　　　　　　　　（池内 1985: 87）
　　　　（物体は空間に存在する）(*Objects* are in space. は可)

人種や社会階層などの「ある種の人の集団」全体を「the＋可算名詞単数形」によって表すと不自然になると言われる(Quirk et al. 1985)。以下の the Welshman, the child, the hospital doctor は通例特定の人［子供］を指す。

(162) a. ?*The Welshman* is a good singer. 　　（Quirk et al. 1985: 283）
　　　　（ウェールズ人は歌が上手い）(*Welshmen* are good singers. は可)

b. ?*As the child* grows, it develops a wider range of vocabulary.
　　　　　　　　　　　　　　　　　　　　　　　　　　　　　　（Ibid.）
　　　　（子供は成長するにしたがって語彙が拡大する）

c. **The hospital doctor* is overworked.
　　　　　　　　　　　　　　　　　　　（Huddleston and Pullum 2002: 407）
　　　　（勤務医は働かされ過ぎている）

しかし、「ある種の人の集団」全体を表す場合であっても、文脈によっては総称的名詞句が可能となる場合がある。(163) は勤務医を生物種に見立てることで総称的名詞句としての the hospital doctor が可能となる例である。また、(164a) は the individual, (164b) は the nurse が総称的に使われている例である(この場合の the nurse は a nurse, nurses との言い換えも可能)。(164a) では「集団」に対する「個人」、(164b) では「医師」に対する「看護師」という対照的な関係が意識されることによって、このような使用が許されるのではないかと思われる。

(163) *The hospital doctor* is an endangered species round here.

(Huddleston and Pullum 2002: 407)

（勤務医はこの辺りでは絶滅危惧種だ）

(164) a. It often seems that *the individual* [an individual] can have little impact on government policy. (Hewings 2013: 91)

（いつも思うことだが、個人の力では政府の政策に影響を与えることはほとんどできないのだ）

b. When *the Nurse* Wants to Be Called 'Doctor'

(http://www.nytimes.com/2011/10/02/health/policy/02docs.html)

（[新聞記事の題名]（博士号を持つ）看護師が「ドクター」と呼ばれるのを望む時）

1.15.4　a(n)＋可算名詞単数形——*A lion* is a fierce animal.

本来、「a(n)＋可算名詞単数形」はある種に属する不特定の個体を指す。総称的名詞句として用いられる場合、「a(n)＋可算名詞単数形」は「any＋可算名詞単数形」に近い解釈を受ける。つまり、ある種に属する成員を1つ取り上げた場合、それに当てはまる特徴は同じ種に属するほかの「いかなる個体」にも当てはまることを含意する。また、「いかなる...であっても」という条件的な意味合いを持つので、総称的名詞句の「a(n)＋可算名詞単数形」は現実に存在する1つのものを指さない。よって、(165)のように、a(n)を one で言い換えることはできない。また、成員すべてを含意してはいるが、「a(n)＋可算名詞単数形」によって取り上げられるのは個体であり、それを含む文が述べるのは個体の典型的な特徴なので、(166)のように、種全体に関わる性質や種の成員の増減（絶滅など）を表すことはできない。(166)で a lion を選択すると、この文はいわば「*任意のライオンを1頭取り上げてみなさい。そのライオンは絶滅の危機に瀕しています」という理屈に合わない意味を表すことになってしまう。これに対し、「the＋可算名詞単数形」は種そのものを指し、「φ＋可算名詞複数形」は同時に複数（すべて）の成員を指すので、種全体の性質や増減を表すのに用いることができる。

(165) *A lion* [**One lion*] is a fierce animal.

(166) *The lion* is [*Lions* are, **A lion* is] in danger of extinction.

(165)や(166)のような場合を除けば、総称名詞句の「a(n)＋可算名詞単数形」の使用範囲は広く、特に辞書などで語を定義する場合や、種に典型的な個体の特徴を述べる場合は、「the＋可算名詞単数形」よりも「a(n)＋可算名詞単数形」のほうを用いる(Hewings 2013)。(167)はCOBUILD[8]にあるpenguinの語義である。なお、COBUILD[8]では動物を定義する場合、第1文で「a(n)＋可算名詞単数形」、第2文では「φ＋可算名詞複数形」を用いて記述するパターンがしばしば見られる。動物を定義する場合、まず第1文で個体のイメージを作り上げた後に、第2文で種として複数存在するその動物の一般的習性を述べるというのが理にかなった説明と考えられるからであろう。

(167) *A penguin* is a type of large black and white sea bird found mainly in the Antarctic. *Penguins* cannot fly but use their short wings for swimming.　　　　　　　　　　　　　　　(COBUILD[8])
(ペンギンは大型で白黒の海鳥で、主に南極で見られる。ペンギンは飛ぶことはできないが短い翼を使って泳ぐことができる)

1.15.5　φ＋可算名詞複数形──*Lions* are fierce animals.

「φ＋可算名詞複数形」による総称的名詞句はほかの可算名詞のタイプと比べてもっとも使用範囲が広い。本来、「φ＋可算名詞複数形」は無冠詞なので不特定の複数のものを指す。その際、具体的な数は明示されないため、複数のものから成る種自体に意識が向きやすい。種の一部を指すのか、全体を指すのかは文脈で決まる。種の一部を指す場合は非特定的名詞句、全体を指す場合が総称的名詞句となる。例えば、Remember to pick up *bananas* on your way home. (帰りにバナナを買うのを忘れないで)という文では、bananasは数本の不特定のバナナ(some bananas)を指すが、*Bananas* are yellow. (バナナは黄色い)ではすべてのバナナ(all bananas; bananas in general)を指す総称的名詞句となる。つまり、総称的名詞句は数の上で非特定的な「φ

＋可算名詞複数形」の延長上にあり、種の成員数が最大となる場合が総称的名詞句であるという位置づけになる。

　非特定的な「φ＋可算名詞複数形」と連続性な関係にあり、また、無冠詞である(具体的な冠詞(a(n); the)がない)ために、このタイプの総称的名詞句には意味上・文体上の制約が特にない。したがって、「the＋可算名詞単数形」と「a(n)＋可算名詞単数形」の例を「φ＋可算名詞複数形」で言い換えることが可能なだけでなく、「the＋可算名詞単数形」では不可能な(161)と(162)(名詞の選択に制約がある例)や、「a(n)＋可算名詞単数形」では不可能な(166)(種全体を指す例)についても、「φ＋可算名詞複数形」ならば問題なく表現することができる。

1.15.6　φ＋不可算名詞——*Fruit* is good for you.

　本来、「φ＋不可算名詞」は等質のもの、あるいは、概念のひとまとまりを表す。「φ＋可算名詞複数形」と同様に具体的な数量は明示されないため、種類そのものに視点が置かれる。種類の一部を指すのか、種類全体を指すのかは文脈で決まる。例えば Would you like *coffee*? (コーヒーはいかがですか)において、coffee はある量のコーヒー(some coffee)を指す非特定的名詞句である。一方、*Coffee* has been an important part of Viennese culture since the 17th century. (COCA: 2011, MAG) (コーヒーは 17 世紀以来ウィーンの文化の重要な部分を占めてきた)では、もはやコーヒーの量は問題ではなく、種類としてのコーヒー全体(coffee in general)を指す総称的名詞句となる。

　「φ＋可算名詞複数形」と同様、「φ＋不可算名詞」による総称的名詞句も制約が少なく、文中に生じる位置は比較的自由である。また、(168a)に示す通り、不可算名詞に the を付けると総称的意味は失われる。

(168)　a.　*Life* [*The life] is complicated.　　　　(Swan 2005: 59)
　　　　　　(人生は複雑である)

　　　　b.　*Blood* is thicker than *water*.　　(Jespersen (MEG, Part II, §5.4))
　　　　　　(血は水より濃い)

1.15.7　単に種を指示する名詞句——Do you play *the guitar*?

「種の全体を指示する名詞句」のもうひとつの下位分類である「単に種を指示する名詞句」とは、(152)の通り、「種全体を指してはいるが、種の中身(成員すべてに共通する特徴)には触れず、単に種を指すために用いられる名詞句」である。この名詞句は、形式上は総称的名詞句と同じタイプの冠詞と名詞の組み合わせを用いるが、文中の位置、意味、語法の点で総称的名詞句と異なる特徴が見られる。

文中の位置で言うと、総称的名詞句が主語の位置に生じるのに対し、単に種を指示する名詞句は、主語だけでなく目的語など文頭以外の位置にも生じる。なぜなら、単に種を指示する名詞句を含む文は、種の中身について述べるための文ではないからである。種の中身に言及するのでなければ、その名詞句は話題(topic)の位置である主語に生じる必要がない。たとえ主語に生じたとしても、その名詞句は種の一般的な特徴を述べるためではなく、特定の(あるいは個人的な)事柄を述べるために用いられるだけなので、種の中身には言及しない。前述の通り、単に種を指示する名詞句は「種のラベル」を指す名詞句なのである。(169a)は単に種を指示する名詞句が目的語の例、(169b)はそれが主語の例である。

(169) a. This chapter describes *the English noun phrase*.

　　　　　　　　　　　　　　　　　　(Huddleston and Pullum 2002: 407)

　　　　(この章では英語の名詞句について述べる)

　　b. *The human brain* has fascinated me ever since I was a child.

　　　　　　　　　　　　　　　　　　　　　　　　　　　　(Ibid.)

　　　　(私は子供のころから人間の脳に強い興味を抱いてきた)

種の中身に言及しないということは、種という抽象的な概念だけに意識が向けられるので、数量に対する意識もないか希薄である。(169)の名詞句で意識されているのはそれぞれ文法項目・人間の臓器の種類であって、その成員でもなく数量でもない。(170)も同様で、意識されているのは単に楽器・通貨・競技の種類である。

(170)　a.　Do you play *the guitar*?　（＝(153a)）
　　　　b.　You will be paid in *American dollars*.　（＝(153b)）
　　　　c.　I play *baseball*.　（＝(153d)）

　(169)と(170)からもわかるように、単に種を指示する名詞句には形式上「the＋可算名詞単数形」「φ＋可算名詞複数形」「φ＋不可算名詞」のタイプが使用され、「a(n)＋可算名詞単数形」は通例使用されない。理由の1つは、「a(n)＋可算名詞単数形」は種を含意する場合であっても、a(n)の示す「任意の1つ」という数の概念が維持されるからであると考えられる(このタイプ同士の違いは、種の増減について述べた *The lion is* [*Lions are*, *A lion is] in danger of extinction.（＝(166)）の場合と類似している。種全体に関わるという点で共通していると言える)。結局、「a(n)＋可算名詞単数形」が用いられるのは総称的名詞句として主語に生じる場合が基本であり、その他の位置では総称的な意味を失い、特定的あるいは非特定的名詞句とみなされる可能性が高い。例えば、(171)の文の目的語 the medieval mystery play は「中世の聖史劇」という種(演劇のジャンル)としての解釈が可能であるのに対し、a medieval mystery play は特定の作品を含意した解釈しかできない。

　(171)　Nora has been studying *the medieval mystery play* [**a medieval mystery play*].　　　　　　　　　　(Quirk et al. 1985: 281)
　　　　(Nora は中世の聖史劇を専門分野として研究を続けている)

　次に、単に種を指示する「the＋可算名詞単数形」と「φ＋可算名詞複数形」のそれぞれに見られる特徴について見てみる。1.15.3 で述べたように、「the＋可算名詞単数形」が総称的名詞句として用いられるのは主に堅い文脈の場合である。一方、単に種を指示する名詞句としては文体上の制限が特になく、くだけた文脈でも自由に用いられる。

　(172)　a.　Who invented *the telephone* [*the wheel, the refrigerator, the airplane*]?　　　　　　　　(Azar and Hagen 2009: 114)
　　　　　　(電話[車輪、冷蔵庫、飛行機]を発明したのは誰ですか)

b. Wolfgang can play *the piano* / *the violin* / *the drums*.

(Huddleston and Pullum 2002: 408)

(Wolfgangはピアノ[バイオリン、ドラム]を演奏できる)

総称的名詞句の場合と同様に、単に種を指示する「the＋可算名詞単数形」の the は種を特定する働きを持つ。特に、play *the piano*(ピアノを弾く)や dance *the waltz*(ワルツを踊る)のような、「play＋楽器」や「dance＋ダンス」の場合は「the＋可算名詞単数形」が定型化している。これは、表現全体として「演奏」や「演技」に焦点が当てられていて、楽器やダンスは個々の存在としてではなく種の違いとしてのみ意識されることが明らかだからである。通例、これをほかのタイプである「a(n)＋可算名詞単数形」あるいは「φ＋可算名詞複数形」で言い換えることはできない。なぜなら、これらのタイプを用いると、楽器やダンスの種類ではなく、個々の具体的な楽器やダンスを指し示すことになるからである。(173a)も演奏を意識した表現で、the violin [piano] には playing the violin [piano]が含意されている。(173b)は自分でピアノを演奏すること(あるいは演奏を聞くこと)について述べた文である([ ]内は筆者加筆)。

(173) a. *The violin* is [*Violins are] more difficult than *the piano* [*pianos]. (Swan 2005: 59)

(バイオリンはピアノより難しい)

cf. Violins are [*The violin is] expensive.

(バイオリンは高い)(ただし、「バイオリンの演奏には費用がかかる」といった特別な含意がある場合は the violin も可)

b. The piano is [*A piano is /*Pianos are] my favourite instrument.[26] (Murphy 2012: 152)

(ピアノは私のお気に入りの楽器です)

---

[26] この文に関する筆者の調査で、ある母語話者は楽器の種類によって判断が異なる可能性を示唆した。(173b)では the piano 以外に選択の余地はなかったが、楽器をピアノではなくバイオリンに換えると、the violin のほかに violins も容認した。なぜなら、ピアノと比較して、バイオリンには室内楽やオーケストラの中で複数台で演奏される曲も多いので、そのような場合を意識して言う

> **Column** play the [a, φ] piano の語法
>
> 「ピアノ[ギター]を弾く」を意味するもっとも一般的な表現は play *the piano* [*the guitar*]だが、文脈によっては play *piano* [*guitar*]や play *a piano* [*a guitar*]が用いられることもある。
>
> 　play *piano* [*guitar*]は主にアメリカ英語で、例えばオーケストラの中の担当楽器について話す場合や演奏家などの間で楽器を話題にする場合にしばしば用いられる。このような場合に Can you play *guitar*? と言えば「ギター(パートを)弾いてくれる?」という意味になる可能性がある。
>
> 　play *a piano* [*a guitar*]は楽器の種類を問題とせず、「たまたまある1台のピアノ[ギター]を弾く」ことを意味する。ただ、使用頻度は低く、COCA では PLAY *piano* [*guitar*]が 800 件であるのに対して、PLAY *a piano* [*a guitar*]は 79 件であった(PLAY＝play/plays/played/playing)。
>
> 　なお、play *pianos* [*guitars*] は複数の人がそれぞれ楽器を弾く意味で用いられることはあるが、単に種を指示する名詞句としては用いられない。
>
> 　楽器で比較すると drum(ドラム)がほかと異なる分布を示す。COCA では頻度順に play *drums* > play *the drums* > play *a drum* > play *the drum* > play *drum* であった。ドラムは通例複数で構成される楽器なので複数形を選択しやすいのであろう。
>
> 　以上は play と楽器の連語関係だが、その他、study, teach とその目的語に来る楽器(piano, guitar, violin)との連語関係を COCA で比較したところ、play の場合とは異なり、study [teach] *piano* のほうが study [teach] *the piano* より多く見られた(guitar, violin も同じ結果)。study, teach の場合、piano には学科としての意味も含意されるので、抽象名詞化しやすいものと思われる。

その他、「the＋可算名詞単数形」が単に種を指示する名詞句として用いられる例としては、(174)のようなものもある。(162)で見たように、総称的名詞句の場合、「ある種の人の集団」全体を「the＋可算名詞単数形」で表すことは通例不自然とされるが、(174)の the child(子供の集団)と the

---

のであれば violins もありうるからであるという。いずれにせよ、楽器の名詞を用いたこれらの表現によって湧くイメージは1つの演奏の場面であり、単に個々の楽器ではないということがわかる。

smoker(喫煙者の集団)は、単に種を指示する名詞句として用いられているので問題ない。

(174) a. Schools should concentrate more on *the child* [children, ?a child] and less on exams.　　　　　　　　(Swan 2005: 59)
(学校は試験よりも子供たちにもっと注意を向けるべきである)
(?a child は筆者加筆)

　　b. The campaign against smoking in public places argues that its harmful effects are not confined to *the smoker* [*smokers*, *a smoker].　　　　　　　　(Hewings 2013: 91)
(公共の場での禁煙キャンペーンの主張は、喫煙が及ぼす悪影響は喫煙者に限ったことではないということである)

単に種を指示する「φ＋可算名詞複数形」は、文中に生じる位置で言えば「the＋可算名詞単数形」よりも自由である。特に、like を用いてある種類に対する好みを述べたり、be afraid of や fear などを用いて感情を表したりする場合、目的語としてはこのタイプが多く使われる。(175)の horses, dogs を the horse, the dog にすると特定の馬・犬を指し、単に種を指示する名詞句にはならないのが普通である。また、(175a)の horses を a horse にすると種類としての意味は失われて「1頭の馬」と解釈される。(175b)の dogs も a dog にすると「1匹の犬」か、「話し手の念頭にある特定の犬」と解釈されるので、単に種を指示する名詞句にはならない。

(175) a. Do you like *horses* [*the horse, *a horse]?　　　　(Swan 2005: 60)
(馬は好きですか)(*the horse は筆者が追加)

　　b. I'm afraid of *dogs* [*the dog, *a dog].
(私は犬が怖いです)

言い換えれば、(175)の容認度の違いは冠詞の有無の違いである。冠詞付き名詞句は基本的に a, the それぞれが本来持つ指示的意味(特定的・非特定的指示)に基づく解釈が優先される。特に、文頭と比べて文中の名詞句は主語や動詞などの、先行する語句の意味によって指示対象が絞り込まれやすい

ので、指示対象を限定しない種としての解釈を許す可能性は低い。一方、「φ＋可算名詞複数形」には冠詞がないので、それだけ種を表す名詞句として使用されやすい。

　上記は程度の問題なので、種を指示することが保証されるような文脈であれば、冠詞付き名詞句を文中で用いることも可能である。(176a)と(176b)では、それぞれ主語内の crop と insect が種の上位概念(類)として導入されているので、それらが補語の the potato と the ladybug を種として解釈するための一種のキーワードとなっている。特に、(176b)は(175a)と同様に好みを表す文であるが、「the＋可算名詞単数形」の使用が可能である点で(175a)と対照的である。

(176)　a.　Their principal *crop* is *the potato* [*potatoes*, *a potato].

(Quirk et al. 1985: 767)

　　　　　(彼らの主な作物はジャガイモだ)　([　]内は筆者加筆)

　　　b.　Everybody's favorite *insect* is *the ladybug* [*ladybugs, a ladybug*].

(COCA: 1995, MAG)

　　　　　(誰もが好きな昆虫はテントウムシだ)　([　]内は筆者が追記)

なお、(176a)で *a potato が不可なのは、crop (作物)が「多量の収穫物」の意味を含んでいて、個体としての意味を保持する「a＋可算名詞単数形」と意味上整合しないからである。

1.15.8　国民・民族を表す名詞句――an American; (the) Americans

　表9(p.134)で見た通り、種として国民・民族を表す名詞句には3つのタイプがある。このうち、the の付くタイプには可算名詞複数形(the Americans など)や、複数扱いの名詞句(the British など)が用いられるという点で、種を指示するその他の名詞句(the＋可算名詞単数形)と形式上異なる。(177)のように、国民・民族を表す名詞句が総称的名詞句として用いられる例では、この3タイプのすべてが可能である。(177)では「ドイツ人すべて」についての一般的特徴が述べられている。(177c)の the Germans を the German にすると意味が変わり、「特定の1人のドイツ人」となる。

(177) a. *A German* is a good musician.
b. *Germans* are good musicians.
c. *The Germans* are good musicians.　(=(158a))

(Quirk et al. 1985: 285)

(177b)と(177c)の総称的名詞句はどちらも複数なので、形式上の唯一の違いは the の有無である。どちらも「ドイツ人すべて」を指すが、the Germans のほうは「ドイツ国民」としての意識が強い。種を特定する the の機能が、国の特定に働いているからであると考えられる。

一方、単に種を指示する(=種の中身に言及しない)名詞句として用いられるのは、上記3つのタイプのうち、「a(n)＋可算名詞単数形」を除く2つのタイプである。「a(n)＋可算名詞単数形」には「任意の1人」が含意されるので、丸ごと国民・民族を指すのには適さないと考えられる。(178a)は無冠詞の複数名詞句、(178b)は the の付く複数名詞句が用いられる例である。

(178) a. Indeed, there is a growing values gap between *Americans* and *Europeans*.　(COCA: 2008, ACAD)
(確かに、アメリカ人とヨーロッパ人の間には価値観の差が広がっていた)
b. And we should first focus on that ongoing crisis and help and pray for *the Japanese*.　(COCA: 2011, SPOK)
(そして私たちがまずやるべきことは、今も進行しているその危機[原発事故]に注目し、日本の国民に支援の手を差し伸べ、彼らのために祈ることです)

(177b)と(177c)の違いと同様、(178a)では「国民・民族一般」を指すのに対し、(178b)では「1つの集団としての国民・国民丸ごと」を指す傾向が強い。

さらに、(178b)のような「the＋国民・民族を表す名詞」は「国民」の意味から発展して「国」の意味で用いられることも多い。これは「容器(国)と中身(国民)」の隣接性に基づくメトニミーの一種と言える。例えば、

(179a) の the Germans と (179b) の the Americans, the British は「国民」ではなく「国」を指していると解釈するのが文脈上自然である。通例、これらを「φ＋国民・民族を表す名詞複数形」で言い換えることはない。

(179) a. *The Germans* have had trouble with all their neighbors.

(Long 1961: 295)

(ドイツ[?ドイツ国民]はすべての周辺国と問題を起こしてきた)

b. *The Americans* had already displaced *the British* in Saudi-Arabia and were now a major force in Iran.

(BNC: W_ac_humanities_arts)

(米国はすでにサウジアラビアにおける英国の地位を奪い、今やイランに対して強い影響力を持つようになっていた)

これを踏まえると、(180a) の the Italians, (180b) の the English, (180c) の the Americans, the Germans も基本的に「国」を指していることになる。これらが純粋に国を表す語 (Brazil, Wales, Scotland) と併記されていることもその証拠となっている。ただし、(180) は「国」から「国代表チーム」や「国軍」への意味変化の余地も残している点が (179) にない特徴として見られる。

(180) a. Robson, who saw Brazil beat *the Italians* 1–0 in Bologna in October, flew on to Cagliari . . .

(BNC: W_newsp_brdsht_nat_sports)

(Robson は 10 月にボローニャでブラジルがイタリアを 1 対 0 で下した試合を見た後、カリアリに向けて飛びたった)

b. Wales halved 7–7 with Scotland yesterday and need to beat *the English* to record their first ever home international win.

(BNC: W_newsp_other_sports)

(昨日ウェールズは 7 対 7 でスコットランドと引き分けたので、国際試合で初の優勝記録を残すためにはイングランドを破る必要がある)

c. *The Americans* beat *the Germans*, showing the importance of keeping infantry within range of artillery support.

(COCA: 1990, MAG)

(米国［米軍］はドイツ［ドイツ軍］を撃破し、歩兵部隊を砲兵隊の支援範囲に維持することの重要性を証明した)

(180)に見る the の付く複数名詞句は、the American team［army］のような特定のチーム［軍隊］を明示する特定的名詞句ではなく、「国民」→「国」→「国代表チーム・国軍」というメトニミーの関係を背景に用いられる名詞句なのである。

1.16　所有格

現代英語の格(case)を形の上で(形態論的観点から)見ると、人称代名詞には主格(nominative)、所有格(possessive)、目的格(objective)の3種類があるのに対し、名詞には 's の付く「所有格」と、「所有格以外の格」の2種類しかない。このうち、名詞の「所有格以外の格」は固有の形式を持たないので、形態上名詞の格を話題にする場合、実質的に対象となるのは所有格のほうである。以下では名詞の所有格表現(*Tom's* friend など)とその関連表現である of 句(a friend *of Tom's*, the name *of the book* など)を中心に解説する。また、これらの表現の特徴の多くは人称代名詞を用いた場合も同様に当てはまるので、意味上の差異が生じない限り、人称代名詞の所有格を用いた例も適宜

Column 決定詞

決定詞［限定詞］(determiner)とは、具体的には a(n), the, my, some, this, each, both など、名詞の前に付いて名詞句を構成する要素の1つである。「決定」とは「名詞の指示の関係を決定すること」を意味する。例えば定冠詞 the は「特定のものを指すこと」、不定冠詞 a(n) は「特定のものを指していないこと」を表す。また、a(n) は「単数のものを指すこと」、some は「ある程度の数量のものを指すこと」を表す。名詞・代名詞の所有格もしばしば特定のものを指す決定詞として用いられる。8品詞で言えば、a(n), the は冠詞、some, this, each, both などは形容詞、my, your などは代名詞ということになるが、決定詞とは指示という機能の観点からこれらの品詞をひとまとめにしたものである。

取り上げる。

1.16.1　所有格の位置と冠詞の関係——なぜ *a Tom's friend, *the Tom's friend, *the friend of Tom's は誤りか

　名詞句は「決定詞＋形容詞(など)＋名詞」という構成をしているが(名詞の後置修飾語句は省略)、所有格がこの中のどの構成要素に含まれるかを示したのが表 10 である。表からわかるように、所有格の生じる位置は 2 か所で、それぞれ決定詞(Tom's, a friend's, my, his)と、形容詞的修飾要素(women's, three hours', two weeks')に相当する。決定詞の所有格に対して、形容詞的修飾要素の所有格を記述属格(descriptive genitive)と呼んで区別する。記述属格はほかの形容詞とともに生じることもある。本節ではまず決定詞としての所有格について解説し、記述属格については 1.16.7 で詳述する[27]。

表 10：名詞句における所有格の位置

定・不定	決定詞	形容詞(＋記述属格)		名詞	
不定	a	good		friend	良き友人
	some	good		friends	何人かの良き友人たち
定	the	best		friend	その親友
	this			friend	この親友
	those			friends	あの親友たち
	Tom's			friend	Tom の親友
	my			friend	私の親友
	a friend's			house	友人の家
不定	a	catholic	women's	college	カトリック系の女子大
	φ(時に a)	good	three hours'	drive	丸 3 時間のドライブ
	φ		two weeks' paid	leave	2 週間の有給休暇
定	the	catholic	women's	college	そのカトリック系の女子大
	the	good	three hours'	drive	その丸 3 時間のドライブ
	his		two weeks' paid	leave	彼の 2 週間の有給休暇

---

[27] このほか、所有格は同格的に使われる場合もあるが(life's journey (人生の[人生という]旅))、ここでは説明の対象外とする。

Column「決定詞」(p. 149)で述べたように、決定詞とは a(n), the, this など、名詞の指示(定・不定)に関わる要素である。所有格は定冠詞 the などと同様に定(definite)の決定詞として機能する。表中の Tom's (best) friend, my (best) friend, a friend's (best) friend は、形容詞の有無にかかわらず、いずれも「特定の友人」を指す。また、統語上、決定詞の位置に入る要素は1つのみ(1つの名詞に付くことのできる決定詞は1つ)なので、所有格とそれ以外の決定詞を同位置に並べて用いることはできない。したがって、*a Tom's friend, *the Tom's friend, *this Tom's friend, *Tom's that friend などという表現はない。固有名詞を用いた類例としては(181)のようなものにも注意が必要であろう。Tokyo's や Shakespeare's はそれ自体が決定詞なので、これらによって決定詞の位置は埋まってしまっている。したがって、そこへさらにもう1つの決定詞(the や some)を付け加えることはできない。

(181) a. *the Tokyo's tourist attractions
   → *Tokyo's* tourist attractions
   (東京の観光地)
b. *some Shakespeare's plays
   → some of *Shakespeare's* plays
   (いくつかの Shakespeare の戯曲)

ところで、なぜ Tom's などは定の決定詞なのであろうか。これには所有格の指示機能が関わっている。所有格の指示機能の1つは「人やものが誰・何に属するか(誰・何と関連があるか)を明示すること」、もう1つは「話し手と聞き手の共有する文脈と一般的知識に基づいて特定可能な人やものを指すこと」である。2つ目の指示機能は定冠詞 the と共通することから、「所有格＋名詞」は定名詞句とみなすことができるのである。例えば、(182a)の my friend は、先行する文中の a friend を受けて用いられている。(182b)の his coat は、文脈上、Leo がそれまで着ていたコートであることがわかる。

(182) a. In 1999, *a friend* told me he had a bike to show me, one that

rode in a way I would love. "It's from Dario Pegoretti," *my friend* said.　　　　　　　　　　　　　　　　(COCA: 2012, MAG)

(1999 年、友人が私に見せたい自転車があると言って来た。気に入った走りができるという。「Dario Pegoretti 製だ」と友人が言った)

b. Leo took off *his coat* and sat down.　　　　　　(LDOCE⁶)

(Leo はコートを脱いで座った)

また、my father, his wife, her passport などの名詞句は、それぞれの名詞の意味から、一般に唯一存在する人やものを指すと解釈できるので、文脈の頼りがなくても特定可能である。

このように、「所有格＋名詞」は特定可能な人やものを指すという前提で用いられるので、もし会話の冒頭に my friend が来たならば、それは聞き手も知っている特定の友人を指していると解釈されることになる。加えて、ピーターセン(2013: 18)によれば、所有格は「その人(や物)が所有している唯一の(＝すべての)○○であること」を表すことがきわめて多い。したがって、以下のように、特に文脈なしに my friend(s) を用いると、それは「話し手にとって唯一の(すべての)友人」を指すことになり、「友人の 1 人」や「友人の何人か」を指すことにはならないと言う。

(183) In the spring vacation, I went to Thailand with *my friend* [*my friends*].

(私は、春休みに、たった 1 人しかいない私の友人[私の友人と呼べる人間全員]と一緒にタイに行きました)　　　　(ピーターセン 2013: 17–19)

この場合、「友人の 1 人」を指すのであれば、a friend (of mine), one of my friends、「複数の友人」を指すのであれば、単に friends などとすればよい。

所有格が「所有する唯一(＝すべて)の」という含意を持つと理解していれば、既出の *some Shakespeare's plays (＝(181b))が、決定詞の数の点だけでなく、決定詞(some と所有格)の意味の点でも問題があることがわかる。Shakespeare's plays は「Shakespeare が書いたすべての戯曲」を含意する。これに「一部」を意味する some を直接付けて *some Shakespeare's plays とすると、意味の上で矛盾してしまうのである。このような理由もあり、

*some Shakespeare's plays ではなく、some of Shakespeare's plays となる。

　Tom's [my] が定の決定詞であり、Tom's [my] friend が定名詞句となることがわかったところで、「Tom [私] の友人」を表す定・不定の英語表現を本節表題の誤用例との対比で整理しておく。

表 11：「Tom[私] の友人」を表す定・不定の表現

指示	所有格＋friend(s)	friend(s) of＋所有格[所有代名詞]
特定の友人	Tom's [my] friend	－
	*the Tom's [my] friend	*the friend of Tom's [mine]
	*this Tom's [my] friend	this friend of Tom's [mine]
	*those Tom's [my] friends	those friends of Tom's [mine]
不特定の友人	*a Tom's [my] friend	a friend of Tom's [mine]

　表 11 で、「所有格＋friend(s)」の形が可能なのは Tom's [my] friend の場合だけで、そのほかは決定詞が 2 つ同時に生じてしまっているので、不可である。また、「所有格＋friend(s)」は定名詞句なので、*a Tom's [my] friend は意味(定性)の点からも矛盾した形となる。この場合、決定詞の this, those, a を生かすには、この形の代わりに「friend(s) of＋所有格[所有代名詞]」(a friend of mine など)の形を使う。ただし、それでも *the friend of Tom's [mine] という形は使用できない。この表現は一見すると this friend of Tom's [mine] と同様の形をしているので問題がないように思われるが、実際に用いられることはない。この場合は、より単純な形である Tom's [my] friend が選択されるからである (Huddleston and Pullum 2002: 469)。もちろん、the friend of Tom's who ... のように、a friend of Tom's の指示対象が関係節などによって限定されて定名詞句化する場合や、先行文脈に a friend of Tom's があって、それを受けて定名詞句化する場合は the friend of Tom's も使用可能である。

　一方、the と同じ定の決定詞である this や those を用いた this friend of Tom's, those friends of Tom's などが可能なのはなぜかと言えば、それは this や those などが指示詞として物理的・心理的距離を表す点で、定冠詞

にはない意味が加わるからである。「特定の Tom の友人」を指すだけならば Tom's friend(s) とするだけで十分であるが、そこへ遠近（親密性）を表す this や those が加わるために、this friend of Tom's のような統語配列をとると考えられる（a [this] friend of Tom's に関するその他の特徴の詳細については 1.16.9 以降を参照）。

1.16.2 *Tom's* friend が定名詞句として用いられない例

基本的に、Tom's [my] friend のような「所有格＋名詞」は定名詞句と考えてよいが、以下のように同格的な用法に限っては、不定名詞句と同等になる。これらはすでに言及された友人を指しているわけではないからである。

(184) a. This is *my friend*, Tom. （友人の Tom です）
 b. *Harry's friend* Hagrid （Harry [Potter] の友人 Hagrid）
 c. Al Cowlings, *O. J. Simpson's* friend
  （O. J. Simpson の友人 Al Cowlings）
 d. He is *our friend*. = He is a friend of ours. （MWALED: s.v. *ours*）
  （彼は私たちの友人です）

(184a) は目の前にいる友人を紹介する際に用いられる表現なので、my friend に「その友人」という含意はない。my friend は単に友人関係を示しているだけである。また、(184b) の Harry (Harry Potter シリーズの主人公) と、(184c) の O. J. Simpson (元プロフットボール選手で元妻の殺人事件の被疑者) には、ともに複数の友人がいることがよく知られているので、Hagrid と Al Cowlings がそれぞれの「唯一の友人」であるという含意はない。つまり、ここでの「所有格＋friend」は単に「友人の 1 人」を指している。(184d) は辞書からの用例で、our friend が a friend of mine と同義であることが明示されている。

前節で述べた所有格の 2 つの指示機能という点から考えると、これらの例では、2 つの指示機能の 1 つである「人やものが誰・何に属するかを明示する」機能だけが使われて、「特定可能な（唯一の）人やものを指す」とい

う定性を表す機能は使われていないために、不定名詞句的な用法が可能になると言うことができる。一方、同じく定名詞句である「the＋名詞」にこのような例は見られない(*This is *the* friend, Tom.)。

1.16.3 所有格は名詞句

所有格はそれ自体が名詞句であるという点で、ほかの決定詞(a, the, this, those など)と異なる。*Tom's* friend の Tom's は名詞句の一種である固有名詞が所有格となる例であるが、(185)に見るように、その他の名詞句も所有格として用いられる。(185a)の the man's friend では、名詞句 the man's が1つの所有格であると同時に1つの決定詞として機能している。これは、*the Tom's friend (表 11(p. 153)参照)が2つの決定詞(the と Tom's)を含んでいるために不可であるのと異なる(下記の Det は「決定詞」、Det: NP は「決定詞である名詞句」を表す)。

(185) a. [Det: NP *the man's*] friend
 (その男の友人)
 (*[Det the] [Det: NP *Tom's*] friend)
 b. [Det: NP *his*] wife
 (彼の妻)
 c. [Det: NP *everyone else's*] fault
 (他の全員の責任)
 d. [Det: NP *the Queen of England's*] daughter
 (イングランド王女)
 e. [Det: NP *a friend's*] house (表 10(p. 150)参照)

(185e)は所有格に不定名詞句(a friend)を用いているので、一見するとa friend's house も不定名詞句であるかのように判断されるかもしれない。しかし、a friend's house ＝ the house of a friend なので、全体としては定名詞句である。このほか、不定名詞句が所有格の位置に来る例としては、次のように、種全体を表す名詞句(a woman)を用いたものもある。

(186) a.　[_{Det: NP} *a woman's*] right to choose an abortion
(女性が妊娠中絶を選択する権利)
　　　 b.　Dementia is a progressive condition that will increasingly impair [_{Det: NP} *a person's*] *ability* to work.　(COCA: 2014, ACAD)
(認知症は徐々に人の業務遂行能力を阻害する進行性の疾患である)

a woman's right to choose an abortion (女性が妊娠中絶を選択する権利) は、the right of a woman to choose an abortion (「女性一般が持つ妊娠中絶選択権」という特定の権利) のことを言っている。同様に、(186b) の a person's ability (to work) は、特定の人の業務遂行能力を指しているのでもなければ、数ある能力の1つを指しているのでもない。これは、the ability of a person to work (「人間 (a person) が持つ業務遂行能力」という特定の能力) を意味する定名詞句である。

　基本的に所有格は名詞句であり、特定的指示を持つ決定詞として機能するということを確認したところで、所有格表現の特徴とその関連表現についてさらに見ていく。

Column -s's にするか -s' にするか？——綴りが s で終わる名詞の所有格 (ladies', Jones'(s), Jesus', etc.) と発音

(1) 普通名詞で綴りが s で終わる複数形を所有格にする場合は、アポストロフィ (') だけを付ける: boys', parents', ladies' など。発音は元の形と同じ。
(2) 固有名詞で綴りが s で終わる場合、-s' と -s's の両方が可能で、どちらを多く使用するかは固有名詞によって傾向が異なる。COCA と BNC でいくつかの人名について調べてみたところ (「人名'＋名詞」対「人名's＋名詞」(例えば Burns' [n*] と Burns's [n*] の文字列で比較した; [n*] は「名詞」))、結果は Chris's, Dickens's, James's, のように、-s's の使用が特に目立つ例もあれば、Burns'(s), Jones'(s) のように、使用頻度にさほど大きな違いがない例もあり、傾向が一定しているわけではないことがわかった。ちなみに、Quirk et al. (1985: 320) では -s' を、Biber et al. (1999: 293) と Swan (2005: 414) では -s's を用いるほうが普通であると指摘しており、

人名の所有格における -s's と -s' の選択(件数)

	Burns's	Burns'	Chris's	Chris'	Dickens's	Dickens'	James's	James'	Jones's	Jones'
COCA	101	67	248	132	180	95	421	184	332	449
BNC	11	9	62	12	53	25	364	88	80	69

それぞれ見解が異なる。また、最近の論文執筆・出版関係マニュアル(*The Chicago Manual of Style* や *U.S. Government Printing Office Style Manual* など)のような、一定の規範を示す手引きを参照しても、どちらの形を採用するかはマニュアルによって異なるのが現状である。実際に使用する際は、一貫性が保たれていればどちらでの形でも特に差し支えないと思われるが、St James's Park (セント・ジェームズ公園(ロンドンの王立公園))のような固有名称については本来の形を用いることが望ましい(以下の(4)も参照)。

(3) 固有名詞の -s's の「アポストロフィ＋s」の発音は /ɪz/: Dicken*s's* /díkɪnzɪz/, Ros*s's* /rɔ́sɪz/ など。一方、-s' (アポストロフィのみ)の発音には2通りある: Dicken*s'* /díkɪnz(ɪz)/, Jone*s'* /dʒóunz(ɪz)/ など。アポストロフィのみでも /ɪz/ と発音される点に注意。

(4) Jesus (イエス), Moses (モーゼ)の所有格と発音は Jesus' /dʒíːzəs/, Moses' /móuzɪz/ が普通。

(5) for goodness' sake (お願いだから)の場合はアポストロフィのみ。

1.16.4　所有格表現が使用されやすい例── *Tom's* computer

所有格表現(X's Y)についてしばしば問題となるのは、of 句表現の1つである the Y of X との互換性である。言い換えれば、日本語の「X の Y」を英語で表現したい時、所有格表現と of 句表現のどちらをとるべきなのか、あるいは、どちらを用いても大差ないのかという問題である。これについて、所有格表現の特徴を整理しながら考えたい。

所有格表現(X's Y)の生起には主に3つの要因が関係している。すなわち、① X と Y に用いられる語彙の特徴、② X の長さ(語数)、③ X's Y における X's と意味上の主語との対応関係である。ただし、①〜③は絶対的な基準ではなく、それぞれ使用される語句によって判断に差が生じるので、一

応の目安と考えたほうがよいだろう。以下、具体例とともにこれらの要因について見ていく。

　第1の要因は、XとYに用いられる語彙の特徴である。まず、所有格となるXには人名、人・動物を表す語句が生じやすい。

(187) a. *Tom's computer* [*the computer of Tom] isn't working.
　　　　　（Tomのコンピュータの調子が悪い）
　　　b. How old are *Chris's* children [*the children of Chris]?
　　　　　（Chrisの子供たちはいくつになりましたか）
　　　c. What's *Tom's sister's* name?
　　　　　（Tomの妹の名前は何と言いますか）
　　　d. Be careful. Don't step on *the cat's* tail.　　　（Murphy 2013: 162)
　　　　　（気を付けて。ネコの尻尾を踏まないでね）

(187a)と(187b)は人名が用いられている例である。この場合、所有格表現をof句表現(the Y of X)で言い換えることはできない。また、*Alzheimer's* disease（アルツハイマー病）, *Crohn's* disease（クローン病）, *Parkinson's* disease（パーキンソン病）, *Down's* syndrome（ダウン症（またはDown syndrome））など、発見者(報告者)を用いた病名にもこの種の表現がよく使われる（日本語では'sに相当する部分を表現しない点が英語と異なる）。

　(187c)と(187d)の場合は、of句表現で言い換えて the name of Tom's sister, the tail of the cat とするのも可能だが、COCAとBNCを見る限り、所有格表現のほうがof句表現よりも多く使用される。このほか、*David's* hair / the hair of David（Davidの髪）, *your friend's* umbrella / the umbrella of your friend（君の友人の傘）, *her neighbor's garden* / the garden of her neighbor（彼女の隣人の庭）などの両立する例でもX's Yの表現のほうが自然とされる(Murphy 2012: 163)。このうち、*Tom's sister's* name, *the cat's* tail, *David's* hair を使用する傾向については、所有関係における「譲渡不可能所有」(inalienable possession)も関わっている。これら3例の場合、name, tail, hairは所有者の一部を占めていて、他者に譲渡することができない。このように、譲渡不可能なものの所有を表す場合はX's Yが使用されやすい。

1.16 所有格

また、(188) と (189) のように、X が組織 (人の集合) を表したり、場所や天体などを表したりする語句の場合も、所有格表現が比較的多く用いられる。組織や場所は人間の活動に関わりのあるものであるために、人と同じように所有格表現が使われやすいと言える。また、人との関わりが間接的であるぶん、of 句表現が用いられる可能性も残されている。(　) 内の数字は COCA における生起数を表す。なお、以下の of 句表現 (the Y of X) については、X が関係詞節などの後置修飾表現を含んで長くなる例は対象としていない (X の長さによる影響を排除するため)。

(188) a. *the government's* decision (66) = the decision *of the government* (1)
（政府の判断）

  b. *the company's* success (60) = the success *of the company* (11)
（その会社の成功）

(189) a. *the city's* streets (98) = the streets *of the city* (74)
（市内の通り）

  b. *the world's* population (582) = the population *of the world* (21)
（以上、Murphy 2013: 162）
（世界の人口）（※前者のほうが著しく頻度が高い (COCA, BNC)）

  c. *Japan's* prime minister (41) = the prime minister *of Japan* (26)
（＝the Japanese prime minister）（日本国首相）

  d. *the earth's* surface (393) = the surface *of the earth* (168)
（地表）

Murphy (2012) では、(188) と (189) の例は所有格表現と of 句表現のどちらも可能であるとし、頻度差については言及していない。しかし、COCA による検索結果に限って言えば、上記の生起数が示す通り、所有格表現のほうが of 句表現よりも多く用いられる傾向があり、X の語彙的特徴がある程度影響していると言える (使用域による差は特に認められなかった)。

もちろん、X が人・組織・場所を表す名詞句であっても、情報伝達上の要因によって of 句表現のほうが自然となる場合もある。要因の 1 つとして

考えられるのが「文末焦点」(end-focus)や「文末重心」(end-weight)の原則である。一般に、文は情報価値の高い新情報を文末に置く「文末焦点」の原則と、情報価値を「低 → 高」の順に配置するという「文末重心」の原則に従う。この原則は文のレベルだけでなく名詞句のレベルにおいても当てはまる。例えば、(ほかの要因の影響がない限り) the city's streets では streets が焦点となり、the streets of the city では city が焦点となる。したがって、文脈上 city に焦点を置いて発話される場合は the streets of the city (of 句)のほうが選択されやすいのである (X に後置修飾表現が含まれる例については 1.16.5 を参照)。

(188)と(189)では、X が、組織や場所など人間の活動と関わりのある語句である場合に所有格表現が用いられやすいことを見たが、この種の所有格表現の成立には、Y の語彙的な特徴も関わっている。X が組織や場所などの場合、Y も人間の活動と関わりの深い語句であれば、所有格表現のほうが成立しやすい。以下の(a)では「経済」「歴史」という人間の活動と関わりの深い語が用いられているので、所有格表現が可能だが、(b)では「地図」「支流」という、それ自体では人間の活動を表さない語が用いられているので、所有格表現にはならず、通例 of 句表現が選択される。

(190) a. China's *economy* = the *economy* of China
(中国の経済)

b. *China's *map* = the *map* of China
(中国の地図)

(191) a. the family's *history* = the *history* of the family
(その家族の歴史)

b. *the family's *branch* = the *branch* of the family　　(COCA)
(その家系の支流)

Quirk et al.(1985: 1277)によれば、(190b)は前もって「中国の地図」に言及していない限り用いることはできない。なお、(190b)と(191b)については COCA においても X's Y の用例は見当たらない。

ところで、一見人間(の活動)と関係のないものが X に来る例として、次

のような、特定の時点を表す語句を含む表現がある。

(192) a. *today's* world（今日の世界）, *last Sunday's* game（この間の日曜日の試合）, *tomorrow's* weather（明日の天気）, one of *the year's* best films（今年最高の映画の1つ）
   b. *the year's beginning

時点の表現は暦の一部なので人間の活動と密接な関係がある。Xによって特定されるYも場所や活動・状況といった人間の活動と関連しているために、X's Yの形が用いられやすいのかもしれない。そう考えると、(192b)が不可なのはYに人間の活動が含まれないからであると理解できる。(192)と一見似た表現に記述属格を使った *two hours'* drive などがあるが、記述属格は活動の継続時間を表す形容詞的な時間表現であるので、(192)の時点の表現とは異なる。

第1の要因に関わるもう1つの語彙的特徴は、Xが代名詞の場合は所有格表現のほうが使用されやすいということである(Huddleston and Pullum 2002: 477)。例えば、*her* money（彼女のお金）, *your* nose（あなたの鼻）に対して、?the money of her, ?the nose of you のような of 句表現は相当不自然となる。

第2の要因である、X's Y における X の長さ（語数）に関して言うと、X が修飾語句を含まない短い名詞句の場合、(193a)のように X's Y が使用されやすい。反対に、X が後置修飾語句(from Italy)を含むなどして語数が多くなると、(194b)のように of 句表現のほうが使用されやすい。

(193) a. <u>*the city's*</u> usual rush-hour traffic
   b. the usual rush-hour traffic <u>*of the city*</u>
   （市内で普段見られるラッシュアワーの交通渋滞）
(194) a. *a relatively young designer from Italy's* creations
   b. the creations <u>*of a relatively young designer from Italy*</u>
   （イタリア出身の比較的若いデザイナーによる作品）

第3の要因は X's Y における X's と意味上の主語との対応関係である。所有格表現である名詞句を、意味上対応関係にあると想定される文で言い

換えた場合、名詞句内の決定詞 X's は意味上の主語に相当することが多い。X's と意味上の主語の関係が成立する例を (195) に示す(「<」はその左側の表現が右側の表現に由来することを表す)。

(195) a. *Tom's* computer < *Tom* has a computer.
　　　b. *the government's* decision < *The government* has decided to ...
　　　c. *the earth's* surface < *The earth* has a surface.

特に、(195b)のように、Y (decision)が動詞(decide)から派生した名詞から成る場合、X's を主格属格(subjective genitive)と言う。*a mother's* love (母の愛), *the team's* success (チームの成功)など、X's が主格属格となる例は多い。もちろん、X's が常に文の主語に相当するとは限らない。例えば、their own and *their family's* support < They support themselves and *their family*. (自分と自分の家族を支援すること)や *the boy's* release < (...) released *the boy*. (少年を解放すること)のように、X's が文の目的語に相当する例もある(このような X's を目的格属格(objective genitive)と呼ぶ)。しかし、概して、所有格表現においては X が文の主語として解釈されやすい(Quirk et al. 1985)[28]。したがって、上記の *their family's* support の場合も、文脈が明確でない限り their family は主語として解釈されやすい。これとは対照的に、of 句表現(the Y of X)の場合は X が目的語として解釈されやすい。所有格表現と of 句表現に見られる X の意味機能の違いを(196)に示す。

(196) a. *the family's* support < *The family* supports ...
　　　　　　　　　　　　　　　　　　　　　　(Quirk et al. 1985: 322)
　　　　(家族〈が〉支援すること)
　　　b. the examination *of the fire department* < (...) examined *the fire department*　　　　　　　　　　　　　　　　(Ibid.)
　　　　(消防署〈を〉調査したこと)

---

[28] 実際に、COCA で 17 件ある one's family's support の表現の意味を確認したところ、one's family が意味上の主語に相当する例は 16 件、目的語に相当する例は 1 件しかなかった。

X's Y の表現が 2 通りにあいまいな場合は、以下のように、前置詞句などの後置修飾を工夫して、あいまい性を排除する方法がある。

(197) a. [x the man]'s [Y examination] *of the student*

(Quirk et al. 1985: 1280)

(その人〈が〉生徒を試験すること)(X = 意味上の主語)

b. [x the man]'s [Y examination] *by the doctor*　　(Ibid.)

(その人〈を〉医者が検査すること)(X = 意味上の目的語)

1.16.5　of 句表現が使用されやすい例——the name *of the book*

前節で見た、所有格表現が使用されやすい 3 つの要因と対照しながら、of 句表現が使用されやすい例について見てみる。第 1 に、所有格表現(X's Y)では X に人・動物を表す語句が来ることを見たが、of 句表現(the Y of X)の場合は、X にものや概念などを表す語句が来る傾向がある。

(198) a. the front *of the house* [*the house's front]　(Quirk et al. 1985: 321)

(家の正面)

b. the temperature *of the water* [*the water's temperature]

(Murphy 2012: 162)

(その水の温度(=the water temperature))(ただし、*the water's* edge (波打ち際(=the edge *of the water*))は可)

c. the name *of the book* [*the book's name]　　　　(Ibid.)

(その本の題名)

d. the cause *of the problem*　　　　　　　　　　　(Ibid.)

(その問題の原因)(the problem's cause は COCA で検出されるが、まれ)

そのほか、the beginning [end, middle] of X や the top [bottom] of X でも of 句表現が用いられる(例えば、the beginning *of the year* (年の始め)に対し、*the year's beginning は不可; cf. (192))。

第 2 に、X の長さによっては、X が人・動物であっても of 句表現が選択される場合がある。(193)と(194)で見たように、X が短い名詞句の場合は X's Y の形をとりやすく、X が後置修飾表現を含んで長くなると the Y of X の形をとりやすい。類例として、*the person's* name / the name *of the person* の2つの表現を比較すると、X = the person (「人」を表す名詞)なので、通例は所有格表現の *the person's* name (X's Y)のほうが選択される。ところが、the person が who 節などで後置修飾された場合は **the person who . . . 's name* とはならず、of 句表現を使って the name *of the person who . . .* となる。実際、COCA でも the name *of the person* の例を見ることができるが、その大多数は the person に修飾表現が後続する例で(the name of the person who made the discovery (その発見をした人の名前)など)、X の長さが表現形式の選択に影響していることが確認できる。

X が長いということは、X の情報価値が相対的に高いということである。情報価値の高い要素は、文末焦点や文末重心の原則に従って名詞句の後部に置かれやすくなる。つまり、X が長いほどその情報構造を反映する形として of 句表現(the Y of X)が選択されやすくなるのである[29]。

第3に、前節でも見たように、所有格表現(X's Y)の X's は意味上の主語に相当する傾向が強いが、of 句表現(the Y of X)の X は意味上の目的語に相当する傾向が強い。典型例は(196)と(197)に示した通りだが、さらに、of 句内に代名詞が生じる例を取り上げ、それがこの特徴に基づいて説明できることを示す。代名詞は情報価値が低く(旧情報)、語数も1語と少ないので、文末焦点や文末重心の原則から言えば、代名詞が of 句表現で用いられるのは不自然なはずである。にもかかわらず、代名詞は of 句内で用いられることがある。実際、(199)はまったく問題のない例である。

(199) a. The only portrait *of her* can be found in the National Gallery.

(Huddleston and Pullum 2002: 477)

---

[29] X と Y の情報価値の差は、X の長さだけが原因ではない。X と Y の意味内容の差によっても生じる(Quirk et al. 1985: 323)。例えば、*the problem's part (問題の一端)、*his resignation's shock (彼の辞職という大きな出来事)などが不適切となるのは、X (the problem, his resignation) が人・動物を表す名詞句ではないからではなく、X のほうが Y よりも意味的な情報量が多い(=情報価値が高い)からである。したがって、X は名詞句の後部に置かれて、the part of the problem, the shock of his resignation とするのが適当となる。

(彼女を描いた唯一の肖像画は the National Gallery で見られる)

b. I don't like the taste [look, feel, etc.] *of it*.

(Quirk et al. 1985: 323)

(私はその味[見た目、感触など]が気に入らない)

c. For the life *of me*, I cannot remember her name, and yet my memory *of her* is still vivid. (Ibid.)

(私はどうしても彼女の名前が思い出せない。それでも彼女のことは今でも鮮明に覚えている)

(199c)の for the life of me は成句なので例外とみなすことにする。その他の例の特徴について見てみると、これらは代名詞が意味上文の目的語に相当するという共通点を持つ。(199a)では the only portrait *of her* ＜ (...) portray *her*, (199b)では the taste [look, feel, etc.] *of it* ＜ I taste [look, feel, etc.] *it*., (199c)では my memory *of her* ＜ I remember *her*. という対応関係が認められる。(196)で見た通り、of 句表現(the Y of X)の主要部(Y)から想定される動詞が他動詞の場合、X が意味上の目的語に解釈されやすいという特徴は of 句表現の一般的特徴である。つまり、X が代名詞のような短い語句であっても意味上の目的語に相当すれば、of 句で代名詞が用いられることもあるのである。

最後に、X の意味上の役割に関連して、所有格表現(X's Y)には見られず、of 句表現(the Y of X)のみに見られる X と Y の意味関係の例を示す。(200a)–(200e)はすべて of 句表現だけが可能で、所有格表現で言い換えることはできない。(200a)と(200b)は the Y is X という同格関係を表す例である。(200c)は Y の年齢を X で表す例、(200d)は Y の数量を X で表す例、(200e)は Y の形状を X で表す例である。

(200) a. *gold's colour ＜ the colour of gold

(Huddleston and Pullum 2002: 477;「＜」は筆者加筆)

(金の色)

b. *unemployment's problem ＜ the problem of unemployment

(Ibid.)

(失業の問題)

  c. *twelve years' girl ＜ the girl of twelve years[30] (Ibid.)
   (12歳の少女)

  d. *2%'s rise ＜ the rise of 2% (2%の上昇) (Ibid.)

  e. *the cross's sign ＜ the sign of the cross (Ibid.)
   (十字架の印)

1.16.6　所有格表現（X's Y）におけるXとYの意味関係——名詞の意味と文脈

　(195)で見たように、所有格表現におけるX'sは意味上文の主語に相当する(主格属格である)場合が多い。この場合、XとYの間の意味関係としては、(201)のような、X has [owns] Yという所有・属性の関係が典型的と言えるだろう。しかし、このほかにも、(202)や(203)のように、XやYに来る名詞の意味によって意味関係が決まる例や、(204)のように、X, Yに入る語が同じでも文脈によって異なる意味関係をもたらす例などがある。

(201) *Tom's* wife ＜ Tom has a wife. (Tom〈が〉持つ妻)

(202) a. *the doctor's* surgery ＜ The doctor performs surgery.
   (医師〈が〉行う手術)

  b. *the patient's* surgery ＜ The patient undergoes surgery.
   (患者〈が〉受ける手術)

(203) a. *the train's* arrival ＜ The train arrives.
   (列車〈が〉到着すること)

---

[30]　(200c)ではtwelve yearsという単なる年数によって年齢を表すが、his wife of twelve yearsにすると、年数は結婚生活の年数を表し、「12年連れ添った彼の妻」の意味になる。a friend of thirty years (30年付き合っている友人)も同様。girl, boy, man, womanなどが表す性別は生まれた後に変化しないので、年数が年齢と一致して解釈されるが、wifeやfriendは社会的関係を表しており、その関係は開始時期も継続期間も人によって異なるので、それらを修飾する年数は年齢ではなく、関係の継続期間として解釈される。an old friend of mine (古くからの友人)のoldも年齢ではなく交友関係の継続期間が長いことを表すという点で類似している。

　　　　b.　*his* resignation ＜ He resigns.（彼〈が〉辞任すること）
（204）*Mary's* letter
　　　　＜ a.　Mary received the letter.（Mary〈が〉受け取った手紙）
　　　　＜ b.　Mary wrote the letter.（Mary〈が〉書いた手紙）
　　　　＜ c.　Mary posted the letter.（Mary〈が〉投函した手紙）
　　　　＜ d.　Mary researches into the letter.（Mary〈が〉研究している（Shakespeare が書いた）手紙）

　(202)の 2 つの例はともに X's surgery という形の表現だが、X に来る語彙によって意味関係が変わる。(202a)では X = the doctor で、X が手術という行為の動作主(agent)となり、(202b)では X = the patient で、X が被動者(patient)となる。(203)の Y(arrival, resignation)は動詞から派生した名詞なので、X と Y の間には意味上主語と述語の関係が成立する。したがって、X と Y の意味関係は意味上の述語動詞に左右される。(204)は文脈によって意味関係が変わる例である。ここでは 4 通りの解釈が示されているが、実際には文脈の数だけ異なる解釈が存在する (Huddleston and Pullum 2002: 474)。言い換えれば、X が意味上の主語として解釈可能であるという共通点を除けば、原則として、X と Y の意味関係は X と Y の語彙とその時の文脈で決まる。同様に、語法上しばしば話題になる Mary's picture も、少なくとも「Mary〈が〉写っている特定の写真」「Mary〈が〉持っている特定の写真」「Mary〈が〉写した特定の写真」という 3 通りの解釈が可能であるが、文脈が許せば他の解釈も可能と思われる[31]。

---

[31] X's order(s)については、共起する動詞や構文によって、①「X〈が〉命令する」場合と、②「(誰かが)X〈に〉命令する」場合の 2 通りがある。①の例は、May I take *your order*?（ご注文はお決まりですか）や I have to obey *his orders*.（私は彼の命令に従わなくてはならない）などで、your [his] order(s)は「あなた[彼]〈が〉注文[命令]すること」を意味する。②の例は、*Your orders* are not to go in, remember? (COCA: 2006, FIC)（言っておくが、中に入ってはいけない。覚えてるだろうな）や *My orders* are to let no enemy pass my post. (COCA: 2009, FIC)（私が受けた指令は 1 人の敵もこのゲートを通さないこと

1.16.7　種類・性質を表す所有格——a *women's* college

(205)は、形式上これまで見てきた所有格表現と異なる。(205)の所有格はそれぞれ women's, children's, bachelor's, summer's であり、*a women's, *our children's, *two bachelor's, *a summer's ではない。これらは決定詞としてではなく、主要部である名詞(college, clothes, degrees, day)の種類・性質を述べる修飾語として用いられている。このような所有格をこれまでの所有格と区別し、記述属格(descriptive genitive)と呼ぶ(Quirk et al. 1985: 327, Huddleston and Pullum 2002: 470; 表 10 (p. 150)参照)。

(205) a. a *women's* college（＝a college for women）
 　　　　　（女子大）

　　　b. Our *children's* clothes（＝our clothes for children）are timeless.
 　　　　　　　　　　　　　　　　　　　　　　　　　　（COCA: 2003, NEWS）
 　　　　　（わが社の子供服はいつの時代も色あせません）

　　　c. two *bachelor's* degrees（＝two bachelor degrees）
 　　　　　　　　　　　　　　　　　　　　　　　　　　（COCA: 2005, NEWS）
 　　　　　（2つの学士号）

　　　d. a *summer's* day（＝a day in the summer; a summer day）
 　　　　　　　　　　　　　　　　　　　　　　　　（Quirk et al. 1985: 328）
 　　　　　（夏のある日）

(205)の記述属格は決定詞ではなく形容詞の役割を果たしているので、名詞句全体の定性を決めるのは記述属格ではなく、その前に来る冠詞などの決定詞である。また、記述属格を含む所有格表現については、これまでの所有格表現で見たような、「X's Y ⇔ the Y of X」という対照関係も成立しない。記述属格の場合は、例えば(205a)の a *women's* college ＝ a college *for women* のように(...*of women)、それぞれの所有格と名詞の意味関係に合わせて言い換える必要がある。記述属格のその他の例には、a fake *driver's* license (偽造された運転免許証), fresh *cow's* milk (新鮮な牛乳), a little

---

だ)など、to 不定詞を補語にとる構文に見られ、your [my] orders は「あなた[私]〈に〉命令すること」を意味する。

bird's nest (小さな造りの鳥の巣)などもある。記述属格は固定化した表現であることが多いため、生産性はあまり高くない(Huddleston and Pullum 2002: 470)。例えば a *summer's* [*winter's*] day は可能だが、?a *spring's* [*autumn's*] day は不自然となる。また、a *ship's* doctor (船医)とは言うが、*a school's doctor (校医)とは言わない(a school doctor と言う)。

1.16.8　時間・価値を表す所有格――*two weeks'* vacation, *millions of dollars'* worth of diamonds

　記述属格の一種に、度量の属格(genitive of measure)がある。この場合の「度量」には、主に、(206)のような、時間(継続時間・期間)・距離・重さの単位の表現と、(207)のような、worth を伴う数量単位の表現が当てはまる。前述の記述属格と同様、度量の属格も決定詞ではない。なぜなら、度量の属格は主要部である名詞の数量を表しているだけで、それによって特定のものを指示しているわけではないからである。したがって、冠詞などの決定詞は度量の属格の前に来る。例えば his three years' absence (= (206d))における度量の属格は three years' で、その前に決定詞 his が付くという形をとる。名詞句の構造は(便宜的な形で示せば) [$_{NP}$ [$_{Det}$ his] [*three years'* [$_N$ absence]]] となる。

(206)　a.　*an hour's* drive / φ *one hour's* drive

　　　　　= an hour drive (時に 's が省略される)

　　　　　= a one-hour [a one hour] drive (1時間の車の運転；車で1時間(の距離))

　　　　I took a map of the U.S. and circled cities that had airports within *one hour's drive*. 　　　　(COCA: 2007, NEWS)

　　　　(私は米国内の地図を広げて車で1時間の範囲内に空港のある都市に丸印を付けた)

　　b.　φ *two weeks'* vacation = a two-week [a two week] vacation

　　　　(2週間の休暇)

　　　　I got *two weeks'* vacation at home. 　　　　(COCA: 2005, MAG)

　　　　(家で2週間の休暇を取った)

c. *ϕ three years' absence* ＝ a three-year [a three year] absence ＝ an absence of three years（3 年間の不在）

d. his *three years' absence* ＝ his absence of three years（彼の 3 年間の不在）

e. a second *one hour's delay*（2 度目の 1 時間の遅れ）

f. this *hour's delay*（この 1 時間の遅れ）
   ＝ *this *an hour's* delay

(e, f は Huddleston and Pullum 2002: 470)

g. *a mile's walk* [distance]（1 マイルの徒歩[距離]）
   It is about *a half a mile's walk*.　　　(COCA: 2011, FIC)
   （そこまで半マイルほど歩くことになる）

h. *ϕ fifteen pounds' weight*（15 ポンドの重さ）（※ただし、COCA、BNC で計 3 例のみ）

(207) a. *a year's worth* of work（1 年分の仕事）(*one-year worth of work)

b. *millions of dollars' worth* of diamonds（数百万ドル相当のダイヤモンド）(*millions-of-dollar worth . . .)

c. the *1,500 calories' worth* of french fries（その 1,500 カロリー分のフライドポテト）(*the 1,500-calory worth . . .)

d. *1,823 pages' worth* of documentation（1,823 ページ分の書類）(*1,823-page worth . . .)

度量の属格の語法でまず注目すべきは、(206a) の one hour's drive、および、(206b)、(206c)、(206h) のような例であろう。これらの名詞句で使用されている主要部名詞 (drive, vacation, absence, etc.) は [C]（可算名詞）なので、度量の属格の前には決定詞 a(n) が付くはずである。ところが、これらの例には a(n) が付いていない (ϕ one hour's drive (an hour's drive の冠詞 an については後述する))。実際のところ、このような不定名詞句は無冠詞で用いる。この事実は、ハイフン付きの類義表現 (*a* one-hour drive) や of 句で書き換える場合 (*an* absence of three years) は不定冠詞が必要になるということと対照的である。なお、(207) のように、worth を従えて数量を表す場合は、不定冠

詞が付くことはない（a year's worth of work の冠詞 a については後述する）。なぜなら、worth は[U]（不可算名詞）だからである。

(206a)の one hour's drive, および、(206b), (206c), (206h)が無冠詞で用いられる明確な理由は不明である。しかし、強いて言えば、度量の属格を含む名詞句は、属格(one hour's)だけでなく、それ自体(one hour's drive)が実質的に時間・距離といった抽象的な意味で用いられるために、可算性があいまいになり、冠詞を必要としなくなったのかもしれない。例えば(206a)の within one hour's drive では one hour's drive という「距離」によって同心円状の範囲が示されている。また、以下の例では、one hour's drive が明らかに「時間」の単位として意識されている。

(208) a circle with a fifty-mile radius (approximately *one hour's drive time*) (COCA: 2013, ACAD)
（半径 50 マイルの円（車で約 1 時間））

つまり、drive や vacation は具体的な行為や出来事を表すのではなく、時間や距離を表す単位のようにみなされている。It's *two hours' drive* from San Francisco（そこは San Francisco から車で 2 時間かかる）, It's *two hour's drive* away to the south（そこは南へ車で 2 時間行った所だ）のように、度量の属格を含む名詞句が文中で時間や距離の程度を表すためだけに用いられる例が多いこともこれを反映している。これとは反対に、度量の属格を含む名詞句を、可算性のはっきりした、具体的な行為・出来事・ものについて用いることはできない。

(209) a. *We played *an hour's game* of squash. ((We played) *a one-hour game* of squash.) (Huddleston and Pullum 2002: 470)
（私たちは 1 時間スカッシュの試合をした）
b. *two miles' race*（2 マイル競走）, *a pound's carrots*（1 ポンドのニンジン）(COCA, BNC では 0 件)
（a two mile race, one pound carrots は可）

(209)の game と race は具体的な競技、carrots は食材を指すので、正しく

はハイフンを使用し(時にハイフンを省略して)、単数ならば冠詞を付ける必要がある[32]。

とはいえ、drive, vacation, absence, delay はすべて[C]である(vacation は[U]の用法もあるが、two weeks' vacations (2週間の休暇が複数回)のように複数形も使用できるので、ここでは[C])。(206)で併記したハイフン付きの類義表現では、[C]を受けて常に不定冠詞が付く。このことを考えると、度量の属格を含む名詞句だけが前述のような不可算的な解釈を受けるのは不自然ではないかという疑問が依然として残る。おそらく、両者の違いは所有格の一般的特徴、すなわち、「所有格は決定詞の位置を占める」ということとも関係しているのであろう。この一般的特徴の影響によって、本来決定詞ではない度量の属格も決定詞であるかのようにみなされ、不定冠詞の必要性が感じられにくくなるのかもしれない。なお、定名詞句にする場合は、決定詞の位置に定冠詞などが入って the two weeks' vacation となる。

次に、(206a)の an hour's drive や(206g)のような例に注目してみる。(206a)の場合、不定冠詞 an は hour にかかるのであろうか、それとも drive にかかるのであろうか。「1時間の運転」という意味であること、また、(206b)の φ two weeks' vacation が無冠詞であることを考慮に入れると、(206a)の an は時間の単位数(one)だけを表し、hour にかかると考えるのが妥当であろう(つまり、φ [an hour]'s drive)。一方、drive は可算名詞なので、通常であれば不定冠詞が必要である。また、hour は単数形なので、それが意味上の単数を表すことで one の意味を補い、an は省略されていると考えれば、an が drive にかかると考えることも可能であろう(つまり、an [(an) hour's drive])。この問題については母語話者もあいまいな印象を持っており、どちらのかかり方をとるのか、はっきりと意識しているわけではないようである。おそらく、このような a(n)は one の意味と不定冠詞としての機能の2つをあわせ持っていると考えるのが現実的なのかもしれない。なお、この種の表現では a(n)による表現のほうが one で言い換えた表現よりも多く用いられる。例えば、(206a)にある各表現の頻度を COCA で調べ

---

[32] 「1マイル競走」の場合は a one-mile race のほか、a mile race もある。

ると、頻度順に *an hour's* drive（350件）＞ an hour drive（15件）＝ a［the］one-hour drive（15件）＞ *one hour's* drive（2件）という結果であった（その他、a［the］one hour drive は 2件）[33]。

　(206a)–(206f)は時間、(206g)は距離、(206h)は重さを表す例だが、実際の使用頻度で言うと、時間を表す例の占める割合が非常に高い[34]。一方、ハイフンを用いた類義表現にはそのような特異傾向がなく、距離や重さに限らず様々な種類の度量を使うことができる。例えば a two-mile walk（2マイルの徒歩）, a 12-pound turkey（12ポンドの七面鳥）, a five-dollar bill（5ドル紙幣）, a 14-year-old girl（14歳の少女）などの表現が可能である[35]。

　(206d)–(206f)は度量の属格の前に決定詞が付く例である。(206e)と(206f)はともに「1時間」の意味を含んでいるので、(206f)の this *hour's* delay も(206e)と同様に one を明示して this *one hour's* delay と言い換えることができる。しかし、one を an に換えて *this *an hour's* delay と言うことはできない。これは、「決定詞の直後に不定冠詞を続けることはできない」という一般的な制約があるためで、その結果、不定冠詞が脱落して（this ~~an~~ *hour's* delay）、上記のようになるのである。

　(207)の名詞句の主要部はすべて不可算名詞 worth である。したがって、(207a)の *a* year's worth of work における a は one の意味を表すだけで、

---

[33] 同種の表現の中には、a(n)が明らかに one の意味でしか用いられない例もある。例えば a month's wages（1か月の給料）の場合、wages は複数形名詞なので、a は one の意味だけを表し、不定冠詞としては機能していない。

[34] Huddleston and Pullum (2002)では距離や重さの表現を認めていない（*a mile's walk / *a pound's carrots）。しかし、a mile's walk, five pounds' weight の例が COCA と BNC の書き言葉で少数ながら認められたので、本書では距離や重さの表現も例として含めることにした。pound については、*a pound's carrots のように、主要部に具象的な可算名詞(carrots)を使用した例は(209)でも指摘した通り不可であるが、単なる度量を表す five pounds' weight のような例は、ごくまれではあるが存在する。

[35] このうち、a five-dollar bill については、*five dollars' bill / *a bill of five dollars と言い換えることはできないが、a five dollar bill と言い換えることはできる。*five dollars' bill が不可であることを考えると、a five dollar bill は 's の省略ではなく、ハイフンの省略によって成立したものであることがわかる。

不定冠詞としての機能はない。また、worth とともに用いる度量の種類に制約はないので、「何かに相当する量」を自由に表すことができる。例えば(207b)–(207d)のように、(206)では用いることのできない種類の度量を用いた表現が可能である。なお、(207)の場合、ハイフン付きの表現による言い換えはできない。

1.16.9　a friend of *Tom's* とその関連表現(1)——概要

　ここでは、「a friend of ＋'s 所有格」（以下、a friend of *Tom's* で総称することにする）とその関連表現との比較を通して、それらの意味と語法の違いを詳しく見ることにする。ここで取り上げる a friend of *Tom's* の関連表現とそれぞれの特徴の要点は(210a)–(210d)の通りである。なお、前節までは名詞の所有格(Tom's)と代名詞の所有格(my, mine)を区別せずに扱ってきたが、以下の(210a)と(210b)に限っては、これら2つの所有格を対照的あるいは別個の表現として扱う点でこれまでと異なる。(210a)では of の後続要素が 's 所有格(Tom's)か所有代名詞(mine)で対照的であり、(210b)では of の後続要素が 's 所有格(Tom's)か 's なし名詞句(Tom)で対照的となっている。(210c)と(210d)については、これまで同様に 's 所有格と所有代名詞とを区別せずに扱う。

(210) a friend of *Tom's* の関連表現

　　a. a friend of *mine*
　　　(of の後続要素として 's 所有格(Tom's)ではなく所有代名詞(mine)が来る表現)
　　　特徴：「決定詞＋名詞＋of＋所有格」の形をとる表現の例としてはもっとも典型的で、実際の使用においても 's 所有格の表現より高頻度である。

　　b. a friend of *Tom*
　　　(of の後続要素として、's 所有格(Tom's)の代わりに 's なし名詞句(Tom)が来る表現)
　　　特徴：a friend of *Tom's* と同義で用いられることがある。後続

要素の名詞句によっては、's なしのほうが普通である。なお、代名詞に関しては *a friend of me は不可であるので、mine との比較はできない。

c. one of *Tom's* [*my*] friend*s*

(部分を表す「one of＋Tom's [my]＋複数名詞」による類義表現)

特徴：a friend of *Tom's* [*mine*]と同義で用いられることが多いが、one of *Tom's* [*my*] friend*s* は「何人かいる友人のうちの1人」であることを「明示」的に意味し、a friend of *Tom's* [*mine*]はそれを「含意」する点で異なるため、場合によっては言い換えができない。

d. *Tom's* [*my*] friend

(Tom's が決定詞として使われる表現)

特徴：基本的に、特定の友人を指すという点で a friend of *Tom's* [*mine*]と異なる意味を持つが、文脈によっては言い換えが可能な場合もある (1.16.2 を参照)。

a friend of *Tom's* と (210a)–(210d)の各表現との比較の前に、a friend of *Tom's* [*mine*]、すなわち、「決定詞＋主要部＋of＋'s 所有格[所有代名詞]」の形を構成する各要素の特徴についてまとめておく。表 12 は Swan (2005: 418)の例をもとに作成したものである(表中の this new idea of the boss's の主要部は idea のみだが、便宜上、形容詞の new も主要部欄に入れてある)。

表 12：「決定詞＋主要部＋of＋'s 所有格[所有代名詞]」の例 (Swan 2005)

	決定詞	主要部		's 所有格 [所有代名詞]	
He's	a	cousin		the Queen's.	彼は女王のいとこ(の 1 人)だ。
How's	that	brother		yours?	君のあのお兄さんは元気かい。
Have you heard	this	(new) idea	of	the boss's?	上司のこの新しいアイディアを聞いたかい。
My work is	no	business		yours.	私の仕事に口出しするな。

表 12 の通り、決定詞には a, that, this, no が来ており、主要部には人

(cousin, brother) も、もの (idea, business) も来る。各要素の頻度上の傾向をCOCAとBNCで確認したところ、決定詞には a(n) が圧倒的に多く、次いで this, that が多かった。また、no は concern, fault, business などとともに用いられる傾向が見られた。主要部の名詞については、決定詞の種類にかかわらず人を表す語が多く、特に friend の例が際立つ。

　決定詞と主要部の共起関係をさらに詳しく見ると、a(n) の場合は人を表す名詞(friend, buddy, colleague, cousin, student など)の割合がきわめて高い。一方、this [that] の場合は後続する名詞の選択幅が比較的広く、人以外の語もよく用いられる(friend のほかに、ability, book, car, country, dog, idea, life, voice, world など)。

　of の後続要素は 's 所有格と所有代名詞の2種類であるが、ともに人名または人を表す名詞句がこの位置に来る。

1.16.10　a friend of *Tom's* とその関連表現 (2) ── a friend of *mine*（'s 所有格と所有代名詞との比較）(cf. (210a))

　of の後続要素である 's 所有格(Tom's)と所有代名詞(mine)は、ともに人を表す名詞句を選択するという点で共通するものの、使用頻度を比較すると、's 所有格よりも所有代名詞のほうが頻度が高いことがわかる(Biber et al. 1999: 309)。所有代名詞が使用される場合のジャンル別分布を見ると、小説など(fiction)での使用がもっとも多く、次いで会話での使用が多い。さらに、所有代名詞が小説などで使用される場合は、*that* friend of *yours* のように、決定詞として this [that] をとりやすい。this は話し手の心的距離が近いことを表し、that は心的距離が遠いことを表すという、感情の直示性(emotional deixis)を持つので、小説などで心理のあやを描写するのに適しているのである(that は心的距離が近いこと(親密性)を表すこともある)。this [that] と比較すると、a(n) は小説などよりも会話での使用が著しい。

　結論として、「決定詞＋名詞＋of＋'s 所有格［所有代名詞］」の形式においては a friend of *mine* がもっとも典型的な表現と言える。

1.16.11 a friend of *Tom's* とその関連表現 (3) ── a friend of *Tom* ('s 所有格と 's なし名詞句との比較) (cf. (210b))

前節で、of の後続要素については、所有代名詞 (mine) のほうが 's 所有格 (Tom's) よりも使用頻度が高いことを見た。その理由の 1 つは a friend of Tom's と a friend of Tom が競合して用いられていることにある。この類義表現の競合関係により、a friend of *Tom's* の頻度が相対的に低くなると考えられるのである。なお、所有代名詞を用いた a friend of *mine* には同様の (目的格代名詞による) 対応表現がないので、競合関係は存在しない。

(211) a friend of *Tom's* = a friend of *Tom*

(212) a friend of *mine* = *a friend of *me*

a friend of *Tom's* と a friend of *Tom* では意味が異なるという意見もあるが、それは一部に限られる (Column (p. 179) を参照)。実際のところ、's 所有格が来るべきところで 's なしの名詞句を同義で用いるのは普通のことである。例えば、(213a) と (213b) では、それぞれ 's 所有格と 's なし名詞句によって「Nicole Brown Simpson の友人」が表されているが、文脈を考慮に入れても両者に明確な意味上の違いは認められない[36]。

(213) a. Are you saying that there may be a suspect out there who was a friend of Nicole Brown *Simpson's* and to whom she may have given those gloves? (COCA: 1995, SPOK)
(容疑者は Nicole Brown Simpson の友人で、その人物に彼女が手袋を贈ったのかもしれないと言うのですか)

b. Arriving at the courthouse today was a friend of Nicole Brown *Simpson*, Kris Jenner. (COCA: 1995, SPOK)
(今日出廷したのは Nicole Brown Simpson の友人、Kris Jenner だった)

---

[36] なお、主要部が「人」ではなく、hat, book などのように「もの」の場合は別である。
 a. a hat of *Dickie's* (Dickie の帽子) = *a hat of *Dickie*
 b. a book of *Alfred Beasley's* (Alfred Beasley の本) = *a book of *Alfred Beasley* (Biber et al. 1999: 310)

また、場合によっては、of の後続要素はむしろ 's なし名詞句のほうが普通である。そのような 's なし名詞句に該当するタイプの1つが「長い名詞句」である。Biber et al. (1999) によれば、's 所有格が使用されやすいのは名詞句の語数が少ない場合であり、語数が多くなると 's なし名詞句が使用されやすい。例えば、a friend of *my father's* と a friend of *the novelist and playwright, Patrick Hamilton* (BNC: W_non_ac_polit_law_edu)（小説家で劇作家 Patrick Hamilton の友人）では、前者よりも後者のほうが of 以下の名詞句語数が多い。名詞句が前置詞句や関係詞節を含んで複雑になる場合も同様に 's なしになる。

's なし名詞句になるほうが普通であるもう1つのタイプとしては、(214) のように、the family, the late ..., a friend などが挙げられる。より一般的に言えば、「the [a(n)] ＋人を表す名詞」の場合である。この傾向は COCA と BNC の両方で認められる。これに対し、my father のような「my [his, etc.] ＋家族の一員」の場合は 's 所有格の使用が比較的多い。このような違いが生じる理由は現時点で不明である。

(214) a. A friend of *the family* asked her what she wanted to be when she grew up. (COCA: 2007, MAG)
 （家族の知人は彼女に大きくなったら何になりたいか尋ねた）

 b. Mark Antony, a friend of the *late Caesar* (COCA: 2008, FIC)
 （故 Caesar の友、Mark Antony）

 c. He was a friend of *a friend*, and gave us a warm welcome and invited us to lunch. (BNC: W_misc)
 （彼は友達の友達で、私たちを温かく迎え、昼食に招待してくれた）

このように、of の後続要素として、's なし名詞句の来る例は意外にも多いのである。

以上、's なし名詞句 (Tom) が用いられるという事実によって、a friend of *Tom's* は a friend of *mine* と比較して使用頻度が低くなることがわかった。

Column a painting of my sister's と a painting of my sister

　1.16.11 では、a friend of *Tom's* の 's 所有格(Tom's)の代わりに 's なし名詞句(Tom)を用いた同義表現が多く使われることを見た。一方で、's 所有格と 's なし名詞句とでは意味の異なる例があるのも事実である。対照できる例はさほど多くはないが、語法上しばしば話題になる例を以下に示す。

(i) a. a painting *of my sister's*
　　　　['done by my sister' *or* 'belonging to my sister']
　　b. a painting *of my sister* ['representing my sister']
(ii) a. He was a student *of Jespersen's*.
　　　　['one who studied under Jespersen']
　　b. He's a student *of Jespersen*.
　　　　['one who studies Jespersen's writings']

(Quirk et al. 1985: 1284)

of の後続要素に 's 所有格名詞句を用いた場合、その名詞句は意味上の主語として解釈されやすい。典型的な意味関係は「所有」に基づくものである(「姉が所有する絵」=(ia);「Jespersen が持つ学生」=(iia)」)。また、(ia)の場合は、主要部(painting)に含まれる行為(paint)の動作主として解釈される可能性もある(「姉が描いた絵」)。

　一方、of の後続要素に 's なし名詞句を用いた場合、その名詞句は意味上の目的語として解釈されやすい。(ib)の場合、my sister は paint という行為の目的語として解釈され(「姉を描いた絵」)、(iib)の場合、Jespersen は study という行為の目的語として解釈される(「Jespersen (の著作)を研究する人」)。以上の点は 1.16.4 で見た X's Y (所有格表現)の X と the Y of X (of 句表現)の X が持つ意味関係の違いと類似している。

　もちろん、(i)や(ii)で見たことがすべての 's 所有格と 's なし名詞句の対照に当てはまるとは限らない。実際にこのような意味関係の違いがあるかどうかは、選択される名詞の意味や文脈によるということに注意する必要がある。

1.16.12 a friend of *Tom's* [*mine*] とその関連表現 (4)——one of *Tom's* [*my*] friends (cf. (210c))

次に、a friend of *Tom's* [*mine*] と one of *Tom's* [*my*] friends を比較する（ここからは、of の後続要素である 's 所有格と所有代名詞を区別せずに扱う）。通例、2つのタイプは同義とみなされ、(215)のような言い換えが可能である。

(215) a former professor/friend of *mine* [＝one of my former professors/friends]　　　　　　　　　　　　　　(MWALED: s.v. *mine*)
（私の大学の恩師[昔の友人]（の1人））

上のような言い換えが可能なのは、a former friend [professor] of *mine* が one of *my* former friends [professors] の意味を含んでいるからである。a former friend は不定名詞句（「a(n)＋名詞」）である。基本的に、不定名詞句は「いくつかある同種のものの中の不特定の1つ」を指していることを表すために使われる。これに of mine が付くと「私の所有するうちの」という所有と部分の意味が加わるので、全体として「私の（持つ）何人かの昔の友人の1人」という含意が成立し、one of *my* former friends と同じ解釈になるのである。

確かに、このような含意が当てはまる例は多い。特に(215)の場合、「大学時代の教授や昔の友人というのはたいてい複数いるものだ」という漠然とした理解(通念)も解釈に役立っていると思われる。しかし、a friend of *Tom's* [*mine*]のタイプが常にこのような含意を持つとは限らない。例えば、以下のような表現が使われた場合、話し手が「ある種の1人の友人」を取り上げているのは明らかだが、同種の友人が必ず複数いるとは限らない。つまり、そのような友人は1人しかいないかもしれないし、ほかにもいるかもしれない。

(216) a. an actress friend of *mine*（私の友人（の1人）で女優である人）
　　　　an art historian friend of *mine*（私の友人（の1人）で美術史家である人）
　　　　a Mexican friend of *mine*（私の友人（の1人）のメキシコ人）

(＝a friend of mine who is an actress / one of my actress friends, etc.) 　　　　　　　　　　　　　　　　　　　　(いずれも COCA より)
　b. "Will we all look like that?" wondered <u>a distressed Hungarian friend of *mine*</u>. 　　　　　　　　　　　(COCA: 1991, MAG)
　　　([ソ連崩壊後に変貌した中欧の人々を目にして]「我々は皆あんなふうになっていくのだろうか」と、ハンガリー人の私の友人は困惑しながら言った)
　　　(≠one of my distressed Hungarian friends)

(216a) の an actress friend of mine は必ずしも one of my actress friends を含意するとは言えない。一般に、「友人が複数いる」という想定はしやすいが、文脈が明確でない限り、「女優の友人が複数いる」という想定はしにくい。むしろ、これは a friend (of mine) who is [happens to be] an actress に近いと思われる。これを one of my actress friends に言い換えると、女優の友人が複数いることを明言することになり、意味にずれが生じる。また、(216b)の場合は、文脈上 one of my distressed Hungarian friends と言い換えるには無理がある。この文の前後の文脈に目を通しても「困惑した友人」は 1 人しかいないからである。

　a friend of *Tom's* [*mine*] が one of *Tom's* [*my*] friends を含意し̇な̇い̇と考えられる例はほかにもある。以下は a friend of *Tom's* [*mine*] でなければ真意がうまく伝わらない例である。

　(217) a. She was <u>a great friend of *Kathleen's*</u>.
　　　　　(彼女は Kathleen とすごく仲がいい)
　　　　　(≠one of Kathleen's great friends)
　　　b. "In fact, I'm <u>quite a fan of *yours*</u>."
　　　　　(実はあなたの大ファンなんです)
　　　　　(??quite one of your fans)
　　　cf. I'm <u>a fan of *yours*</u>. ＝ I'm <u>one of *your* fans</u>.
　　　　　　　　　　　　　　(Biber et al. 1999: 311; cf. の例は筆者)

(217a) の場合、a great friend of Kathleen's を one of Kathleen's great friends

で言い換えると、「とても仲のいい友人がほかにもいて、Kathleen はそのうちの 1 人である」ということを明言することになる。この点は(216)と同様である。加えて、(217a)は「彼女が Kathleen ととても仲がいい」という 2 人の特別な親密さを伝えたいのであって、そもそも「とても仲のいい友人がほかにもいるかどうか」を問題にしているのではない。(217b)では、a fan of yours に quite が付くかどうかで含意が変わる。quite の付かない a fan of yours の場合、one of your fans と言い換えても大差はない。a fan of yours は「あなたのファンであること(あなたを支持すること)」、one of your fans はそういった「ファンの 1 人であること」を表すだけなので、結果的にはほぼ同じことが伝達される。しかし、quite a fan of yours の場合、quite は「あなたを支持すること」を強調しているのであって、「(数いるファンのうちの)1 人」という数の問題を強調しているのではない。I'm quite a fan of yours. は「あなたを熱烈に支持している」ということを言いたいだけなのである。これらの不定名詞句は主語の特徴を叙述(predication)するために用いられていると見ることができる。特徴の叙述は不定名詞句の一般的な用法の 1 つである。例えば、He's *a really nice man*. (彼は本当にいいやつだ)と言う場合、a really nice man は単に 1 人の男性を同定(identification)しているのではなく、「彼がどのような人物か」を述べているのである。このような理由から、(217)の例を one of Tom's friend*s* [*mine*]のタイプで言い換えると、話し手の意図とは異なる内容を伝えることになり、意味のずれが生じてしまう。

　(216)と(217)から、a friend of *Tom's* [*mine*]は、one of *Tom's* [*my*] friend*s* を含意する場合と含意しない場合の 2 通りの可能性があるために、必ずしも one of *Tom's* [*my*] friend*s* への言い換えができるとは限らないことがわかった。「複数のうちの 1 人[1 つ]」という意味を明確に表したいのであれば、one of *Tom's* [*my*] friend*s* を用いるのが適切であり、その点であいまいな含意を持つ a friend of *Tom's* [*mine*]を用いるのは避けられる。例えば、(218)はいずれも複数の成員(pears, pupils)の存在を明示した上で、その中から 1 つを取り出して述べていると解釈されるので、そのような明示性があいまいな a friend of *Tom's* [*mine*]のタイプによる言い換えは不可

または不自然となる。

(218) a. Could you spare me just one of *your* beautiful pear*s*?
（そのきれいな梨を1つ分けていただけませんか）
(*a beautiful pear of *yours*)

b. He was one of *her* most promising pupil*s*.　(Biber et al. 1999: 311)
（彼はもっとも有望な生徒の1人です）
(?a most promising pupil of *hers*)

すでに述べたように、a friend of *Tom's* [*mine*] から one of *Tom's* [*my*] friend*s* への言い換えが可能なのは、不定名詞句(a friend)と of 句(of Tom's [mine])の組み合わせが「全体における部分」すなわち部分集合の関係を含意するからである。しかし、a friend 自体は「不特定の1人の友人」を指し、of Tom's [mine] 自体は Tom [me] との所有関係を表す句なので、a friend of *Tom's* [*mine*] の文字通りの意味は部分集合の関係を含まず、単に「不特定の1人の友人で、Tom [私] の友人」= "a friend, *Tom's* [*my*] friend" / "a friend which is *Tom's* [*mine*] (=Tom's friend [my friend])" ということを表すだけである。言い換えれば、ほかに Tom [私] の友人がいるかどうかに関する含意は存在しない。(216)や(217)は、この文字通りの意味がそのまま表された場合であると言える。

"a friend, *Tom's* [*my*] friend" という意味をより簡潔に表せば "a *Tom's* [*my*] friend" となるだろう。しかし、これは概念としては理解できるが、そのままの形で表現することはできない。*a Tom's [my]のような、2つの決定詞が並列した形は文法上許されないからである。そこで、この概念を文法的な形で具現化するために、a friend と *Tom's* [*my*] (friend) を of でつないで a friend of *Tom's* [*mine*] が生じたと考えられる。このような過程を想定すれば、a friend of *Tom's* [*mine*] の of 句がそもそも部分集合の関係を表すためのものではないということも理解できる。

a friend of *Tom's* [*mine*] の本来の意味として概念上 "a friend, *Tom's* [*my*] friend" や "a *Tom's* [*my*] friend" を仮定する根拠は、Jespersen の a friend of *Tom's* の解説 (MEG, Part III, §1.5) にある。Jespersen は a friend of *Tom's* [*mine*] の of 句の意味機能を「同格的」(appositional) であると説明する。ここで言う「同格的」とは、意味的に対等な 2 つの語句が並んでいることを指す。例えば、「特定の 3 人」と「私たち」の 2 つの語句を並べて「私たち 3 人」と表現する場合の 2 つの語句の関係がそれに当たる。これを英語に当てはめた場合、2 つの語句の同格的な関係を表すために of が用いられる。「特定の 3 人」「私たち」をそのまま英語にすれば、"the three, we" である。しかし、2 つの語句を直接並べて *the three we のようにすることは文法上不可なので、2 つの語句の間に of が挿入されて the three *of us* という形になったと考えられる。the City *of Rome* なども同じ関係を持つ例とみなされる。

(219) a. the three *of us*（私たち 3 人；≠ 私たちのうちの 3 人）
　　　b. the City *of Rome*（ローマ市）

このような of 句の用法の存在を根拠に、Jespersen は、a friend of *Tom's* [*mine*] の場合もこれらと同様に of 句が同格的につながれたものであると考える。つまり、a friend of *Tom's* は "a friend, Tom's [my] friend" あるいは "a Tom's [my] friend" に of が挿入されて生じたと考えるのである。この種の of 句は、who is [which is] ... を使って以下のように解釈することができる。

(220) a. a friend *of mine* ＝ a friend *who is mine*（my friend）
　　　b. that nose *of his* ＝ that nose *which is his*
　　　c. the three *of us* ＝ the three *who are we*
　　　d. the City *of Rome* ＝ the City *which is Rome*

(Jespersen, MEG, Part III, §1.5)

(220b) は決定詞に this [that] をとる点を除けば a friend of *Tom's* [*mine*] と同種の表現である。この例は、of 句が本来部分集合の関係を表すためのものではないことを示すもう 1 つの証拠でもある。(220b) は 1 つしか存在しないもの (his nose) について表現されているので、ほかに同種のものを含意することはありえない。つまり、of 句は that nose と his (nose) が同格的

であることを示しているのである。

　このような of 句が本来同格的に用いられていたことを示すより直接的な証拠を、Shakespeare の作品を含む過去の英語で見ることができる。例えば (221) のように、かつての英語には「this our＋名詞」の形をとって 2 つの決定詞 (this, our) が並立する表現、すなわち同格的表現が存在していた。こういった例は、現在では「this＋名詞＋of ours」にとって代わられているのである (Jespersen, MEG, Part III, §1.5)[37]。

(221) a. And *this our* life exempt from publike haunt, findes tongues in trees ... 　　　　　　　　　　(Shakespeare, *As You Like It*, Act II)
（俗世からかけ離れて暮らしていると、木々がものを言い ...）

　　cf. *this* life *of ours*　　　　　　　　　　　　　　　　(COCA)

b. a wider view of *this our* planet　　(H. G. Wells, *The Time Machine*)
（この地球をもっと広い視野で見ること）

　　cf. *this* planet *of ours*　　　　　　　　　　　　　　　(COCA)

　(221a) に見る定名詞句の例 (this life of *ours*) と異なり、a friend of *mine* のような不定名詞句を含む表現については、同様の歴史的な変化を実際に確認することはできない。しかし、上記の説明から類推すれば、a friend of *Tom's* [*mine*] も概念上は "a *Tom's* [*my*] friend" を前提としていると仮定して差し支えないであろう。したがって、a friend of *Tom's* [*mine*] のタイプにおける of 句は本来すべて同格的であり、one of *Tom's* [*my*] friends の of 句が部分集合の関係を表すのとは性質が異なるのである。

　結論として、a friend of *Tom's* [*mine*] が文字通りの意味として「不特定の Tom [私] の 1 人の友人」を表すことがあるのは、of 句が同格的で、概念上 "a *Tom's* [*my*] friend" を表すという本来的な意味を含んでいるからである。一方で、この種の表現は a(n) X of Y という形式をとることによって、本来持つ（文字通りの）同格的な意味よりも部分集合の含意が主たる意味となり、多くの文脈で one of *Tom's* [*my*] friends と同義に解釈されるよう

---

[37]「this our＋名詞」の表現は現在でも小説などで使われることがある。

になったと考えられる。

1.16.13 a friend of *Tom's* [*mine*] とその関連表現 (5)── *Tom's* [*my*] friend (cf. (210d))

Tom's [*my*] friend と a friend of *Tom's* [*mine*] の類義関係については、すでに 1.16.2 で一部述べた。基本的に、*Tom's* [*my*] friend のような「所有格＋名詞」は定名詞句として「特定の友人」を指すが、以下のように人名と合わせて用いる場合に限っては、所有格は特定性ではなく単に属性(誰の友人か)のみを示す。これらの例の場合、「友人[娘]がほかにいるかどうか」についての含意はない。

(222) a. This is *my friend*, Tom. （＝(184a)）
 　　　 ＝ This is *a friend of mine*, Tom.
 　　　 ＝ ?This is *one of my friends*, Tom.
 　　b. *Mrs Brown's daughter* Mary　　　　　(Quirk et al. 1985: 1283)
 　　　 (Brown さんの娘の Mary)

(222a)の my friend を a friend of mine に言い換えることができるのは、前節で見た通り、a friend of mine も「友人がほかにいるかどうか」についての含意を持たない(＝不特定の 1 人しか意識していない)解釈がありうるからである。

一方、(222a)で one of my friends を用いると意味が変わってしまう。なぜなら、複数名詞句の my friends は他の友人の存在を明示することになり、紹介すべき目の前の友人(Tom)以外の友人にも焦点が当てられるからである。これでは、「数いる友人のうちの、たまたまいる 1 人」と言っているようにも聞こえ、人を紹介する表現としては不適切である。さらに、one of my friends を使うと、話し手が自分の交友関係の広さを自慢しているかのような印象を与えることもある。

以上、a friend of Tom's とその関連表現の特徴について、具体例とともに示してきた。次の節では場所の属格について述べる。

1.16.14　場所の属格：単独で場所を表す所有格——She's staying at her mother's.

「所有格＋名詞」の名詞(主要部)は、文脈上指示対象が明らかな場合、省略することができる(例えば、My car is faster than *John's*. (私の車は John のより速い))。このような所有格を独立属格(independent genitive)と言う(Quirk et al. 1985: 330)。このうち、特に場所を表すものを場所の属格(local genitive)と言う。場所の属格には主に以下の3つのタイプがある。

(223) a. 個人宅：She's staying at *my aunt's* [*the Johnsons'*].
(彼女は私の叔母[Johnson 家]の所に泊まる予定だ)

b. 公共の建物[場所]：St Paul's (Cathedral) (大聖堂), St James's (Palace) (宮殿), etc.

c. デパート・個人経営の店[診療所]など：Macy's (米国のデパート), McDonald's (飲食店), Smith's (＝WH Smith) (英国の書籍・新聞・雑貨チェーン), the barber's (shop) (理容店), the hairdresser's (美容院；《英》理容店), the butcher's (shop) (肉屋), the grocer's (shop) (《英》食料雑貨店), the (dry) cleaner's (クリーニング店), the doctor's (office) (診療所), the chemist's (shop) (《英》薬局), etc.

(223a)は、主要部の名詞が具体的に何であるか(house, apartment, place, etc. のどれか)については厳密に定まっていない(文脈に依存する)という点で、John's (car) とは異なるタイプの独立属格である。(223b)と(223c)は、一般的知識に基づいて主要部(shop など)が補われるタイプであるが、Macy's, McDonald's, the hairdresser's, the cleaner's などは独立属格で用いられることが多い(COCA, BNC)。

(223c)の the barber's や the doctor's で the が付いているのは、これらが通例最寄りの店や、特定の機能を持つ場所を指して用いられるからである(その点では go to the supermarket [the station] (スーパー[駅]に行く)や、go to the the theater [the hospital] (観劇に行く[入院する])における the の使用と同様である)。もちろん、不特定の店を指すのであれば a barber's、 a butcher's, a chemist's などと言うこともできる。例外として、「診療所」については *a doctor's と言うことはできない(a doctor's office は可)。

(223c)ではしばしば 's のない形が用いられることもある(go to *the barber* [*the doctor*, etc.])。

固有名詞を用いた大規模な店舗の場合、アポストロフィが脱落した形を正式名称として採用することがある(例えば、Barclays (英国の銀行), Harrods (英国のデパート), Foyles (英国の書店))。Quirk et al. (1985: 330)によれば、大規模な店舗は組織が複雑で複数概念が想起されやすいので、「アポストロフィ＋s」が複数語尾(-s)へと再解釈された結果、s のみ追加された名称が使用されるようになったようである。その証拠に、これらは複数扱いになることがある(Harrods *are* very good for clothes. (Ibid.) (Harrods の衣類は信頼できる))。近年(2012年)の類例を挙げると、英国の書店の Waterstone's が Waterstones と名称を変更している。名称変更の理由は上記のような文法上の要因も含まれるだろうが、Waterstones 社の説明では、インターネットの URL や E メールアドレスなどでアポストロフィの使用が制限されているという事情によるとのことである。

アポストロフィの脱落は普通名詞でも起こりうる。特に「(ドライ)クリーニング店」については、the [a] (dry) cleaner's の代わりに the [a] (dry) cleaners が用いられるのが目立つ。もちろん、複数形であっても 1 つの店舗を指しているのに変わりはないし、大規模店舗と違って動詞は単数呼応の例しかないようである。

(224) a. He pulled into a parking lot at *a dry cleaners*.
(COCA: 2014, FIC)
(彼はクリーニング店の駐車場に車を乗り入れた)

b. *The cleaners opens* at seven, ... (COCA: 2007, FIC)
(クリーニング店は 7 時に開店して ...)

一方、Quirk et al.(1985)は、the cleaners は認めるが *a cleaners は不可としている。確かに、a cleaners の使用例は COCA では 6 件、BNC では 0 件なので、実際のところ使用されにくいのかもしれない。これには、cleaner に「清掃員」の意味もあるために不自然さを招きやすいという別の理由もあるのではないかと思われる。dry を伴って a dry cleaners になると COCA で 26 件、BNC で 3 件と、より多くの例が認められる。

第2章

代 名 詞

2.1 はじめに

　伝統的な定義に従えば、代名詞は8品詞の1つで名詞の代わりをするものである。しかし、統語上、名詞(noun)と名詞句(noun phrase)を区別して考えると、1.1で述べた通り、代名詞は、one の用法の一部を除けば、文中では名詞の代わりではなく、名詞句の代わりをしている。例えば、(1)の he, she はそれぞれ名詞句 the man, the little Swedish girl の代用である（名詞句ではなく、名詞および名詞句の一部の代用をする代名詞の one については2.3.4 を参照）。

(1) The man invited the little Swedish girl because he liked her.
　　（＝第1章の用例(3)）

　形態上の観点から代名詞と名詞の違いを見ると、代名詞には名詞にない語形変化がある。代表的なのが人称代名詞で、格(case)・人称(person)・性(gender)で語形変化の体系を持つ(表1(p. 193)参照)。もちろん、名詞にも所有格・所有代名詞を表す格形式('s 所有格)があるが、それを除けば名詞は格・人称・性のいずれにおいても共通の格形式を持たない(なお、女性形を作る -ess (actress, hostess, etc.)などの接辞が一部の名詞で用いられるが、男女平等の意識の高まりから近年では使用されなくなる傾向にある)。したがって、代名詞特有の話題は、格・人称・性の違いに基づく用法上の特徴になる。特に、格については主格と目的格の選択、人称については元の指示対象と実際の

指示対象のずれ、性については男女共通の名詞に対する性別の問題などである。

一般に、代名詞は①人称代名詞(personal pronoun: *I, you, he, they*, etc.)、②指示代名詞(demonstrative pronoun: *this, that, these, those*)、③不定代名詞(indefinite pronoun: *one, some, everybody, anything, both*, etc.)、④疑問代名詞 (interrogative pronoun: *who, which, what*, etc.)、⑤関係代名詞(relative pronoun: *that, who, which, what*, etc.)の5種類に分類される。本章では、指示代名詞を除くそれぞれの代名詞のうち、特に説明を要するものの意味と語法について取り上げる。

なお、人称代名詞のうちの所有格と所有代名詞を用いた a friend of mine, one of my friends, my friend の語法(1.16)、疑問代名詞・関係代名詞の who, what と動詞の呼応(1.11)、不定代名詞を用いた any [each, neither, none] of X と動詞の呼応(1.10.9)など、名詞と関連する(あるいは名詞と問題を共有する)話題については第1章で扱う(上記の各節を参照)。

2.2　人称代名詞

2.2.1　「男性または女性」の単数名詞句を受ける they

表1は数・人称・性・格に基づく人称代名詞の語形変化を表したものである。まずは、このうち三人称複数で、性別が特定されない(男性か女性かは不明の)代名詞である they, them, their, etc. について取り上げる(以下、具体例を説明する場合を除いて、これらの語形を they で総称する)。表中の themself は単数形であるが、性についてはこの they と同様の特徴を持つので、三人称複数の欄に含めておく。「男性または女性」を表す典型的な they の例を(2)に挙げる。

(2) a. *Everyone* is free to express *their* own opinion.　　　　(LDOCE[6])
　　　（誰でも自由に意見を述べることができる）

　　b. If *anyone* arrives late *they*'ll have to wait outside.

(OALD[9]: s.v. *gender*)

（遅れて到着した人はみな外で待たなくてはならない）

表1: 人称代名詞の語形変化

数	人称	性	主格	目的格	所有格（決定詞として）	所有格 所有代名詞[1]	再帰代名詞
単数	一人称	—	I	me	my	mine	myself
	二人称	—	you	you	your	yours	yourself
	三人称	男性	he	him	his	his	himself
		女性	she	her	her	hers	herself
		中性	it	it	its	《まれ》its	itself
複数	一人称	—	we	us	our	ours	ourselves
	二人称	—	you	you	your	yours	yourselves
	三人称	—	they	them	their	theirs	themselves
		(男性か女性かは不明)	*they*	*them*	*their*	*theirs*	*themselves*/ ?*themself*

　この種の用法は比較的古く、中英語(Middle English (c. 1100–1500))までさかのぼる(Huddleston and Pullum 2002: 493)。また、OED[2]では初期近代英語(Early Modern English)の1526年からの使用が確認されている。文法書によっては、このような they を「三人称単数の代名詞」と呼ぶことがある。しかし、they の先行詞である名詞句は単数であっても、they を主語とする動詞は複数呼応するので、they 自体は文法上複数であるという点で he や she と異なる。よって、ここではこの they を「単数名詞句を受ける三人称複数形の代名詞」と呼ぶことにする。

　OED[2] (s.v. *they*)によれば、単数名詞句を受ける they は everyone, anybody, no one などの人一般(すべての人)を指す名詞句、または a person などの「男性または女性の人」('he or she')を指す名詞句に対してしばしば用いられる。

　英語では、第三者の性別が分かっている場合、その人が男性であれば he, 女性であれば she を代名詞として用いる。一方、性別を問わない、性別が

---

[1] 所有代名詞(mine, yours, hers, etc.)は主格の人称代名詞(I, you, she, etc.)に対応するものなので、便宜的に各人称の欄に配置してある。実際の使用では特定の名詞句(my house, your eyes, etc.)を受けるので三人称扱い。単数としても複数としても扱われる。

分からない、または、性別を明かしたくない場合、かつては中立的な代名詞として he を用いるのが通例であった。しかし、男女平等の観点から、中立的な代名詞を男性形で代用することへの抵抗が次第に強まり、現在では *Everyone* needs to feel *he* is loved. (誰でも愛されていると感じることが必要である)のような表現は避けられる傾向にある(OALD[9]: s.v. *gender*)。男女を平等に表す方法としては、両性を併記する he or she, she or he, (書きことばで) (s)he, s/he などが用いられることもあるが、これらは語数が多い上、特に繰り返し用いられると不自然(awkward)な印象を与えやすく、(s)he に至っては見苦しい(ugly)とも言われる。また、(s)he, s/he のような形式を主格以外の格に当てはめることはできない。そこで、三人称という点で共通する they がこれらに代わる適当な代名詞として選択されるようになってきた。

単数名詞句を受ける they の特徴をまとめると以下のようになる。

(3) 先行詞の種類
 a. 典型的な先行詞：不定代名詞(everyone, somebody, no one, etc.)、疑問代名詞(who)、関係代名詞(whoever)、総称的[人一般を指す]名詞句(例: a person, a friend, the patient, etc.)
 b. 使用頻度の比較的低い先行詞：総称的でない[人一般を指さない]名詞句

(4) 先行詞を they で受ける2つの要因
 a. 先行詞である単数名詞句が総称的である[すべての人・人一般を表す]
 b. 性別を明示しない[明示できない、明示したくない]

(5) they の語形
 a. 容認度の高い語形：they, their, them (少なくとも話しことばではごく普通。話しことば、書きことばの差なく標準的な例も多い)
 b. 容認度の比較的低い語形：themselves, themself (ただし、容認される傾向にある)

(6) 数の関係
 a. 「their ＋ 名詞」の名詞は常に単数形

b. they を主語とする動詞は常に複数呼応

(3a)で指摘した典型的な先行詞のうち、不定代名詞を用いた先行詞については、(2)の everyone, anyone の例で見た通りである。その他の典型的な例を(7)に示す。これらは、少なくとも話しことばではごく普通の表現とされる。

(7) a. *Who* in *their* right mind would do this?　　　(COCA: 2014, NEWS)
（まっとうな考えの人間なら誰がこんなことをするだろうか(＝誰もしない)）(疑問代名詞)

b. *Whoever* calls, tell *them* I'm not available.　　(Dixon 2005: 21)
（誰が電話してきても不在だと言って下さい）(関係代名詞)

c. When *a friend* upsets you, do you tell *them*?　　(LDOCE[6]: s.v. *they*)
（もし友達があなたを怒らせたら、そのことをその友達に伝えますか）(人一般(友達一般)を指す不定名詞句)

d. *The teacher* is not responsible for the student's success or failure. *They* are only there to help the student learn.　　(COBUILD[8])
（教師は生徒の成否に責任はない。教師はただ生徒の学びを手助けするだけなのだから）(総称の定名詞句)

(4a)の条件にある通り、(7)に挙げた they の先行詞となる単数名詞句は、いずれも文法上は単数でありながら、意味上は「該当するすべての人・人一般」すなわち複数の人を指す。したがって、それを受ける代名詞として複数の they が選択されるのは自然なことである。

不定代名詞の everyone や no one が複数を含意するのは容易に理解できる。しかし、同じ不定代名詞でも someone [somebody] は「誰か1人」の意味で、一見して複数を含意しないにもかかわらず、普通に they で受けることができるのはなぜであろうか。例えば(8)を聞いた人が想起するのは不特定の1人であり、their coat からも複数の人が想起されることはない。

(8) *Someone* has left *their* coat behind.　　(LDOCE[6]: s.v. *they*)
（誰かが上着を忘れていってしまった）

(8)のような場合は、someone [somebody] が「誰か」という不特定の人を指すので、漠然と不定数(複数)の該当者が想起されやすくなるのかもしれない。someone [somebody] が意味上複数で受けることを明示する例は、以下のような付加疑問文でも見られる。(9)のように、everybody, nobody が主語の付加疑問文では常に they が代名詞として選択され、he を用いると誤りとなるが、同様のことが somebody を用いた(10)にも当てはまる。

(9) a. *Everybody* is leaving, aren't *they* [*isn't *he*]?
(Quirk et al. 1985: 771)

（みんな帰ろうとしているのね）

b. *Nobody* is leaving, are *they* [*is *he*]?　　　(Ibid.)

（誰も帰ろうとしないのね）

(10) *Somebody* has called, haven't *they* [*hasn't *he*]?

（誰か電話をしてきましたね）

さらに、someone [somebody]を用いた例の中には総称的に複数を含意するものもある。(11)は veteran (退役軍人)の語義説明である。

(11) A veteran is *someone* who has served in the armed forces of *their* country, especially during a war.　　　(COBUILD⁸: s.v. *veteran*)

（退役軍人は主に戦時中、国の兵役に服していた人を言う）

a veteran は総称的名詞句で、意味上この定義に当てはまる人全員(all veterans)を指しているので、someone に複数の含意が認められる。このような用法も背景にあって、someone [somebody]を受ける代名詞に they が選択されやすいのかもしれない。

以上、(3a)で指摘した、they によって指示される典型的な先行詞の例を見た。次に、(3b)で指摘した、使用頻度の比較的低い先行詞の例について見てみる。

(12) a. *The author of the letter* describes *themselves* as 'a senior government official'.
(Hewings 2013: 120)

(その手紙は差出人が「政府高官」となっている)

 cf. *Who* wants to go through life by *themselves*, without friends?

(Ibid.)

(友達を持たずに1人で人生を過ごしたいなんて誰が思うだろうか)

 b. *A friend of mine* has asked me to go over and help *them* with an assignment. (Huddleston and Pullum 2002: 493)

(友人の1人から私に宿題を手伝いに来て欲しいと頼まれた)

 (12a)では、the author of the letter の性別が不明であるために themselves が用いられている。使用頻度が比較的低いのは、先行詞が特定の個人を指す名詞句だからである(これに加えて、後述するように、再帰形の themselves を用いることもこの文の容認度を下げる原因となっている)。この表現は一部の話者に認められるものの、(12a)の下の cf. に示した疑問代名詞の例ほど自然ではない。themselves は himself or herself とするほうがよい。(12b)も先行詞は特定の個人を指している。この場合、話し手は友人が男性か女性かを知りながら、それをあえて伏せておきたいために them を用いている。them を him or her にすると、堅い印象を与えるだけでなく、話し手が性別を伏せているという意図があからさまになってしまうので、言い換えることはできない。ただ、(12b)のような例はまれである(Huddleston and Pullum 2002)。話し手の意図がより強く働く特異な場面であることがその理由の1つと思われる[2]。

 先行詞が特定的名詞句の場合は、ある個人の存在を前提としているので、定名詞句であれ不定名詞句であれ、they が使用される自由度は下がると考えられる。それでも they の使用がある程度認められるのは、これらが性別不明の「誰か」を指しているからである。(12)の場合、ある個人の行為であることはわかっていても、その人が誰なのかはわからない(名前は特定されていない)。その点でこれらは someone と類似している。

---

 [2] (12b)のような例はまれではあるが、Grice (1989: 26–27)の会話の格率(the conversational maxims)の1つである量の格率(Maxim of Quantity: 必要なことだけを言い、必要以上のことは言うな)の点から考えると、them の選択はこの格率に従った適切な判断と言える。

(5)に示した通り、単数名詞句を受ける they の語形のうち、they, their, them は標準的な用法として次第に容認される傾向にあると言ってよい。一方、これらと比べて、themselves と themself は容認度が低いのが現状である。OALD[9], LDOCE[6] などの辞書類によると、話しことばではごく普通に用いられるものの、依然として誤用とされることが多い。(13)は themselves の例、(14)は themself の例である。

(13) a. There wasn't *anyone* who hadn't enjoyed *themselves*. (OALD[9])
(楽しく過ごせなかった者は1人もいなかった)

b. *Someone* told me they'd actually seen the accident happen *themselves*. (LDOCE[6])
(事故が起きる瞬間を目の前で見たんだと、ある人が私に言った)

(14) a. Does *anyone* here consider *themself* a good cook? (OALD[9])
(ここにいる人たちはみんな料理が上手いと思っているだろうか)

b. *Someone* had apparently locked *themself* in the attic.
(Huddleston and Pullum 2002: 494)
(誰かが屋根裏部屋に閉じこもってしまっていたようだ)

themselves の容認度が低いのは、単数の先行詞に対して複数語尾(-selves)の付いた語を用いることに違和感が容易に生じるからである。一方、themself は単数形ではあるが、実際の使用頻度はまれで、現在のところごく一部で使用されるに留まっている。しかし、これらも話しことばではごく普通という意見があるので、今後 they, their, them の使用範囲がより広まるにつれて、容認されやすくなると予想される(Huddleston and Pullum 2002)。

(6a)に示した、数の関係についての特徴、すなわち、「their ＋ 名詞」の名詞が常に単数形であることについては、(2a), (7a), (8), (11)で見た通りである。(6b)で示した特徴、すなわち、they と動詞が常に複数で一致することについては、(7d), (9), (10) (*The teacher* is ... *They* are ... など)で見た通りである。(6a)と(6b)から言えることは、代名詞の they 自体は複数概念を表すのでそれを受ける動詞は通常通り複数呼応であるが、「their ＋ 名詞」自体は everyone, someone などが単数扱いであるのと同様に単数で

用いられるということである。この場合、「their + 名詞」は単数形でも「複数の人の個々に当てはまる」ことを含意しているので、配分単数として複数の対象を指していると言うことができる（配分単数・配分複数については1.13を参照）。

2.2.2　主格と目的格——目的格は文中のどこに生じるか

　通例、主格 (subjective [nominative] (case)) は主語の位置に来る形式を言い、目的格 (objective (case)) は目的語の位置に生じる形式を言うが、くだけた文体や話しことばでは主格が生じるべきところに目的格が生じることがある。

(15) a. Who wants to go? — *I* do. /《くだけて》 *Me* [**I*].　　(Dixon 2005: 20)
　　　　（誰が行きたいの？　— 僕です）

　　b. Who is there? — It's *I*. /《くだけて》(It's) *me*.
　　　　　　　　　　　　　　　　　　　　　　(Quirk et al. 1985: 337)
　　　　（そこにいるのは誰？　— 僕だよ）

　　c. He is more intelligent than *she* (is) [《くだけて》 *her*].　(Ibid.)
　　　　（彼は彼女より賢い）

　(15a)の場合、返答部分の代名詞は主語位置にあるので、主格(I)が用いられるが、代名詞単独で返答する際は目的格(me)のみが許され、主格を用いることはできない。(15b)のIは主格補語の位置に生じているが、会話などでは目的格(me)が好まれる。(15c)の比較表現の場合、主格(she)のみを用いると堅い表現または不自然な表現となるので、述語動詞を添えて she is とするのが望ましい。この場合もくだけた文体では目的格(her)が好まれる。これは、接続詞であった than が前置詞とみなされるためである。

　(15)のような例に見られる主格と目的格の選択は、文脈や構文的特徴に基づいて個々に説明することができるかもしれないが、次のような一般的な特徴としてまとめることもできる（一部 Quirk et al. (1985: 337)を参考にした）。

(16)　くだけた文体において、代名詞の格は同一節内の定形動詞の前に生じる場合を除き、目的格が選択される傾向がある（ただし、倒置文

の場合を除く)。

(定形動詞(finite verb)：数・人称・時制・法などによって形が定まる動詞またはその形；形に区別のない to 不定詞や -ing 形と対比される)

(16)を言い換えれば、くだけた文体の場合、代名詞の主格が用いられるのは定形動詞の前の位置(＝典型的な主語の位置)に限られる。これ以外の場合は、主格を用いる積極的な理由がない限り、目的格が選択される。なお、代名詞が不定詞(非定形動詞)の前にあって、意味上の主語として機能する場合、代名詞は文体に関わりなく目的格が指定される[3]。(16)は主格と目的格という2つの格の対照に関する特徴なので、他の格(所有格)については考慮の対象外である。

(16)の特徴によって、主格補語に目的格が用いられる理由が説明できる。(15b)のほかにも、例えば、Hello, it's *us* back again. (OALD[9])(やあ、僕たちまた来たよ)や That'll be *them*. (たぶんあれはやつらだ)など、会話では主格補語が使われるべきところで目的格が用いられる例が多い。より複雑な例を It is ... that 節の分裂文で見てみる。主節の補語に代名詞が来る場合、代名詞の格は、that 節内における文法上の機能(主語か目的語か)にかかわらず、目的格が選択されやすい。(17)、(18a)は主節の補語に来る代名詞が主格の例(she)、(18b)–(20)は代名詞が目的格の例(her, me)である。

(17) It was *she* who came. (Quirk et al. 1985: 338)
　　　(彼女だったのですよ、来たのは)

(18) a. ?It was *she* (that) John criticized. (Ibid.)
　　b. ?It was *her* (that) John criticized. <informal> (Ibid.)
　　　(John が批判したのはほかでもない彼女のことだった)

(19) It was *her* that came. <informal> (Ibid.)

(20) It's not *me* who's proud. <informal> (Ibid.)
　　　(得意になっているのは私じゃない)

---

[3] 「不定詞付き対格」(accusative with infinitive)という形。例えば、She helped *him* choose some new clothes. (LDOCE[6])(彼女は彼が新しい服を選ぶのを手伝ってあげた)における him と choose の関係などで見られる。

(17)の焦点の代名詞は、主節とwho節で求められる格が主格で一致しているので、堅い文体での使用においては特に問題はない。(18a)のsheと(18b)のherは、ともに主節とthat節で求められる格が異なるので、不自然であると判断されるが、どちらかと言うとthat節の動詞と一致する目的格(her)のほうがわずかに容認されやすい。また、くだけた文体であれば(16)の特徴も手伝って目的格が選択されやすくなる((18b)のherは定形動詞の前に生じていない)。(16)の特徴は、分裂文の主節の補語(焦点)が従属節の主語に相当する場合にも当てはまり、(19)と(20)に見るように、主節の補語の代名詞としては目的格(her, me)が選択される。なぜなら、これらの代名詞の位置は主節の動詞の前ではないからである。加えて、(20)については、who節の動詞が三人称単数('s)である点も特徴的である。このような三人称単数を用いた動詞の呼応は、一人称単数代名詞(me)だけでなく二人称単数代名詞(you)の場合にも見られる(It's *you* who's to blame. (悪いのは君だ))。

　このように、(17)–(20)は文体上の違いに留意する必要があるので、実際に「...なのは私だ[私ではない]」と言いたい場合は、分裂文の使用を避けて、I'm not the person [one] who did it. (それをやったのは私じゃない)のような表現を用いたほうが無難なこともある。

　(16)の特徴に従えば、定形動詞の前、すなわち主語位置に生じる代名詞には主格が用いられなければならないが、たとえ代名詞がそのような位置にある場合であっても、主語位置の要素と動詞との間に何らかの間接的な関係がある場合は、主格の代わりに目的格が使用されることがある。典型的な例が、(21)や(22)のような、主語が等位接続構造を持つ場合である。代名詞が等位接続構造の一部であることと、代名詞に対して動詞が単数呼応していないことが、代名詞と動詞との結びつきを弱め、両者に間接的な関係をもたらす。また、(21b)と(22b)については、代名詞が動詞と離れた位置にあるという点でも間接的である。

(21) a. Mary and *him* are going abroad for a holiday.

(Quirk et al. 1985: 338)

　　　(Maryと彼は休暇で海外に行く予定だ)

b. *Him* and Mary are going abroad for a holiday.[4]　　　(Ibid.)
（彼と Mary は ...）

(22) a. John and *me* are going skiing this weekend.　　(Swan 2005: 404)
（John と私は今週末スキーに行くんだ）

b. *Me* [**I*] and John went.　　(Dixon 2005: 20)
（私と John が行った）

これらは、(22b) を除いて、主格代名詞で言い換えればより堅い表現となる。(22b) で *I and John が不可なのは、語順の上で第三者 (John) よりも話し手 (I) のほうが優先されていて、丁寧さに欠ける語順となってしまうからである。より堅い文体ではこの点も配慮して John and I としなければならない。くだけた文体ではこのような制約がなく、Me and John も用いられる。

「くだけた文体では等位接続構造内の主格に代わって目的格が用いられる」という傾向に対して、「正式には主格が望ましい」という過剰修正 (hypercorrection) が働いた結果用いられるようになったのが、between you and *I* や for John and *I* など、前置詞の目的語であるにもかかわらず主格の I が用いられる例である（したがって、(16) の例外となる）。これらは、くだけた文体で幅広く用いられる。(23b) のように、動詞の目的語の位置に生じる代名詞でも同様の表現が見られる。I が前置詞や動詞から距離を置いていることも、この変化に影響を与えているようである。

(23) a. Between you and *I*, I think his marriage is in trouble.
　　　　　　　　　　　　　　　　　　　　　(Swan 2005: 404)
（ここだけの話だが、彼は結婚のことで困っているみたいだ）

b. He says he saw John and *I* last night.　　(Quirk et al. 1985: 338)
（彼は昨夜 John と私を見たと言っている）

---

[4] Mary and he [*He* and Mary] are ... に類する表現を COCA と BNC で検索したところ、小説 (FIC) での使用が特に多かった（検索文字列は [np*] and he/she are/were および he/she and [np*] are/were に限定；[np*] は固有名詞）。

2.2.3 we と人称——we は誰を指すのか

人称は、「話し手」「聞き手」「話し手でも聞き手でもない人」の区別を示す文法範疇である。それぞれを一人称、二人称、三人称と呼び、表1 (p. 193) の通り、各人称に相当する単数・複数の代名詞がある。一人称単数の I は話し手を指すが、一人称複数の we は話し手を複数指しているわけではない。もちろん、we は「I の複数形」と定義できるが、"we ＝ I ＋ I ＋ ..." ではない。通例、we を発話する人は 1 人である (複数の人が同じ聞き手に向かって一斉に同じ発話をする場合は除く)。したがって、we は「話し手 (I) とその他の人を合わせた複数の人」(the speaker and one or more people in a group) を指す。「その他の人」とは「話し手以外の人」であるから、we の解釈の可能性は 2 通り、すなわち、「話し手 (I) ＋聞き手 (you) を含むその他の人」と「話し手 (I) ＋聞き手 (you) を含まないその他の人」になる。

聞き手を含む場合の we を「包括の we」(inclusive 'we')、含まない場合の we を「排除の we」(exclusive 'we') と呼ぶ。この違いは代名詞の語形からは区別できないので、文脈に基づいて判断することになる。(24) が包括の we (＝we_incl)、(25) が排除の we (＝we_excl) の例である。

(24) a. Let's_incl have a nice little stroll, shall we_incl?　　　(COBUILD[8])
 　　　　(少し散歩でもしましょうか)

 b. If you are ready, we_incl can get started.　　　(MWALED)
 　　　　(準備でき次第始めましょう)

(25) a. Let us_excl know where we_excl should meet you.　　　(MWALED)
 　　　　(どこで会ったらいいのか私たちに教えて下さい)

 b. Excuse us_excl.
 　　　　([同伴者とともに席を立つ時に]ちょっと失礼します; [通路をふさいでいる人に向かって]ちょっと (私たちを) 通して下さい)

(24a) の let's と (25a) の let us は類似した表現だが、その指示の違いは明確である。また、(25b) は慣用表現で、包括の we としての解釈はありえない。もし、同伴者とともに席を立つ [通路を通り抜ける] 時に Excuse me. と単数形で言うと、同伴者が除かれることになり、同伴者が無礼者というこ

とにもなりかねない。

　we は話し手(I)と聞き手(you)とその他の人(例えば Mary)をまとめて指すことのできる人称代名詞である。同じ複数でもこれを二人称の you や三人称の they でまとめて指すことはできない。なぜなら、人称というのは話し手を基準にした直示性(ダイクシス(deixis))に基づいているからである。すなわち、発話の場面における話し手、聞き手、その他の人の関係は、話し手を基準に示される。したがって、「話し手とその他の人を合わせた複数の人」を指す代名詞としては、一人称の代名詞が優先的にあてられることになる (Huddleston and Pullum 2002: 1466)。

2.2.4　we の特別用法——文字通りの意味からのずれ

　we は「話し手＋その他の人」を指す代名詞である。しかし、we はこの文字通りの指示を介して、実際には話し手のみを指したり、聞き手を指したり、話し手でも聞き手でもない人を指したりすることもある。直接的な文字通りの指示と、実際に使用される真の指示との間にずれが生じている場合、そこには話し手による何らかの意図が働いている。文字通りの意味からのずれと話し手の意図について、7 種類の例を取り上げて解説する。1 つ目は「主筆の we」である。

(26) 主筆の we (the editorial 'we')

　　a. As *we* have seen in Part I of this study ...　(COCA: 2000, ACAD)
　　　（本論文の第 1 部で見たように ...）
　　　文字通りの指示：1 人の著者(I)＋読者(you)
　　　真の指示：1 人の著者(I)＋読者(you)
　　　著者の意図：読者の取り込み；丁寧さ・親密さ

　　b. In the next chapter *we* will describe the methodology used.
　　　　　　　　　　　　　　　　　　(Huddleston and Pullum 2002: 1467)
　　　（次章では採用した分析方法について詳述する）
　　　文字通りの指示：1 人の著者(I)＋読者(you)
　　　真の指示：1 人の著者(I)

著者の意図: 読者の取り込み；丁寧さ・親密さ・謙虚さ・客観性

　主筆の we は、本来は 1 人の著者[編集者・講演者]が、読者[他の編集部員・聴衆]と共同して議論を進める姿勢を示すための用法である。(26a)はそれまでの議論を振り返っての記述である。文脈上、著者と読者はともにその議論を共有してきたことになり、文中の we は包括の we と解釈できる。一歩進んで、著者はその議論を読者との共同作業と見立て、読者を著者側に取り込み、読者との連帯感を示そうという意図も汲みとれる。このような読者への配慮は著者の丁寧な態度や親密さの表れでもある。この例における we を you で言い換えることはできない。なぜなら、you を用いると読者だけが前述の議論を見てきたような記述になり、読者を著者側に取り込む意図を表すことができないからである。また、you を用いると書きことばに適さないくだけた文になってしまい、ぞんざいな印象を与えるおそれもある。

　(26b)の場合、「方法を記述する」(describe the methodology)のは実際のところ著者 1 人の行為であるので、行為者として読者が含まれないのは明らかである。それにもかかわらず I ではなく we を用いるのは、(26a)と同様の「読者の取り込み」・丁寧さ・親密さを表明したいという意図があるからである。さらに、読者を取り込み、主語を we にすれば、自己主張的・主観的な印象を与えがちな I と違って、より謙虚で客観的な印象を与えることができる。

　上記の 2 例の we を用語上「主筆の we」(the editorial 'we')と呼ぶかどうかは文法書や辞典類によって異なる。Quirk et al. (1985: 350)では、(26a)のような用法を the 'inclusive authorial *we*' (包括的な著者の we)と呼び、読者の取り込みや親密さがその特徴であると言う(よって、we は読者を含む)。その一方で、(26b)については the so-called 'editorial *we*' (いわゆる主筆の we)と呼び、著者が自己主張的・主観的な I の使用を回避するための用法として前者と区別する(よって、we は読者を含まない)。他の辞典類の中には (26b)を the authorial 'we' (著者の we)と呼ぶものもある。また、Huddleston and Pullum (2002: 1467) は(26a)と(26b)のどちらの用法も the authorial 'we' と呼ぶ。なぜなら、どちらの用法も読者の取り込みや客観性など、著者の意図が関わると判断できるからである。

　実際のところ、読者が上記2例の we を用法上区別しながら読んでいるとは考えにくい。したがって、本書も Huddleston and Pullum (2002: 1467) と同様の立場をとり、これらを同じタイプの we の用法とみなす。ただし、用語上はより一般的な「主筆の we」(the editorial 'we')を用いることにする。

　主筆の we は一定の効果のある用法ではあるものの、学問の分野によっては、(26b)のような実質的に1人の著者を指す用法は避けられる傾向にある。例えば、多くの学術誌で参考にされる APA (米心理学会)の論文執筆マニュアル (*Publication Manual of the American Psychological Association*, 6th ed.: 69)では、主筆の we は指示対象をあいまいにするおそれがあるので、使用を避けるべきであると注意を促している。加えて、we は共著の場合についてのみ使用し(つまり排除の we として使用し)、単著の場合は I を使用することとしている。

　we の特別用法の2つ目は「修辞の we」である。人一般(people in general)を指す総称用法の we の一種と言えるが、特に、国民・国家・社会組織などを指して用いられる。(27)では、話し手も聞き手も実際に月面を歩いているわけではない。しかし、人類の一員として宇宙飛行士と同一化し、その行為を人類の行為ととらえている。

(27) 修辞の we (the rhetorical 'we')

　　　A century ago many parts of the world had not been explored yet. Now *we* are walking on the moon.　　　(Declerck 1991: 265)
　　　(100年前、世界には未開の地が数多くあった。今や私たちは月面を歩いている)

　　　文字通りの指示：話し手(I)＋聞き手(you)

　　　真の指示：人間社会または人類(the human race)

　　　話し手の意図：「話し手と聞き手は当事者と同じ人間社会[人類]の構成員である」という見立て(拡大解釈)

3つ目は「親身の we」である。話し手と聞き手の間には社会的上下関係が存在するので、話し手が聞き手の立場に合わせることで配慮を示す効果を期待して使用される。ただし、(28a)は話し手と聞き手の立場の違いから、患者を見下しているかのような否定的解釈を受けるおそれもある。一方、(28b)に見る教師と生徒の会話ではそのような否定的解釈は受けにくいようである。

(28) 親身の we (the paternal 'we')
 a. How are *we* feeling?
  ([医師が患者に向かって]ご気分はいかがですか)
  文字通りの指示：医師(I)＋患者(you)
  真の指示：患者(you)
  話し手の意図：患者の立場に立ってともに病気に取り組もうとする姿勢
 b. Now then, let*'s* have a look at that project, shall *we*?
            (Quirk et al. 1985: 350)
  ([教師が生徒に向かって]さて、その研究課題を見てみようか)
  文字通りの指示：教師(I)＋生徒(you)
  真の指示：生徒(you) (Now then, let me have a look at that project, will you?)
  話し手の意図：生徒の立場に立ってともに課題に取り組もうとする姿勢

以下も親身の we の例である。(29a)の let's によって示される行為(ベッドに寝ること)を実際に行うのは聞き手(患者)だけである。医師は患者とともにその行為に関わる姿勢を示すことで患者の行為を促している。(29b)の don't let's の場合も、「ばかなことをやめる」のは子供(Violet)自身だが、母親は「一緒にやめましょう」と誘うことで子供の行動を制止しようとしている(この物語では結局制止できなかったのだが)。子供の身勝手な言動をたしなめるべき場面で let's を用いると、親が子供を甘やかしているという印象を与える(安井 2013: 112–113)。また、それぞれの例の和訳からわかるよう

に、日本語の「...しましょう」にも英語の let's と同じ親身の意図が含まれている。

(29) a. *Let's* just hop up on the couch and have a look at you, eh?

(Huddleston and Pullum 2002: 1467)

　　　（ベッドに寝てみて、ちょっと診てみましょうか）

b. "Now Violet," said Mrs. Beauregarde, her mother, "don't *let's* do anything silly, Violet."

(Roald Dahl, *Charlie and the Chocolate Factory*;「　」内は安井(2013)訳)

（「さあ、バイオレットちゃん、ばかなことはやめておきましょうね」と母親の Beauregarde 夫人は言った）

　4つ目は、皮肉・冗談など(mockery)を込めて、we が第三者を指す例である。この場合の第三者は、話し手と聞き手にとって立場上敬意を払うべき人で、上司・患者などがその典型である。例えば、上司が会話の場にいないのをいいことに、秘書の1人が上司のことばを借りるかのように（上司と秘書たちが同じ会話の場にいるかのように）同僚と冗談を交わすのに用いられる。また、(30a)では上司の尊大さ、(30b)では患者の態度の悪さが示唆されることもある。

(30) 第三者に対する皮肉・冗談を込めた we

a. *We*'re in a bad mood today.

（［秘書同士が同じ上司を話題にして］今日は機嫌が悪いのだ）

b. *We*'re not well today.

（［看護師同士で、ある患者の容体を話題にして］今日は気分が悪いのだ）

　　文字通りの指示：秘書［看護師］(I)＋秘書［看護師］(you)＋上司［患者］(he/she)

　　真の指示：上司［患者］(he/she)

　　話し手の意図：皮肉・冗談・(時に)上司［患者］の尊大さを示唆

　次も皮肉・冗談を込めた we であるが、その対象が第三者ではなく、親子や友人同士に向けられている点が(30)と異なるので、特別用法の5つ目

として挙げておく。話し手である親[友人]は、聞き手である子供[友人]と親しい間柄であるのをいいことに、その場で直接子供[友人]に we を用いて皮肉・冗談を言う。この点は第三者(上司など)への皮肉・冗談が第三者不在の場で間接的に行われるのと対照的である。また、(31)の構図は親身の we と似ているが、親子[友人]の間には親密さと同時に無遠慮も許されるために、聞き手に対しては気遣いのことばではなく、皮肉・冗談として向けられることになる。

(31) 聞き手に対する皮肉・冗談を込めた we

Oh dear, *we* are a bit cranky this morning, aren't *we*?

(Huddleston and Pullum 2002: 1467)

(おやおや、今朝はちょっぴりご機嫌斜めだね)

文字通りの指示：親[友人](I)＋子[友人](you)
真の指示：子(you)
話し手の意図：皮肉・冗談

(30)と(31)に共通するのは、対象となる人の一時的な言動・状態を受けて皮肉や冗談を表す点である。(30)では第三者が、(31)では聞き手が怒っている時などが典型的であるが、それ以外の言動・状態についても、皮肉を込めることのできる文脈であれば用いることができる(例えば *We're being so kind, aren't we*? (今日はやけに親切にしてくれるんだね)など)。

6つ目は「君主の we」で、実際には話し手(君主)のみを指す。一説によれば、この we はかつて「君主とその助言者」を指したが、君主が自分自身を指すスタイルとして確立した結果、威厳のある表現とみなされるようになった。we は聞き手である国民を含まないので、排除の we の一種である。ただし、現在では用いられなくなっている[5]。

---

[5] 君主の we の例でしばしば引用されるのが、Victoria 女王の発言と伝えられる "We are not amused." ([下品な話を聞かされて]面白い話ではない)である。現代では時に冗談として言われることがある(*Oxford Guide to British and American Culture*)。

(32) 君主の we (the royal 'we')

　　"*We* welcome you," said the queen to the visitors.　　　　(MWALED)

　　(「お迎えできてうれしく思います」と女王は訪問者に述べた)

　　文字通りの指示：(かつては)女王(I)＋女王の助言者(my advisors)

　　真の指示：女王(I)

　　話し手の意図：公的な存在であることを表す

　最後は、子供や友人同士のくだけた会話で me の代わりに us が用いられる例である。典型的には Lend [Give] us... のように、聞き手に何かを依頼する場面で用いられる。指示を間接的にすることによって、話し手の依頼の態度を弱め、聞き手に依頼を受け入れてもらいやすい雰囲気を作るのが目的である。

(33) 《英・くだけて》話し手(me)を指す間接目的語の us

　a. Lend *us* a quid.

　　(1ポンド貸してくれ)

　b. Give *us* the newspaper, will you?　　　　(OALD[9])

　　(新聞をくれないかい)

　　文字通りの指示：依頼者(me)＋(漠然と)誰か

　　真の指示：依頼者(me)

　　話し手の意図：要求の気持ちを和らげる

　(33)の場合、話し手は us によって漠然と複数の人を指しているだけで、話し手以外に具体的な人を念頭に置いているわけではない。この us は指示対象を複数にすることによって、真の対象である話し手に向けられた指示をぼかし、話し手による自己主張的な要求を和らげるための用法とみなすことができる。

　(26)–(33)の we について、2つの指示(文字通りの指示、真の指示)、会話の場、話し手の意図の観点から人称指示の関係を図で表すと以下のようになる。

2.2 人称代名詞

[1]　the editorial 'we'（典型的な例：(26b)）

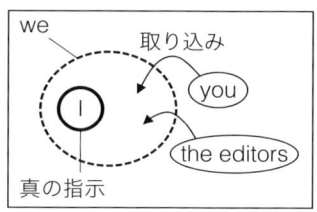

In the next chapter we will describe...

〈読者を著者側へ取り込む〉
　→丁寧さ・親密さ

〈他の編集部員を著者側へ取り込む〉
　→（上記に加えて）謙虚さ・客観性

会話の場（I = the author; you = the reader）

[2]　the rhetorical 'we'（典型的な例：(27)）

Now we are walking on the moon.

〈we = astronauts = the human race〉
　→同化による指示の拡張

会話の場
（I = the speaker; you = the hearer）

真の指示（the human race）

[3]　the paternal 'we'（典型的な例：(28a)）

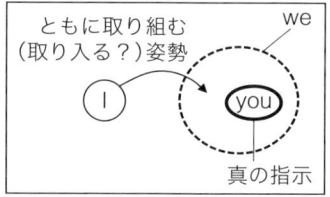

How are we feeling?

〈医師が患者の領域に入り込む〉
　→寄り添う姿勢
　→取り入る姿勢（見下し）と解釈されるおそれ

会話の場（I = the doctor; you = the patient）

[4]　第三者に対する皮肉・冗談を込めた we（典型的な例：(30a)）

We're in a bad mood today.

〈会話の場を借りて第三者との臨場感を出す〉
　→上司に対する皮肉・冗談

会話の場
（I = Secretary A; you = Secretary B）

[5]　聞き手に対する皮肉・冗談を込めた we（典型的な例：(31)）

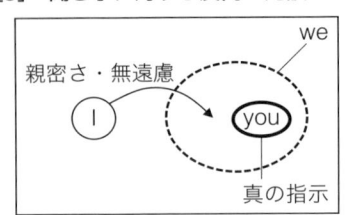

Oh dear, <u>we</u> are a bit cranky this morning, aren't <u>we</u>?

〈子供の領域に親が入り込む〉
　→親しみを込めた皮肉・冗談

会話の場（I = the parent; you = the child）

[6]　the royal 'we'（典型的な例：(32)）

<u>We</u> welcome you.

〈I と we が同化〉
　→公的な唯一の存在
　　→威厳

会話の場（I = the queen; you = the visitors）

[7]　話し手（me）を指す間接目的語の us（典型的な例：(33)）

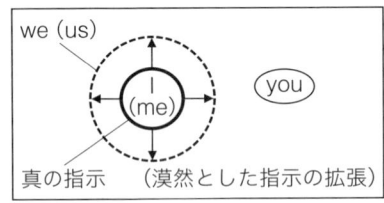

Lend <u>us</u> a quid.

〈I が we に漠然と拡張〉
　→指示のぼかし

会話の場（《informal》I = Friend A; you = Friend B）

図1：we の特別用法における指示のずれ

　以上、we が文字通りの指示と異なる指示を持つ7種類の例を見た。これを踏まえて、we の特別用法における指示の仕組みについて考えてみる。基本的に、we は「話し手＋その他の人」を指す代名詞なので、最大で I, you, and one or other people までの人を同時に含む。これが文字通りの指示である。特別用法の指示とは、その中から一部の人称(例えば I)に焦点を当てたり、(修辞の we のように)文字通り指示された we よりも広い範囲の

(総称の)we を指したりするという意味で間接的な人称指示である。なぜこのような間接的な人称指示が可能かと言えば、それは「全体によって部分を示唆する」あるいは「部分によって全体を示唆する」という、隣接性を介したメトニミーという認識の仕組みが働くからである。上記7種類の間接的指示はメトニミーが必要条件として働き、それに基づいて再解釈が行われた事例ということになる。

その再解釈を動機づけるのが話し手の意図である。上記の間接的指示に共通する話し手の意図を一言で言えば、丁寧な態度で自分の意思を相手に伝えるということである。会話の場において、話し手が丁寧な態度で意図を伝える1つの方法は、たとえ話し手の立場が聞き手よりも上位であっても、聞き手の立場を尊重することである(例えば医師と患者の会話などで)。そこで、話し手はそれを達成するための適切な代名詞として we を選択するのである。そもそも、(包括の)we には聞き手との連帯感・親近感や謙遜などの含意があるので、聞き手を尊重する態度を保った上で特定の人称を指すのに適している。一般に、会話では丁寧さが求められる場面が多いので、we を間接的指示に用いることはしばしば有効な表現手段となる。

ただし、図1からもわかるように、会話の場において話し手・聞き手の社会的地位や人間関係が影響するような場合(親身の we や第三者について皮肉・冗談を言う we など)には、文脈を見極めた上で解釈または使用する必要がある。

2.2.5　総称用法の人称代名詞——we, you, they

人称代名詞の複数(we, you, they)は、いずれも総称的意味すなわち「人一般」(people in general)を表すことができる。ただし、人称代名詞の持つ総称的意味はそれぞれ元の人称の意味と関係しているので、一言で「人一般」と言ってもこれらの中身は異なる。

(34) *We* must learn to forgive those who hurt *us*.　　　　(MWALED)
　　 (人は自分を傷つけた者を許すことを学ばなければならない)

(35) If *you* smoke too much, *you* may harm *your* lungs.　　　(Ibid.)

(タバコを吸い過ぎると肺を痛めるでしょう)

(36) a. You know what *they* say: you only live once. (Ibid.)

(よく言うじゃないか。「人生は一度きり」ってね)

b. *They* say it's going to snow today. (Quirk et al. 1985: 353)

([天気予報では]今日は雪になるらしい)

総称の we は包括の we の一種で、話し手と聞き手を含めた人一般を指す。we の指示範囲は広く、話し手を含む社会一般から全人類まで指すことができる(例えば、Now *we* are walking on the moon. (=(27))の we は「全人類」を含意する)。

総称の you は one のくだけた表現なので、one と同様に単数で、「あらゆる個人(anyone)に当てはまる」という意味での人一般を指す。したがって、(37b)のように、再帰代名詞も単数形で表される(実際には yourselves でも同様の意味を表すことができるが、その場合の you は漠然と複数の聞き手(読者)を指している)。

(37) a. *You* [*One*] can usually find people who speak English in Sweden.

(Swan 2005: 371)

(スウェーデンで英語を話す人を見つけることはたいてい誰にでもできる)

b. If *you* haven't been able to get the vaccine, what can *you* do to protect *yourself*? (COCA: 2003, MAG)

(まだ予防接種を受けていないとすれば、体を守るには何ができると思いますか)

総称の you が「あらゆる個人に当てはまる」ということは、聞き手にも話し手にも当てはまることなので、総称の you は結果的には総称の we と同じ「人一般」を指すことになる。実際、(34)の we, us を you に、(35)の you, your を we, our に代えても内容は変わらない。we との用法上の違いを1つ挙げるとすれば、you は one と同様に単数なので、集団としての人一般を記述することはできない。

(38) *We* [**You] as a group, as a human race, sometimes do that.

(COCA: 2015, SPOK)

（集団として、人類として、時に人はそうするものである）

総称の you は聞き手を意識した発話であるという点で元の人称の意味と結びついている。you を用いて述べられる一般論は、聞き手の人生や日常生活の経験と照らし合わせて、聞き手自身にもよくあること［今後十分起こりうること］であることを示唆している。

また、総称の you によって述べられることは主観的な、話し手の経験に基づく一般論であることが多い。場合によっては、話し手がある出来事を経験した時に、話し手を含めてその場に居合わせた人々全員に当てはまると思われたことを、話し手が一般論として述べることもある。

(39) a. This wine makes *you* feel drowsy, doesn't it?

(Quirk et al. 1985: 354)

（このワインは眠気を誘いますね）

b. *You* couldn't hear *yourself* talk, it was so noisy.

(Huddleston and Pullum 2002: 1468)

（自分の話し声も聞こえなかったんだ。本当にうるさかったよ）

(39a) では、話し手と聞き手が感じたと思われるワインの印象を話し手が一般化して述べている。(39b) では、話し手は「あそこにいた人なら誰であれ、自分の話す声が聞き取れないほどうるさかったと思いますよ」と、その時の状況を一般化しながら述べている。(39b) の聞き手はこの経験をしていなくても、you が聞き手を含意するので「あなたを含めて誰であれ」という解釈が成立し、聞き手は話し手による一般論の中に取り込まれることになる。このように、総称の you は話し手の推論に任せた発話になりやすいという特徴を持つ。

(39) の例は話し手と聞き手、または、話し手とその他の人が経験したことに基づいて一般化が行われる例であるが、この発展形と言える、話し手個人の体験を you で語る例については 2.2.6 で詳しく述べる。

総称の you を用いた質問に対しては、返答においても you を用いる。(40)の質問者は、相手がどうやって San Francisco に行くのかを聞いているのではなく、一般的な行き方を聞いている。したがって、返答にも総称の you が用いられる(返答の1番目の you は質問者を指すという解釈もできるが、2番目の you は明らかに総称である)。以下の返答にある you を I にすると、返答者は質問を誤解していることになる。

(40) "How do *you* get from here to San Francisco?" "If *you* [*I] want the best route, *you* [*I] take 280. (Bolinger 1979: 207)
(「ここから San Francisco にはどうやって行きますか」「最善のルートで行きたいのなら、280号線を取りますね」)

総称の they も you と同様にくだけた表現である。they は話し手と聞き手を含まない人一般を指す。この場合、その指示対象は先行発話から特定されるのではなく、文脈から推測される。総称の they は話し手と聞き手を含まない漠然とした存在を示すことから、they の実体は話し手と聞き手にとって何らかの影響力を持った集団、社会、組織であることが多い。具体的には隣人、世間、マスメディア、政府機関などが当てはまる。(36a)の they は世間、(36b)の they は気象関係者を指す。これらは話し手と聞き手から心理的に距離が置かれやすいので、時に非難の対象となることもある。

(41) I see *they*'re raising the bus fares again. Whatever will *they* be doing next? (Quirk et al. 1985: 354)
(またバスの運賃を値上げするようだ。その次はいったいどうするつもりなんだ)

2.2.6　総称の you の応用——you が話し手自身を指す場合

(39)に関して述べたように、総称の you は話し手の体験に基づく一般論を述べるのに用いられることが多い。一方、一般論というよりは、話し手の個人的体験や考えそのものを語る際に、話し手自身を指して you が用いられることがある。(42)の you はいずれも話し手自身を指すと解釈できる。

(42) a. It wasn't a bad life. *You* got up at seven, had breakfast, went for a walk ... (Quirk et al. 1985: 354)
(悪くない生活だったよ。7時に起きて、食事して、散歩に出かけて ...)

b. "*You* work like a dog. *You* try to make a nice life for *yourself*. And where does it get *you*?" (パルバース 2001: 21 (上杉隼人(訳)))
([電話口で友人に愚痴を言う場面で]犬みたいに働いてさ。自分のためにいい生活を築こうとする。でも、それでいったい何が得られるっていうんだ?)

　自分の体験や考えを語る際に自分を指す you は、総称の you の一種である。(42)では、話し手の体験を聞き手に抵抗なく受け入れてもらうために、総称の you によって体験を一般化して述べていると考えることができる。(42a)であれば、「7時に起きたり散歩したりすること」は「悪くない生活」によくある行動であり、(42b)であれば、「犬みたいに働くこと」は「いい生活」を築くために誰もが行う(と想像できる)ことである、という一般化が行われている。通例、個人的意見よりも一般論のほうが、また、話し手の立場よりも聞き手の立場を尊重した発話のほうが聞き手にとっては受容しやすい。例えば日本語でも、人に映画をすすめる際、「映画を見るべきだ」と単に自己主張するより、「映画っていいものですよね」と一般化して聞き手に判断を委ねたほうが、聞き手にとっては抵抗が少ない。そこで、話し手は自分の体験や考えを伝える有効な手段として you を用いるのである。

　(42)に見る体験の一般化は、話し手の経験に基づく、主観的な推論による一般化になる。したがって、通常の客観的な一般論に比べて客観性は低くなる。話し手が意図する一般論の世界は、話し手を含む(場合によっては話し手だけの)狭い世界に限定されるが、その中に聞き手をさりげなく誘い込むと同時に、聞き手の視点から話し手の世界を一緒に見る姿勢を作り上げる。そして、「ほら、あなたも含めて皆そういうものなのです」と示唆することによって、話し手は自分の体験や考えに説得力を与えようとする。ここには、聞き手に配慮しつつ同意を求める話し手の意図が込められている。話し手による体験の一般化を図で表せば以下のようになる。

話し手の経験に基づく主観的な一般化の範囲（典型的な例：(42b)）

（「狭い総称の you」）

聞き手を話し手の世界に誘い込む

You work like a dog.

真の指示

通常の（客観的な）一般論の範囲
（総称の you）

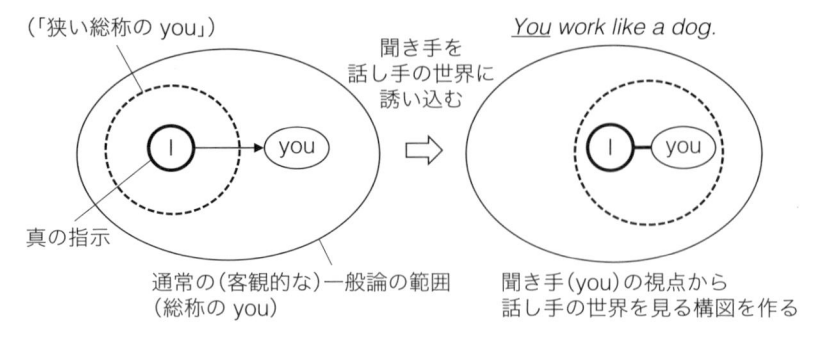

聞き手（you）の視点から話し手の世界を見る構図を作る

図 2： 話し手自身を指す you

　自分の体験や考えを聞き手に受け入れてもらうためには、話し手が謙虚さや丁寧な態度を示すことが望ましい。総称の you は元の人称の意味（聞き手）と結びついているので、話し手は you を用いることによって代名詞 I による自己主張的な印象を回避し、聞き手の立場に立った謙虚な姿勢などを示すことができる（このような効果は「主筆の we」でも見られた）。

　このような you はくだけた会話でしばしば用いられる。実際の発話では、以下の 2 例のように、1 回の発話の中に話し手を表す I［we］と you が同時に用いられたりすることもある。(43a) は女優（Jodie Foster）が、(43b) ではイギリス人の生徒がそれぞれ自分の体験や考えを話している場面である。

(43) a. Jodie Foster が、インタビュアーから「自分の映画が公開された後は二度とその映画を見ない」のはなぜかと質問された時の回答

　　　Foster: *I* don't know. *I* guess it's a moment that's passed, and *you*'ve lived it so much and so intensely, but *you* just don't want to go back there again. There's part of *you* that just doesn't want to go back there again. And *you* do feel self-conscious about it, because *you* have seen it either so many times or *you*'ve lived it so many times, *you*'ve talked about it so many times, *you* just are not ready to live through it again.

(*English Journal*, May 2003: 24（訳共））

（わかりません。過去のことだからだと思います。つまり、とても熱心に、集中してその時を過ごしたのですが、でもただその場所には二度と戻りたくないのです。自分の中にそこに戻りたくない部分があるのです。そして、そのことでとても気まずい気持ちにもなるものなんですよ。なぜなら、あまりに何度もそれを見たか、あまりに何度も体験し、あまりに何度もそれについて語ったから、もう一度同じことをやろうという気にはなれないんです(傍点部筆者)）

b. What kind of extracurricular activities do you do at school? (学校ではどんな課外活動がありますか) という質問を受けた時の、女子生徒の回答

Well, *you* go to, like, loads of, like, lectures and conferences with the school. So *I* went not long ago, like, a month ago, with a, to a politics conference at Westminster. And *you* got to meet actual MPs, like David Blunkett and the Lord Speaker, which was a really good experience 'cause *you* actually get to be intimate with someone who is current in the, *our* actual Parliament so *we* get to learn about *our* democracy and a lot about politics.

(*English Journal*, May 2011: 46（訳共））

（学校で講演会や会議にたくさん参加します。私も、最近、1か月くらい前に、国会議事堂に議会を見に行きました。そこで、David Blunkett 議員などの、本物の下院議員や、上院議長に会うことができて、とてもよい経験でした。実際に現職の国会議員と親しくなれたし、私たちの民主主義についてや、政治について多くのことを学べたので）

(43a) 前半の *you*'ve lived it so much and so intensely, but *you* just don't want to go back there again は明らかに聞き手ではなく話し手自身の体験や感想を述べている部分である。この場合、話し手が自らの経験から推論される主観的な一般論、すなわち、「自分に限らず映画俳優なら誰でもそうなるもので、聞き手であるあなたにも十分想像できることです」ということを述べて、自分と聞き手を同化させ、自分の考えに説得力を与えようとしていると考えれば、なぜ I ではなく you が用いられるかが理解できる(同例

中のその他の you についても同様)。you do feel self-conscious about it の和訳が「そのことでとても気まずい気持ちにもなるものなんですよ」となるのも、「当然(皆)そういうもの」という一般論の意味を反映させた結果である。これに対し、冒頭の I don't know と I guess は発話時の自分の判断や推測をそのまま述べているだけなので、一般論になりえない。このように、同じ発話の中でも you と I は話し手の意図によって使い分けられている。

　(43b)の you は実際には I (女子生徒)または we (女子生徒とその学校の生徒(排除の we))と解釈できるが、いずれにせよ話し手(生徒たち)自身の体験を述べている。そして、「私たちの学校の生徒ならば皆そのような体験をします」という意味での一般化が行われている。ここでも I went not long ago については、一般性(習慣性)を伴わない個人の行動を述べているので、you を用いない理由が理解できる。なお、この例の後半では、話し手が you から we に代わっている (*you* actually get to be intimate . . . so *we* get to learn)。この場合は話し手が、体験に基づく一般論から通常の we (排除の we)に切り替えて説明を行っていると見ることができる[6]。

　自分の考えを伝える場合、聞き手に受け入れてもらいたいのであれば、自己主張的な印象を与えかねない I の使用はなるべく避けたい。このような場合、総称的指示を持つ we, you を用いれば、聞き手を取り込んだり、聞き手の心に寄り添ったり、聞き手の視点からともに眺める姿勢を示したりすることで聞き手との衝突を回避することができる。we, you はともに文字通りの意味に基づいて、聞き手との社会的な関係を背景とする会話の場で、その意味がふくらんだり、ずらされたりして、話し手の意図する真の意味へと形を変える。その意味のふくらみやずれの中に話し手の心の動きがある。

　we の特別用法の解説で見たように、we には状況によって軽蔑・皮肉・冗談などの否定的解釈を受ける場合がある。また、we には排除の we

---

[6] 総称の you の堅い表現に相当する one もイギリス英語では話し手を指すことがあるが、上流階級(upper-class)の表現とされるので、one を使用すると気取った感じを与える: *One* suddenly realised that *one* was being followed. (Huddleston and Pullum 2002: 427) (つけられているのに突然気付いたんだ)

(exclusive 'we')もあるので、聞き手との関係によっては総称の we を意図したにもかかわらず、こういった別の意味で受け取られる可能性もある。これに対し、you は比較的くだけた文体で用いられることを除けば、聞き手への配慮を維持したまま自分の考えや経験を伝えるにあたって、誤解を与えるおそれの少ない表現であると言える。

2.3　one の用法――数詞と不定代名詞

2.3.1　one の分類

one は用法上次の 4 種に分けることができる。

(44) a. 数詞
　　　b. 名詞句(NP)の代用形
　　　c. 名詞(N)の代用形
　　　d. 総称の人称代名詞

(44a)の数詞には名詞的用法(*one*, *two*, *three*,...)と形容詞的用法(*one* student)があるが、ここでは名詞的用法のみ扱う。(44b)と(44c)はともに代用形(pro-form)である点で共通するが、文法上の違いがあるので区別する[7]。「不定代名詞」に属するのは数詞を除いた(44b)–(44d)であるが、これらは何らかの形で数詞の one の持つ「1」の意味を含んでいる。また、数詞の one は語法上名詞句の代用形(=(44b))とも関連する部分があるので、以下では(44a)–(44c)の 3 種の one に注目して解説する。2.3.2 では数詞の one を取り上げ、2.3.3 以降で 2 種類の代用形の one について解説する。総称の one については、2.3.4 後半に示した各種の one の分類表(表 2(p. 229))の中で扱

---

[7] 代用形の one は、伝統文法(Sweet, Jespersen など)の用語を用いて「支柱語の one」(prop-word 'one')とも言われる。形容詞(相当語句)などとともに用いられて、one に主要部名詞の機能を持たせているからである。代用形の one にはそのような名詞(N)の代用をするほかに、修飾語句を伴わず単独で名詞句(NP)の代用をする場合もある。詳細は 2.3.3 以降を参照。

う(総称の one の用例と特徴については 2.2.5 と 2.2.6(脚注)を参照)。

2.3.2　数詞(名詞的用法)の one

　数詞の one には純粋に「1」という数を表す場合と、代名詞的に「1 つのもの」「1 人」を指して用いられる場合がある。(45)が前者の例、(46)と(47)が後者の例である。

(45) *One* plus *one* equals two. (1 足す 1 は 2) / a string of *ones* and zeros (COCA: 1998, MAG) ((二進数の)1 と 0 の連鎖) / in *ones* and twos (1 つ 2 つと；ぽつりぽつりと)

(46) Do you want *one* or two? (OALD⁹) (欲しいのは 1 つですか 2 つですか) / Buy *one*, get *one* free. (＝BOGOF) (1 個お買い上げでもう 1 個無料サービスいたします)

(47) a. More than *one* in three women is living with cardiovascular disease, ...　　　　　　　　　　　　　　(COCA: 2014, NEWS)
(3 人に 1 人以上の女性が心臓血管系の病気を持ちながら生活している)
b. *One* of my friends lives in Brighton.　　(OALD⁹ (数詞の用例))
(友人の 1 人はブライトンに住んでいます)

　(45)の例には複数形の ones もあるが、これらは 1 が複数加算されたものではなく、1 の反復を表現しているだけである。このような例を除けば、数詞の one は単複の関係を持たない不可算名詞である。(46)は「one ＋ 名詞」であったものが、名詞の省略によって one が単独で名詞的に用いられていると見ることができる。省略された名詞は文脈内にあるので、その意味で代名詞的と言える。しかし、(46)の one は数を「1 つ」と数えるために用いられているので、代用形ではなく数詞である。(47)の場合、one は「1 つ」という数詞に解釈できる一方で、後続の前置詞句内の名詞を受けて「a(n)＋名詞」(a woman, a friend)を指す代用形とみなすこともできる。その意味で、(47)は数詞と代用形の 2 通りにあいまいである。

2.3.3 名詞句（NP）の代用形 one——単独で「a(n) + 名詞」を代用

名詞句（NP）の代用形 one は「a(n) + 名詞(N)」の代用である。*a(n)* N 内の N は先行する文または文脈からそれとわかる名詞（可算名詞）で、*a(n)* N の繰り返しを避けて one が用いられる。また、one は単独で使用され、修飾語句は伴わない[8]。

(48) "Do you need a drink?" "I've already got *one*."
（「飲み物は欲しくないですか」「もう飲んでます」）

one の指す *a(n)* N (a drink) は「1 つのもの」を表す単数名詞句なので、意味上は one N (one drink) と同等である。つまり、one は数詞の one を含意している。「1」という数が複数にならないのと同様に、one 自体は複数（*ones）にならない。「いくつかのもの」を表すのであれば *some* Ns (some drinks) に相当する some を用いる。(49) では a cigarette を one で、cigarettes を some で代用する例である。

(49) "I thought you were out of cigarettes." "I found *some* [*ones*] in my purse; would you like *one*?" (COCA: 1992, FIC)
（「タバコを切らしていると思ったよ」「ハンドバッグの中にあるのを見つけたの。（タバコ）いる？」）

NP の代用形である one は単独で使用されるのが基本であるが、「one of + 複数定名詞句」「one in [out of] + 複数不定名詞句」などに限っては前置詞句による修飾を受ける。この場合、one が受ける名詞は後続する前置詞句内の名詞である点、および、one が代用形と数詞で 2 通りにあいまいである点で、単独使用の one とは性質を異にする（OALD[9] ではこの種の one を数詞と代名詞の両方で扱っている）。

(50) It's a present for *one of my children*.
(OALD[9]（代名詞の用例）; cf. (47b))

---

[8] Halliday and Hasan (1976) はこのような one を代用形（substitute）ではなく、不定冠詞 a(n) の独立形とみなす。

(それはうちの子の 1 人にあげるプレゼントです)

one は不特定の 1 つのものを表す名詞句を、some は不特定の複数のものを表す名詞句である。したがって、特定的な名詞句を受ける場合や、総称的名詞句、あるいは、もの[人]一般を指す名詞句(単に種を指示する名詞句)を受ける場合には one, some を用いることはできない。その場合には it, he/she, they が用いられる(もちろん *ones も不可；用例中の「*」はすべて筆者による)。

(51) a. Anna, a button is missing from the table. Have you seen *it* [**one*]? (COCA: 2006, FIC)
(Anna、テーブルに置いてあったボタンが見つからないの。見かけなかったかしら) (a button＝特定的名詞句)

b. A pineapple is a large oval fruit that grows in hot countries. *It* [**one*] is sweet, juicy, and yellow inside, and *it* [**one*] has a thick brownish skin. (COBUILD[8])
(パイナップルとは暖かい国で育つ大きくて卵型の果物のこと。パイナップルは甘く果汁が豊富で果肉は黄色。外皮は濃い茶色) (a pineapple＝総称的名詞句)

c. I'm looking for travel guides: do you sell *them* [?*some*, **ones*]? (Huddleston and Pullum 2002: 1515)
(旅行ガイドを探してるんですが、こちらの店では扱っていますか)
(travel guides＝単に種を指示する名詞句)

(51c)の travel guides は「旅行ガイド一般」を指している。「ϕ＋可算名詞複数形」(1.15.7 を参照)による複数名詞句は種全体を指すので、それを受ける代名詞としては them が相応しい。ここで some を用いると「旅行ガイドを何冊か売っていますか」という別の意味になってしまう。もちろん、この文に続いて「(旅行ガイドが) 1 冊[数冊]欲しいんです」と言うのなら、不定の 1 つ[複数]を指すので、I'd like to buy *one* [*some*]. となる。

2.3.4 名詞(N)の代用形 one——修飾語句とともに用いる可算名詞

one には名詞句(NP)の代用形とは別に、名詞(N)の代用形としての用法がある。この場合、one は the, this, each などの決定詞や形容詞などの修飾語句を伴って用いられる。名詞の代用をする one は、先行する文で述べられたもの［人］((52a)の office、(52b)の poems など)や、文脈上それとわかるもの［人］((52c)の question など)を受ける。名詞に単数形と複数形があるのと同様に、one にも単数形(one)と複数形(ones)がある。これは名詞句(NP)の代用語である one が some と対応するのと対照的である。one(s)は可算名詞の代用語なので、(53)に見るように、furniture のような不可算名詞には用いられない。

(52) a. We had a big office and he had *a small one*. (COCA: 2007, SPOK)
  （私たちのオフィスは大きいが、彼のは小さい）
 b. I think his best poems are *his early ones*. (Hewings 2013: 122)
  （彼の最高の詩は初期のものだと思う）
 c. My favourite band? Oh, that's *a hard one* (= a hard question).
  (OALD⁹)
  （お気に入りのバンドですか。ああ、それは難しい質問ですね）

(53) The wife was judged to have better taste in furniture, especially *antique furniture* [*antique one]. (COCA: 2007, FIC)
 （妻は家具、特にアンティーク家具の趣味がいいと評価された）

通例、one は形容詞などの修飾語句を伴う。なぜなら、この代用表現は、「同種ではあるが特徴の異なるもの」を談話に導入するためのものだからである。そのためには、それ自体では意味内容のない one に修飾語句を加えることによって名詞句全体の特徴づけを行う必要があるのである。

また、one は可算名詞の代用なので、単数の場合は冠詞などを伴って「a(n)［my］＋形容詞＋one」という形をとる。one が形容詞を伴わない例 (a one, my one, etc.)は、くだけた会話などでは耳にすることもあるが、my one は mine にするのが普通である。

(54)に見るように、one の修飾語句は後置されることもある。(54b)と

異なり (54c) が不可なのは、(54c) の前後に修飾語句を伴わないからである（この理由とは別に、前節で見た通り、「one が単独で用いられるのは単数不定名詞句の代用となる場合に限られ、かつ、複数不定名詞句を受けることはできない」という理由により ones が不可であると言うこともできる）。(54c) のように修飾語なしで「(いくつかの) カーテン」を表したいのであれば、ones を some (curtains) にすればよい (cf. (49))。

(54) a. Which is your boy? — *The one in the blue coat.* (Swan 2005: 369)
  (どっちが息子さん？ — 青いコートを着ているほうです)

  b. "We need new curtains." "Okay, let's buy *ones with flowers on*."
  (Hewings 2013: 122)
  (「新しいカーテンが必要だわ」「じゃあ花柄のを買おう」)

  c. "We need new curtains." "Okay, let's buy **ones*." (Ibid.)
  (... buy *some* ならば可)

(55) も one が後置修飾される例であるが、不定冠詞の有無に注意が必要である。(55a) の a small *one* with . . . と (55b) の *one* with . . . の比較からわかるように、one が形容詞を伴わず、後置修飾のみを受ける場合は、*a one with . . . ではなく、one with . . . となる。

(55) a. I'm looking for a flat. I'd like *a small one with a garden.*
  (Swan 2005: 369)
  (アパートを探してます。庭付きの小さいのがいいです)

  b. I'm looking for a flat. I'd like *one with a garden* [*a one with a garden]. (Ibid.)
  (アパートを探してます。庭付きのがいいです)

(55b) で a one with . . . となるのはなぜであろうか。1 つの見方は「a と one が隣接して 'a one' となる場合、2 語は融合して one になる」というものである (Halliday and Hasan 1976: 96)。不定冠詞の a(n) は one と同じく「1 つ」を含意する。'a one' となると、類義の語が重複するので ('one one')、1 語の one に融合するという考えは理にかなっている。(55b) の one の中身が

'a one' であるとすると、(55b) の one は名詞句(NP)の代用ということになり、少なくとも one が無冠詞の名詞(N)になることは回避できる。ちなみに、Quirk et al. (1985: 870) は、前節で見た名詞句(NP)の代用形 one も 'a one' が融合したものと仮定しているが、Halliday and Hasan (1976) はその可能性を否定している[9]。おそらく、この仮定の妥当性を判断するためには、両者の視点や前提条件の違いを含めてさらに議論が必要と思われるが、ここではこれ以上立ち入らないことにする。

名詞(N)の代用形 one について、その他の語法上の特徴を挙げる。まず、one は「名詞＋名詞」の形(2語の名詞で1語の名詞に相当する複合名詞)について用いることはできない(「名詞＋*one(s)」)。修飾関係という点では「形容詞＋名詞」と同様であるが、第2の名詞を one で代用することはできない。

(56) a. Lend me a pen. — I've only got a *fountain pen* [*fountain one].
    (Halliday and Hasan 1976: 97;「*」= 'not normally found'; fountain pen は筆者加筆)
    (ペンを貸して。— 万年筆しかないんだけど)

 b. I thought my memory stick was in my *trouser pocket*, but it was in my *coat pocket* [*coat one].　　　　(Hewings 2013: 122)
    (メモリースティックはズボンのポケットに入っていると思っていたらコートのポケットの中だった)

「名詞＋名詞」の複合名詞について one による代用ができないのは、複合名詞内の構成要素の1つを取り出して one で受けることができないからであろう。つまり、[NP a [Adj small [N *flat*]] → [NP a [Adj small [N *one*]]] は可能だが、[NP a [N coat *pocket*]] → [NP a [N coat *one]] は不可ということである。

---

[9] その理由の1つとして、Halliday and Hasan (1976) は次のような問題を指摘する。NP の代用形 one を 'a one' と仮定すると、その内部の one は名詞(N)の代用形ということになる。N の代用形である one は常に修飾語句を伴うので、'a one' も当然修飾語句を伴うはずである。ところが、NP の代用形 one は単独で用いられるのがその特徴なので、NP の代用形 one ＝'a one' とすると修飾語を伴うことができるか否かで矛盾が生じるのである。

また、some, several, many, a few, both, enough などや数詞も名詞を修飾する語句だが、one に直接付いて *some [*many, *three, etc.] ones とすることはできない。これは、some や数詞の持つ複数の意味と ones が本来持つ数詞の意味が、整合しないのが理由かもしれない(ただし、these [those] ones の形は可。なぜなら、these [those] は指示詞なので数を数えることとは無関係だから)。この場合、(57)のように、some や数詞を単独で用いれば問題がない(この場合の some や数詞は名詞句)。一方、(58)のように、形容詞が間に入れば、「some [many, three, etc.] +形容詞+ ones」の形をとることができる。

(57) a. Are there any grapes? — Yes, I bought *some* [**some ones*] today.
(ブドウはあるかい。— うん、今日買ったよ)

b. She bought *six* [**six ones*]. (Swan 2005: 370)
(彼女は6つ買った)

(58) a. My shoes were so uncomfortable that I had to go out today and buy *some **new** ones*. (Hewings 2013: 122)
(靴の履き心地が大分悪くなったので、今日は新しい靴を買いに行かなくてはならなかった)

b. Has the cat had her kittens? — Yes, she's had *four **white** ones*.
(Swan 2005: 370)
(猫は子猫を産みましたか。— はい。白い子猫が4匹産まれました)

(58)からもわかるように、通例、複数形 ones は人ではなくものを指して用いられる。したがって、以下のような場合は *those ones としない(Hewings 2013: 122)。

(59) We need two people to help. We could ask *those men* [**those ones*] over there.
(私たちを手伝ってくれる人が2人必要だ。あそこにいる男性たちに頼めそうだ)

ただし、比較・対照の構文で ones を用いれば、人を指す用法も容認されや

2.3 one の用法

表2: one の分類と文法・語法上の特徴

one のタイプ	数詞（名詞的数詞）	代用語（支柱語の one）		総称の人称代名詞
		（単独の）NP の代用	（修飾語句を伴う）N の代用	
何の代用か	—	NP	N	—
文中の機能	NP	NP	N	NP
語形変化	one/ones※	one	one/ones	one's/oneself
可算・不可算	NP 内の N=可算※・不可算	NP 内の N=可算	可算 a big one (=office) / antique *one (=furniture)	—
複数形の有無	○※	×	○	×
意味 （何を指すか）	数の「1」または one N (N=前出・文脈中の N)	a(n) N (N=前出・文脈中の N)	前出・文脈中の N	人一般 （単数；話し手を含む一般）
対応する複数表現	two, three, some, etc.	some	ones	
	Do you want one or two?	Let's buy some. (Let's buy *ones.)	Let's buy those ones.	
単独使用か	○	○	×	○
	Buy one, get one free.	Let's buy one.	Let's buy *ones.	One can usually find people who speak English in Sweden.
N に修飾語句を伴うか	×	×	○	×
			... and he had a small one. Let's buy green ones. Let's buy ones with flowers on. I'd like a small one with a garden. I'd like one [*a one] with a garden. →形容詞を含まない'a one'は、融合して one になるとみなす	
「one of + 複数名詞句」の分類 (2通りにあいまい)	1つ[1人] One of my friends lives in Brighton.	a(n) N の代用 It's a present for one of my children.	—	—

※ a string of ones and zeros; in ones and twos などに限る。

すいようである (例えば、Older students seem to work harder than *younger ones* [*younger students*]. (Hewings 2013: 122) (上級生のほうが下級生よりも勉学に励むようだ))。そのほか、the little *ones* (＝small children), (your) loved *ones* (＝usually close family) など、一部に限っては人を指す ones の用法が認められる。

以上、数詞の one, 名詞句(NP)の代用形の one, 名詞(N)の代用形の one のそれぞれの特徴を見てきた。これらの主な特徴の違いを、総称の one との比較とともに前ページの表2にまとめておく。

最後に、上記で取り上げなかった代用語 one の例について補足しておく。代用語の one を名詞句(NP)の代用をする場合と名詞(N)の代用をする場合の2種類に分けて説明したが、実際にはその中間、すなわち、「名詞句内の主要部名詞と一部の修飾語句」の代用をする場合もある。(60a)と(60b)の one はそれぞれ修飾語句を含む electric heater, jars of honey に相当する代用形となっている。Quirk et al. (1985)ではこれらの単位を nominal expression (名詞表現) と呼ぶ。

(60) a. If you want to buy an electric heater, you may be interested in this *one* [*electric heater*] in the window.　　(Quirk et al. 1985: 870)
(電気ヒーターをお求めでしたら、このショーウィンドーにあるものはいかがでしょう)

b. I wish I'd bought a few *jars of honey*. Did you notice the *ones* [*jars of honey*] they were selling by the roadside?　　(Ibid.)
(蜂蜜を瓶で少し買っておけばよかった。道路脇で売ってたのに気付いてた？)

2.3.5　気になる代用語 one の用法(1)──one of *the many Americans* か one of *many Americans* か

名詞句(NP)の代用語 one は、部分を表す of を伴って「one of ＋複数名詞句」の形で用いられることがある。この場合、of の後には通例定名詞句、すなわち the, those, his などの定の決定詞で限定された複数名詞句が来る (He's *one of those teachers* who insist on pupils sitting silently in class. (彼は、生徒は授業中静かに座っているものだと主張する教師の1人である))。

ところが、「one of ＋複数名詞句」の複数名詞句に数詞や several, many などが付く場合、定の決定詞なしで使用される例がしばしば見られる。(61a)は複数名詞句(many Americans)に the のある例、(61b)は同じ名詞句に the のない例である。

(61) a. If you are *one of the many Americans* who travel regularly for business, this scenario probably is all too familiar.

(COCA: 2013, MAG)

(定期的に出張する多くのアメリカ人の1人であれば、おそらくこの筋書はあまりにもありふれたものだ)

b. Smith is just *one of many Americans* who are concerned about the quality of their drinking water. (COCA: 1996, MAG)

(Smith は飲料水の水質について心配している多くのアメリカ人の1人にすぎない)

several と数詞を用いた以下の場合も、the のある形(one of *the several* [*three*, etc.]...)のほかに、the のない形がある。一見したところ、いずれの場合も the の有無による意味の違いがないように思われる。

(62) a. The USA is *one of several countries* that are the best places in the world to live. (COCA: 1997, NEWS)

(アメリカ合衆国は世界でもっとも暮らしやすい国の1つである)

b. The Standard Hotel, *one of three buildings* that cross over the High Line, is on the right. (COCA: 2011, MAG)

(ハイライン(公園)をまたぐ3つの建物の1つであるスタンダード・ホテルは右手にあります)

(63) He is *one of eight children*.

(彼は8人兄弟の1人だ)

もちろん(63)のように、「たまたま8人いる」という、限定されない人やものの数を意味するだけなら the は付かない。しかし、(61b)、(62a)、(62b)に見るように、one of に後続する複数名詞句は、関係詞節によって

限定された人やものを指しているにもかかわらず、the が付かないことが多い。

　the は関係詞節によって限定された集合を指す機能のほかに、旧情報(既知情報)を指す機能を持つ。ここでの the の有無の違いは後者の機能が関係していると思われる。すなわち、話題となる複数の人やものについて、話し手がその人やものの数を既知情報のつもりで話しているのか、新情報として話しているのかの違いが the の使用に関わっている。話し手が複数の人やものを既知情報として話題に挙げるのであれば the が付き、新情報としてであれば the が付かないということになる。(61a)を例に挙げれば、話し手は the many Americans who ... によって「ご存知のとおり、そのようなアメリカ人が多いわけですが」という意図で述べているとみなすことができる。一方、(61b)の many Americans who ... では、「そのようなアメリカ人が実は多い」という聞き手の知らない情報を導入しているとみなすことができる。同様に、(62a)の several countries that ... では、具体的な国名を念頭に置かず、漠然と「とても暮らしやすい国」があるということを情報として導入しているだけであると考えられる。このように the を伴わずに数を表す例は、There are many Americans who ... のように、there 構文においてアメリカ人の数(many Americans)が新情報として関係詞節を伴って導入されるのと類似している。

　このような例の解釈は話し手の意図と文脈に依存するので、一見しただけでは容易に判断できないことも多い。上記の例のうち、文脈がはっきりしていて判断が比較的容易なものを挙げるとすれば、(62b)がそれに該当するだろう。(62b)は道案内の文なので、文脈上「建物が3棟あること」(three buildings)は聞き手にとって明らかに新情報であるとみなすことができるからである。このような場合は the の付かない表現のほうがより自然となる[10]。

---

[10] 「one of ＋複数名詞句」に関するその他の気になる語法としては、「one of ＋複数名詞句＋that [who] ＋動詞」における「one of ＋複数名詞句」と that [who]節内の動詞との数の一致に関する問題がしばしば取り上げられる。これについては 1.10.22 を参照。

2.3.6　気になる代用語 one の用法 (2) ── It takes *one* to know *one*.

　one を用いた慣用表現に (It) takes one to know one. がある。これは、"you are the same kind of person as the person you are criticizing" (*Oxford Idioms Dictionary*: s.v. *know*)、「(通例 人の悪口を言った人に)そう言う君もだ、あんたもね、お互いさまだ」(『リーダーズ英和辞典』[第3版])という意味で、友人[子供]同士のくだけた会話で用いられる。この場合、one はこれまで見てきた代名詞の用法のうちのどれに相当するであろうか。また、なぜ全体としてそのような意味になるのであろうか。これに答えるためには先行文脈と one の指示、および、発話意図についての理解が必要となる。

　まず、この慣用表現は先行する発話(しばしば相手の発話)と対になって用いられる。いずれの one も「a(n) ＋ 名詞」を指す名詞句で、総称の人称代名詞の one ではない。また、通例 one は否定的な性格を持ったタイプの人を表す。

(64)　a.　"Your brother is a real idiot." "Well, *it takes one to know one*."
　　　　　　　　　　　　　　(*Oxford Idioms Dictionary for Learner's of English*, 2nd ed.)
　　　　(「君の兄貴は根っからの馬鹿だ」「いやあ、そう言うあんたもそうじゃないか」) (one ＝ a real idiot)

　　b.　You think she's only after Jake's money, do you? Well, *it takes one to know one*.　　　　(*Longman Idioms Dictionary*)
　　　　(彼女は Jake の金が目当てなだけだって君は思っているの？ (君だって)人のことは言えないよ) (one ＝ a fortune hunter)

　　c.　My mother always said she knew when I was lying because *it takes one to know one*.　　　　　　　　　　　　(Ibid.)
　　　　(母は私がうそをついていてもわかるんだといつも言ってました。うそをつくのは母も同じなので) (one ＝ a liar)

(64a)では、前の発話からいずれの one も a real idiot を指すことが明らかである。一方、(64b)と(64c)では指示が間接的である。one は前の発話から推測される「ある性格を持った人」を指す。

　次に、It takes one to know one. によって話し手が意図する意味を理解す

るには、文字通りの意味を出発点にいくつかの推論を経なければならない。(64a)の例を用いてその段階を示せば(65)のようになる。

(65) It takes *one* to know *one*. （＝(64)）
= It takes *a real idiot* to know *a real idiot*.
文字通りの意味：a real idiot を知るには、a real idiot が必要である (take＝「かかる；必要である」)。
→「a real idiot だけが a real idiot を理解できる」ということばを君に当てはめて考えてごらん(そのことばを君にお返しします)。
→ 君が兄を a real idiot と言うのなら、君も a real idiot である(もちろん本心でそうだとは言っていない)。
→ 同じ欠点を持った人間が他人を非難するのは適切でない(「人のことは言えない」という皮肉・非難を伝えたい)。

このように、It takes one to know one. の解釈には、代用語である one の指示対象の特定と、その文意に基づく話し手の意図の特定に文脈情報を必要とするという点で、文脈への依存度が高い表現であるということがわかった。英和辞書等ではこの表現の和訳に差異が見られるが、それはこの文脈への依存度が高いからにほかならない。

2.4 疑問代名詞——which と who/what の交代

　疑問代名詞(以下、疑問詞)の which と who/what の違いを一言で言えば、which は限定された数の人やものからの選択を表し、who/what は特に限定されない数の人やものからの選択を表すということになる。しかし、実際には which が用いられるべきところで who/what が用いられる例がある。さらに、そのような例の中には、むしろ who/what を用いたほうが望ましいとされるものもある。そこで、本節では which と who/what がほぼ同義で用いられる例を取り上げ、その背景について見ていく[11]。

---

[11] 疑問代名詞の which, who, what には名詞を修飾する形容詞的用法(*which* people など)も含まれる。これらは疑問形容詞とも呼ばれる。

2.4 疑問代名詞

基本的に、疑問詞 which は、特定の集団や選択肢の中からの選択を問うためのものである。対象となる集団や選択肢は文中に明示される場合と、話し手の念頭にあるだけで明示されない場合がある。一方、who/what による疑問の場合、そのような選択肢は念頭に置かれない。

(66) a. *Which* do you prefer? (Classical or popular music?)

(Quirk et al. 1985: 369)

((クラシックとポピュラー音楽では)どちらが好きですか)

b. *Who* is your favorite conductor? (Ibid.)

(お気に入りの指揮者は誰ですか)

(67) a. "*Which* is your brother?" "The one next to Luka."

(Hewings 2013: 52)

([写真を見ながら]「お兄さんはどれ?」「Luka の隣りです」)

b. "And *who* is your son?" "Larry King." (COCA: 1994, FIC)

(「あなたの息子って誰?」「Larry King よ」)

which による疑問では、(66a)のように、しばしば X or Y によって特定の選択肢が明示される。また、以下のように、Which one(s) (of the ...) や Which of ... といった、部分を表す語句によって特定の選択肢が明示されることもある。この場合、which の代わりに who/what を用いることは通例できない。who/what は限定されない数からの選択を含意するからである[12]。

(68) a. I've decided to buy one of these jumpers. *Which one* [**What one*] do you think I should choose? (Hewings 2013: 52)

(ここにある上着の中から1つ買うことに決めたわ。どれを選んだらいかしら) ([**What one*]は筆者加筆)

b. *Which of you* would like to go first? (Ibid.)

(君たちのうち誰が[どちらが]最初にやりますか) (*Who of ...?* よりも普通)

---

[12] Who/What of ...? について、Swan (2005: 611) は現代英語では普通用いられないとしている。

このように、限定された数の選択肢からの選択を問う疑問詞には通例 which が用いられ、who/what は用いられない。ところが実際は、(69)のように、which と what がほぼ同義で、同等に用いられる場合がよくある。

(69) a. *Which* [*What*] is the hottest city in the world?　(Swan 2005: 611)
    （世界でもっとも暑い都市はどこですか）
   b. *Which* [*What*] American has won the most Olympic medals?
    （オリンピックでもっともメダルを多く獲得したアメリカ人は誰ですか）

厳密に言えば、世界の都市やアメリカ人の数というのは限られた数なので、(69)は限定的な集団からの選択を問う文とみなすことができる。そのような集団からの選択を問うというのであれば、which を用いるほうが正しいかもしれない。しかし、この場合、話し手は選択の対象である世界の都市やアメリカ人のすべてを念頭に置いて質問しているわけではない。実際のところ、選択肢ははっきりとは特定されておらず、聞き手の答えも、記憶している知識全般から導き出されるのが普通である。よって、この文は実質的に what による質問と変わらない。言い換えれば、このような場合、which は「特定の選択肢からの選択」という含意があいまいになって、不特定のものからの選択を表す what とほぼ同じ意味になるのである。

選択肢があいまいになるのは、(69)に見るような、念頭に置くことができないほど多くの選択肢がある例に限ったことではない。選択肢が容易に特定できる数の場合であっても、それを意識している必要がなければ、選択肢の存在はあいまいになる。なぜ意識する必要がないのかと言えば、知識全般や言語外の情報に基づいて答えを容易に引き出すことができるからである。言い換えれば、特定の選択肢は一般的知識の中に背景化されるのである。そうなると、特定の選択肢からの選択であるか否か自体、問題ではなくなる。このため、which は意味上 what と差がなくなり、what による言い換えが可能となる。例えば、車のギア、エレベーターの階、音楽のキー(調)など、連続的な段階を持ったものについて質問する場合、このような選択肢の背景化が生じる。(70a)では、車のギアが(例えば) 5 段あることはわかっていても、実際にはいちいち選択肢を確認して「この車のギア

は 1 段から 5 段までありますが、そのうちのどの段ですか」などと尋ねているわけではない。(70b) は、建物の階数を知っているかどうかにかかわらず、which も what も用いることができる。これらの例については、what による質問のほうが望ましいと感じる話者もいる。

(70) a. *Which* [*What*] gear are we in?　　(Huddleston and Pullum 2002: 903)
((車の) ギアは今どこに入っているの?)
b. *Which* [*What*] floor?
([エレベーター内で]何階に行きますか)

(69) と (70) は実質的に選択肢が念頭にない例であったが、(71) のように、特定の選択肢が明示されていても、which と who/what が同等に用いられることがある (Quirk et al. (1985) によれば、(71) では which よりも who/what のほうが選択されやすい)。

(71) a. *Who* [*Which*] do you like best — your father or your mother?
(Quirk et al. 1985: 370)
(大好きなのはどちらですか。お父さんですか、お母さんですか)
b. *What* [*Which*] will it be — tea or coffee?　　(Ibid.)
(飲み物はどちらにしましょう。紅茶にしますか、コーヒーにしますか)

(71) は選択肢が文末に生じている。この場合、質問する前に特定の選択肢が明示されるわけではないため、who/what を用いることに抵抗が生じないようである。もちろん、結果的には二者択一の質問をしているので、who/what も「どちらですか」という which と同等の意味に解される。出来上がった文だけを見ると which のほうが標準的で、who/what のほうは非標準的に見えるが、実際には who/what も which と区別なくごく自然に用いられる。

これに加えて、(71a) のように、「人」についての選択を尋ねる疑問代名詞としては、which よりも who のほうが相応しいとみなされるようである。who を用いる傾向は、上記の Quirk et al. (1985) の例に限ったことではない。(72) のような例でも、which より who を用いるほうが普通とされ

る[13]。

(72) a. *Who* do you like better and why? Elton John or Billy Joel?

(COCA: 2004, SPOK)

(理由も含めて、好きなのは誰ですか。Elton John ですか、Billy Joel ですか)

b. *Who* do you like best/least in your family?

(Jeremy Turk, Philip Graham and Frank Verhulst, *Child and Adolescent Psychiatry*, 2007: 33)

(家族の中で一番好き[嫌い]なのは誰ですか)

c. *Who* [*Which] won — Smith or Fitzgibbon? (Swan 2005: 611)

(どっちが勝ったの？ Smith ですか、Fitzgibbon ですか)

d. *Who* are you going out with — Lesley or Maria? (Ibid.)

(どっちとデートに行くの？ Lesley？ Maria？)

(71)や(72)とは反対に、選択肢が文末ではなく、先行文脈すなわち疑問文の前に置かれた場合は、前もって特定の選択肢がはっきりと示されるため、which を用いる傾向が強くなる。特に、(73)のように、疑問の対象がものである場合は which が用いられ、what になる可能性は非常に低い。

---

[13] 特定の選択肢からの選択であっても「人」については who が使用されやすいということを示すその他の例として、次のような疑問詞の選択の傾向について補足しておく。

(i) *Who* do you think earns more, *a teacher* or *a police officer*?
(教師と警察官ではどちらが給料がいいですか)(*rather than* Which . . . ?)

(ii) *Which* would you rather be — *a doctor* or *a vet*?
(医者と獣医のどちらになりたいですか)(*rather than* Who . . . ?)

(i), (ii)ともに職業の選択を尋ねる例である。どちらの場合も who と which が可能であるが(Hewings 2013: 52–53)、どちらかと言うと(i)では who を、(ii)では which を用いると判断する話者もいる。これは、(i)の疑問詞が earns の主語となっていることと、earns が通例「人」を主語にとる動詞であることが原因にある。一方、(ii)の疑問詞は文の補語の部分(職業の名前)について尋ねているだけなので、a doctor と a vet は「人」よりも「もの」とみなされやすいようである。

(73) a. It comes in three colours, red, blue, and green. *Which* would you prefer? (Huddleston and Pullum 2002: 903)
(色は赤、青、緑の3色あります。どれがいいですか)

b. Tea and coffee are available. *Which* will it be?
(紅茶とコーヒーがありますが、どちらにしましょう)

一方で、(73)と同様の語順でも、対象が「もの」ではなく「人」の場合は、who も同程度に用いられる。(72)でも見たように、「人」について尋ねる疑問詞としては who を好む傾向が維持されるようである。もちろん、(74)の who は単に「誰か」という意味ではなく、「Kim と Pat のうちのどちらか」という意味で用いられている。その点で、who は which と同義である。

(74) There are two contestants left, Kim and Pat. *Which* [*Who*] do you think will win? (Huddleston and Pullum 2002: 902)
(勝ち残った参加者は Kim と Pat の2人です。どちらが優勝すると思いますか)

疑問詞の which と who/what の交代についてまとめると(75)のようになる。

(75) a. 基本的に、特定の選択肢からの選択を問う疑問詞には which を用いる。
b. 選択肢が漠然としている場合、または、特定の選択肢が背景的知識の一部となっている場合、which は who/what とほぼ同義になり、who/what との交代が生じる。
c. 「人」が選択肢の場合は who が用いられやすい。

2.5 関係代名詞

関係代名詞については、その種類・格形式の選択とその省略の問題を除けば、関係詞節と主節との統語上・意味上・情報構造上の関係が主な話題

となる。そのうち、学校文法でも取り上げられる関係詞節の基本的事項の1つが、制限用法(限定用法)と非制限用法(非限定用法)の違いである。

　以下では、関係詞節の制限用法と非制限用法の基本的な特徴と相違点を確認した上で、両者のいわば中間に位置する例に注目し、そこから見えてくる主節と関係詞節との情報構造上の連結関係について考える。これによって、制限的関係詞節(以下、制限節)と非制限的関係詞節(以下、非制限節)には表面上明確に区別できる点がある一方で、両者が連続的にとらえられる場合もあることを示す。また、同様の視点から非制限節同士にも連続的な関係が見られることを確認し、一部の制限節から非制限節全般に渡って段階的な連結関係が見られることを示す[14]。

2.5.1　制限用法と非制限用法——基本的特徴と相違点

　一般に、英語の関係詞節は先行詞との統語上・意味上の関係に基づいて、制限用法と非制限用法に二分される。意味上・情報構造上の点から見た場合、両者の特徴は以下のようになる(Declerck (1991: 533)に基づく)。

(76) a. 制限節：先行詞内の主要部名詞の指示対象を、同一種内の他の成員・部分と区別して特定するために必要な情報となる関係詞節。
    b. 非制限節：すでに特定されている指示対象について、単に付加的な情報となる関係詞節で、省略されても指示対象の特定には支障がない。

(76a)の通り、制限節は指示対象を特定する機能を持つ。ここで言う「指示対象の特定」には主に2通りある。1つは「(今話をしているのは、ほら)あれ[あの人]です」と、もの[人]を個別的・具体的に同定する場合で、もう1つは「この種のもの[こういった人]です」と、もの[人]の種類を同定する場合である。その意味で、前者はトークン(token)を同定し、後者はタイ

---

[14] 本節は主に中山(1995, 2006, 2007)の論考の一部に加筆・修正を行ったものである。

プ (type) を同定すると言うこともできる。また、前者では先行詞に定名詞句を、後者では先行詞に不定名詞句をとる例が多い。それぞれの例を (77a) と (77b) に示す。

(77) a. We stayed at *the hotel (that) you recommended*.

(Murphy 2012: 190)

(私たちは君がおすすめの (例の) ホテルに泊まりました)

b. Grace works for *a company that makes furniture*. (Ibid.)

(Grace は家具製造の会社に勤めている)

情報構造の観点から制限節と非制限節の違いを言うと、制限節は先行詞と同一の情報単位を構成する一方、非制限節は先行詞とは別個の情報単位を構成する。そのため、非制限節では常に主節との間に音調上の切れ目 (pause) (句読法上はコンマ (comma) など) が入る。この特徴を反映した典型的な制限節の例を (78a) に、非制限節の例を (78b) と (79) に挙げる。

(78) a. She has *two daughters who live in London*.

(彼女にはロンドンに住んでいる娘が 2 人いる)

b. She has *two daughters, who live in London*.

(彼女には娘が 2 人いて、その 2 人はロンドンに住んでいる)

(79) This is *Ms Rogers, who's joining the firm next week*.

(Swan 2005: 479)

(こちらは Rogers さん。来週からうちの会社で働いてもらいます)

(78a) の制限節の例では、「彼女」には娘が例えば 3 人以上いて、そのうちの 2 人がロンドンに住んでいることを含意している。一方、(78b) の非制限節の例では、主節部分で一旦意味が完結するので、「彼女」には娘が 2 人しかいないと理解される。(79) は先行詞が固有名詞の場合で、固有名詞単独で指示対象が特定されるので、後続する関係詞節ではコンマを伴って情報が補足されている。(78b) や (79) のような例を見る限り、制限・非制限の区別とコンマの使い分けは厳密に対応しているように見える。

ところが、実際には必ずしも上記のような基本的特徴に沿わない例があ

る。(80a)は伝記、(80b)は小説の一部である。いずれの場合も who 節は解釈上非制限節とみなされるが、主節との間にコンマが介在しない。

(80) a. During the late 1770s Thornton married Elizabeth Pritchard, the daughter of a provincial theatre manager. They had *two sons who died young* and three daughters. (BNC: W_biography)
(1770 年代の後半、Thornton は地方の劇場支配人の娘である Elizabeth Pritchard と結婚。若くして亡くなった 2 人の息子、そして 3 人の娘をもうけた)

b. It was the following Tuesday before Joanna Grey's report arrived at the Tirpitz Ufer. [...] He took it straight in to *Radl who opened it and examined the contents*.
(J. Higgins, *The Eagle Has Landed*, 1975)
(次の火曜日になってようやく Joanna Grey からの報告書がティルピッツ・ウーファー(にあるドイツ軍情報部)に届けられた。彼がそれを直ちに Radl のもとへ持参するや否や、Radl は封を開け中身を確認した)

(80a)では、前後の記述内容をみても、息子は 2 人しかいないとしか解釈できない。しかも、その意味で発話されても主節と関係詞節の間に音調上の切れ目は普通生じない。(80b)では、先行詞が固有名詞(Radl)であるにもかかわらず、後続する関係詞節はコンマを伴わない。しかし、(80b)を誤用とみなすことはできない。なぜなら、同小説内には同様のコンマなしの非制限節が多数見られると同時に、コンマを伴う「普通の」非制限節も用いられているからである。そうであるとすれば、非制限節におけるコンマのあるなしには、使い分けの上で何らかのルールがあると考えるほうが自然であろう。

次節では(80)のような例に注目し、コンマの生起要因について、話し手の伝達上の意図と情報構造の観点から解説する。

2.5.2　制限節と非制限節の区別があいまいになる関係詞節

すでに細江(1971)も指摘しているように、関係詞節におけるコンマや音調上の切れ目は必ずしも厳密なものではない。加えて、細江は制限節と非

制限節の間にはある種の連続性があることも示唆している。

(81) 上記の分類[細江の提案した関係詞節の二分類とその下位分類]は、現代英語における形容詞文句[＝形容詞節]の顕示する性格を研究するに必要であると認める限定内で樹立したもので、実は一連続の関係を持つものであるし、また芸術的用法もあるがゆえに、しさいに吟味すればまだ他の種目を立ててもよい中間的のもののあることも覚悟すべきである。　　　　　　　　　　　(細江 1971: 369)

ただし、細江(1971)はコンマなどの区切りの有無に関する特徴や、関係詞節の連続性に関する具体的な説明は行っていない。そこで、まずは不定名詞句を先行詞とする関係詞節に見られる制限・非制限のあいまい性について取り上げ、制限節と非制限節の連続性の背景について説明する。

(77a)のように、関係詞節の先行詞が定名詞句(the hotel)の場合、関係詞節((that) you recommended)は明らかに制限的である。一方、先行詞が不定名詞句の場合、関係詞節の持つ制限・非制限の機能はややあいまいになり、後続する関係詞節は意味の重点の置き方次第で制限節と非制限節(コンマを伴うか否か)の両方の可能性が生じることがある。

(82) a. He's got *a new car that goes like a bomb*.
(彼はものすごい走りをする新車を買った)
(OR He's got *a new car, which goes like a bomb*.)
(彼は新車を買ったんだけど、その走りがものすごいんだ)
b. We became friendly with *some nurses that John had met in Paris*.
(私たちはJohnがパリで知り合った何人かの看護師たちと友達になった)
(OR We became friendly with *some nurses, whom John had met in Paris*.)
(私たちは何人かの看護師と友達になったのだが、彼女たちはJohnがパリで知り合った人たちだった)　　　　　　　　(Swan 2005: 485)

これについて、Swan (2005)は「概して、関係詞節の与える情報が伝達内

容全体にとって中心的な情報であると意識される場合には制限節が、そうでない場合には非制限節が後続する傾向がある」という。つまり、話し手が関係詞節の情報をどの程度重要であると認識しているかによって、制限・非制限(コンマの有無)の選択が決まる。話し手の伝達上の意図と制限・非制限が相対的な関係にあるという点で、両者の間には一種の連続性があると言える。

　不定名詞句を先行詞とする関係詞節がこのようなあいまい性を持つのは、①主節部分だけでひとまとまりの情報単位が成立しやすいことと、②この場合の関係詞節が、先行詞を個別的・具体的に同定するためではなく、そのタイプや関連情報を詳しく説明するためだけに用いられていること((77b)を参照)の2つの理由による。そうなると、例えば(82a)は He's got a new car と that [which] goes like a bomb の2つの情報単位に分かれる。このような場合、制限・非制限(主節と関係詞節の結び付きの強さ)の違いは、関係詞節の内容に対する話し手の意識の違いとして表されるのである。

　(82)からわかることは、関係詞節に対する話し手の伝達上の意図が、主節と関係詞節との結び付きに影響を与えることがあるということである。実は、この特徴は(82)のようなあいまいな関係詞節に限ったことではない。次節では、非制限的な読みを持つ関係詞節が制限的に用いられる例を取り上げ、同様の視点から説明を試みる。

2.5.3　制限的な非制限節(1)──伝達上の重要度が高い場合

　Huddleston and Pullum (2002)によれば、(83)の関係詞節は制限的な読みのほかに、非制限的な読みもあると言う。

(83)　a.　She had *two sons she could rely on for help*, and hence was not unduly worried.　　　　　　(Huddleston and Pullum 2002: 1065)
　　　　(彼女には頼れる2人の息子がいるので、さほど不安はない)

　　b.　A: Have you been to Paris?
　　　　B: Yes, often: I have *a brother who lives there*.　　　　(Ibid.)
　　　　(A: パリには行ったことがありますか。

2.5 関係代名詞

B: はい。よく行きます。兄がパリに住んでいるので)

(83a)は関係詞が省略されているので、形式上も制限節とみなされるのが通例である。その場合の解釈は「彼女には息子が 3 人以上いて、そのうち困ったときには頼りにできる息子が 2 人いる」となる。しかし、もう 1 つの、少なくとも同じ程度に可能性のある解釈として、「彼女には息子が 2 人(だけ)いて、困ったときにはその 2 人を頼りにできる」という非制限的な読みもあると言う。後者の場合、関係詞節はその後の部分で「さほど不安はない」(and hence was not unduly worried)と述べるための主たる根拠を提示している。そのため、関係詞節は非制限的でありながら、主節と一体化し、制限的な形式で表現されている[15]。

(83b)の関係詞節の場合も、兄弟は 1 人という解釈が可能とされる。それでも主節と関係詞節がコンマで区切られていないのは、関係詞節が伝達上重要な情報であるとみなされているからである。A の質問に対して単に I have a brother. とだけ答えたのでは不適切である。なぜなら、それだけでは A の質問に対する答えの根拠、すなわち、なぜパリに行く機会が多いのかについての説明になっていないからである。B が伝えたかったのは My brother lives there. も含めた内容であると考えるのが妥当である。

さらに、(84)はコンマのあるなしにかかわらず、非制限的な解釈(「息子は 2 人だけ、娘は 1 人だけ」の解釈)を受けると言う。このような例では、関係詞節が伝達上重要な情報と認識されれば、コンマは省略される。

(84) She had *two sons*(,) *who were studying law at university*(,) and

---

[15] Huddleston and Pullum (2002: 1058 ff.)では、関係詞節の分類に関して、従来の制限・非制限という区別を廃して新たに「統合」(integrated)・「補足」(supplementary)という概念に基づく説明を試みている。統合型の関係詞節とは音調・統語・意味の上で主節と一体化しているものを指し、補足型の関係詞節とは隣接する構造と結束力の弱いものを指す。これによって、従来の制限・非制限の観点からはとらえにくい関係詞節の例についても説明が可能になると主張する。本書では、制限・非制限という用語上の区別は維持したまま両者の連続性に注目するという点で Huddleston and Pullum (2002)と視点は異なる。しかし、話し手の意図や情報構造上の説明を行う点では特に分析上の対立は生じないので、(83)のような統合型の例も制限的な非制限節の例として引用した。

a daughter(,) *who was still at high school*. (Ibid.)
(彼女には大学で法律を学ぶ息子2人と、まだ高校生の娘が1人いた)

　このように、関係詞節を直接的な理由や根拠の提示、情報の補完とみなす話し手の意図が、関係詞節の伝達上の重要度を高め、主節と関係詞節の情報の一体化を実現しているのである。
　以上を踏まえると、前節の(80a)に挙げたコンマなしの非制限節についても同様の視点から説明が可能である。(80a)のwho節は先行詞(two sons)との連結関係だけで判断すれば制限節であるが、文脈を考慮に入れれば非制限的で、息子は2人しかいないと解釈するのが適当である。それでもコンマなしの非制限節で表現されるのは、この伝記の書き手が非制限節の内容(その息子たちが2人とも若くして亡くなったこと)に重きを置いて伝達しようという意図によるものであると考えることができる。

(80a) They had *two sons who died young* and three daughters.

さらに一歩踏み込めば、(78a)(＝She has *two daughters who live in London*.)の制限節も、文脈次第では制限的な非制限節として解釈が可能ということになる。
　一方、前節の(80b)に挙げたコンマなしの非制限節については、上記の説明では不十分である。なぜなら、この例の先行詞と非制限節の連結には話し手の伝達上の意図というよりは、主節と非制限節との意味的関係が関わっていると考えられるからである。以下では、この種の例について予測可能性の観点から説明する。

2.5.4　制限的な非制限節(2)――予測可能性が高い場合

　コンマを伴わない非制限節としては(85)のような例が多く見られる。これらの例に共通する要因を考えてみる。

(85) a. He showed it to *O'Malley who got up at once and hurried to the phone*.　(R. Dahl, *Lamb to the Slaughter*, 1953 (吉田 1985: 8))
　　　　(彼がそれ[血痕]をO'Malley(警察官)に見せると、O'Malleyはすぐに

2.5 関係代名詞 | 247

立ち上がって電話のところに急いだ)

b. He took it straight in to *Radl who opened it and examined the contents*. (=(80b))

c. Devlin took a large envelope from his inside breast pocket and held it out. [...] Garvald nodded to *his brother who took the envelope, opened it and checked the contents*.

(J. Higgins, *The Eagle Has Landed*, 1975)

(Devlin は胸の内ポケットから(金の入った)大判の封筒を取り出すと Garvald に差し出した。[...] Garvald が弟にうなずくと弟は封筒を取り封を切って中身を確認した)

d. 'Can you oblige me with a light?' he said. [...] 'My name is Ratchett.'

Poirot bowed slightly. He slipped his hand into his pocket and produced *a matchbox which he handed to the other man*, who took it but did not strike a light.

(A. Christie, *Murder on the Orient Express*, 1934)

(「火をくれないか」と彼は言った。「私は Ratchett」
Poirot は軽く会釈をしてポケットに手を入れ、マッチ箱を取り出して相手に手渡した。Ratchett はマッチを受け取ったが火を付けなかった)

(85a)のような、固有名詞を先行詞とする節について、吉田(1985: 8)は関係詞節が継続的(continuative)である場合にコンマが省略されると指摘する。さらに、「関係詞節の示す内容は主節の示す内容の後に起こることが明白であるため、コンマがなくても意味的にあいまいになる危険がなく、ゆえに言葉の経済性に従ってコンマが省略される可能性が生まれる」と言う。確かにこの特徴は(85b)(=(80b))にも当てはまる。(85b)は、待ち望んでいた報告書(極秘文書)を受け取った Radl が封を開けて内容を確かめる場面を描写したものである。待ち望んだ極秘文書であれば、受け取るや否や開封するのは十分予想できることである。このように、主節で述べられる事態に基づいて非制限節で述べられる事態が十分に予測可能である場合、主節と非制限節は結び付きが強まり、コンマを伴わなくなる。情報構造の観点か

ら言えば、本来、非制限節は少し本筋から離れて「ちなみに...」と補足的な情報を示すだけであるが、予測可能性を背景に主節と密接な関係にある事態を含んだ非制限節は、伝達内容の主流の一部として組み込まれ、内容を補完する情報を担うことになる。

(85c) と (85d) からわかるように、上記で指摘した特徴は先行詞が固有名詞である場合に限らず、普通の定名詞句や不定名詞句の場合にも当てはまる。(85c) は闇取引の場面を描いたものである。ここでは Garvald がうなずいて弟に次の行為を促しているので、非制限節で表される行為は十分予測可能である。(85d) についても、タバコの火を求められた Poirot がマッチ箱を取り出したのであれば、その後の動作は明白である。一方で、(85d) の2つ目の関係詞節 (who 節) はコンマで区切られていて対照的である。このくだりでは、Ratchett が火をくれと言ったにもかかわらず、火を付けなかったという予想外の出来事が語られているために、継続的用法であっても通常通りコンマを伴って表現されているものと思われる。

(85) は主節の示す内容が直接の原因となって非制限節の示す内容が必然的に導かれる例であるが、主節の示す内容ではなく、文脈から得られる情報に基づいて十分に予測可能な事態が非制限節によって示される場合も同様のことが当てはまる。(86a) に示した通常の非制限節と (86b) に示したコンマを伴わない非制限節を比較してみる。

(86) a. Old Grandpa Joe staggered to his feet and caught hold of a strap. *Little Charlie, who couldn't possibly reach as high as that*, put his arms around Grandpa Joe's legs and hung on tight.

(R. Dahl, *Charlie and the Chocolate Factory*, 1964)

(Joe おじいちゃんはよろよろと立ち上がりながら吊り革につかまった。Charlie はと言うと、吊り革が高くて手が届かないので、両手で Joe おじいちゃんの両足を抱えてしっかりつかまった)

b. ... And Mr Wonka said, 'Calm yourself, my dear lady,' and patted her comfortingly on the arm. And then Grandpa Joe looked down at *Charlie who was clinging to his legs*, and he said, 'Are you all right, Charlie?'　　　　　　　　　　　　　　　　(Ibid.)

(そしてWonka氏は「落ち着いて下さい、奥様」と言って、彼女の腕を軽くたたいてなだめた。そして、Joeおじいちゃんは両足にしがみついているCharlieを見下ろすと、「大丈夫かい、Charlie」と声をかけた)

(86a)は「空飛ぶエレベーター」にCharlieと祖父(Grandpa Joe)が乗っている場面である。祖父は揺れるエレベーターの中で立って吊り革につかまるが、Charlieは祖父の足にしがみつく。その理由(吊り革に手が届かないこと)がコンマを伴った関係詞節で補足されている。一方、(86b)は(86a)から1ページほど進んだところで、Charlieは依然として空飛ぶエレベーターの中である。ということは、Charlieはまだ祖父にしがみついていることが予想される。(86b)のwho節にコンマが使われていないのは、このような予測可能性の高さによって主節との結び付きが強くなっているのが理由であると思われる。文脈に基づいて予測可能な非制限節の例をもう1つ挙げる。

(87) "Herr Oberst, I must protest," Preston began and Steiner cut in on him like an axe falling. "Shut your mouth and get your feet together. In future you speak when you're spoken to and not before." He walked round behind *Preston who was by now standing rigidly to attention*. (J. Higgins, *The Eagle Has Landed*, 1975)

(「大佐、異議が」とPrestonが申し立てようとすると、Steinerは斧を振り下ろすかのような勢いで制止して言った。「口を閉じて姿勢を正せ。今後は話しかけられた時だけ口を開け。勝手にものを言ってはならない」SteinerがPrestonの後ろに回るとPrestonはすでに直立不動で立っていた)

(87)の場合も、主節と非制限節との間には直接的な継起関係は見られない。しかし、前半で部下のPrestonがSteinerに叱責され、姿勢を正すよう命令されているので、その後のPrestonの態度は想像に難くない。この文脈に支えられた必然性あるいは予測可能性の高さがコンマを伴わないwho節に反映されていると考えられる。付随して、関係詞節が直接後続することがしばしば描写に緊迫感を与える効果もあるように思われる((85)も参照)。

(85)–(87)に共通する要因をまとめると以下のようになる。

(88) 主節の示す内容あるいは談話の文脈に基づいて非制限節の示す内容が十分に予測可能な場合、非制限節は主節に直接後続しやすい。その結果、非制限節は主節と一体化し、主たる伝達内容を補完する情報となる。

以上より、制限的な非制限節は、伝達上の重要度が高い場合(2.5.3)、あるいは、非制限節の内容の予測可能性が高い場合に生起しやすいことがわかった。反対に、伝達上の重要度が低い場合、あるいは、予測可能性が低い場合は、主節と関係詞節との結び付きが弱くなり、通常の非制限節として使用されることになる。この傾向に従えば、伝達の重要度あるいは予測可能性がさらに低くなると、主節と関係詞節との結び付きがさらに弱くなるはずである。この点を独立文となった非制限節で確認し、全体として、主節と関係詞節の結び付きの強さ(文連結の緊密度)が伝達上の重要度あるいは予測可能性に基づいて段階的に位置づけられることを示したい。

2.5.5 独立文となった非制限節——予測可能性の低い事例

独立文となった非制限節とは、非制限節が先行詞と統語上分離し、関係詞を文頭とする文として生じたものを指す。

(89) ... I'm not allowed to go jetting off to the Caribbean, that's all. *Which brings me to my main point, Virgie.* Charles and I want you to go instead! (BNC: W_fict_prose)
(私は飛行機に乗ってカリブ海まで飛んで行くのは許してもらえないの。それだけ。それで Virgie に相談なんだけど、私と Charles は代わりにあなたに行ってもらいたいと思ってるの)

このような非制限節としては、先行文(あるいはその一部)の内容を受ける Which を用いたものがきわめて多い。滝沢(2001)が指摘した Which 節の特徴のいくつかを(90)に示す。

(90) a. Which は主語となる場合が圧倒的に多く、それを受ける一般動

詞としては brings, means, makes, meant, leads, leaves, begs, explains, reminds などが生じる頻度が高い。
  b. be 動詞の場合は Which is (not) to say..., Which is why..., Which is a shame... といったパターンが多い。
  c. Speaking/Talking of which はほとんど独立文の形でしか現れない。

(90)の特徴から、Which 節の談話機能としては、先行文脈を受けての話題の転換、帰結、理由の提示、話題の明示的表示などが多い (滝沢 2001)。

ここで注目すべきは、Which 節は現在時すなわち発話時点において、先行する発話内容をきっかけに話し手が推論したことや思い出したことなどを述べるのに導入されやすいということである。(91a)は先行発話によって何らかの結論が引き出される例、(91b)は先行発話をきっかけに何かを連想する例である。

(91) a. 'What makes you think it's someone you know?' he asked reasonably. 'It could be a total stranger. *Which means it could be anyone.*'　　　　　　　　　(WordbanksOnline[16]: USBOOKS_0042)
   (「どうしてそれが君の知っている人だってわかるんだい」と彼はもっともな質問を投げかけた。「赤の他人ってことだってあるじゃないか。つまりは誰でもありうるということさ」)

  b. 'We can take one or two clouds on our Christmas cheer... *Speaking of which, where's Bill?* I want to wish him season's greetings.'　　　　　　　　　　　　　　　(BNC: W_fict_prose)
   (「クリスマスのごちそうに水を差すことがあるかもしれないね... そう言えば、Bill はどこ？ 彼にクリスマスの挨拶をしたいんだけど」)

独立文となった非制限節を前節で示した非制限節に関わる予測可能性の観点から位置づけるならば、これらは概して予測可能性の低い非制限節であると言える。(89)と(91)の非制限節は、ともに先行発話を受けて話し手

---

[16] 小学館コーパスネットワークを利用。

が推論したり、連想したりしたことを明示するために用いられている。もちろん、内容自体は予測可能性の高い帰結が含まれる場合もあるが、それは先行発話から必然的に導かれたものではなく、話し手の判断を通して示されるものであり、その意味で非制限節の内容は話し手に依存する部分が大きい。言い換えれば、会話の方向性としては、前節で見た直接的な継起関係((85)など)が一定の方向性を持っているのに対し、独立文となった非制限節の場合は方向性が予測できない、不定方向の方向性を持っていることになる。不定の方向性が強いことは、(92)のように、主節と非制限節で話し手が交代することが可能であることからもうかがえる。主節の話し手にとって、非制限節の内容はすべて相手(聞き手)に委ねられるからである。

(92) "I like it [=your voice]." "Trouble is, it always sticks out." "In a group, you mean." "Uh-huh." "Like church choir." "Uh-huh. Oh! *Which reminds me!* My dad didn't like me bothering you to sing with the choir. [...]"　　　　　(L. Spencer, *Small Town Girl*, 1997)
(「あなたの声、素敵だわ」「でも、目立つのよね」「みんなで歌うと?」「うん」「聖歌隊とか」「うん。あ、それで思い出したんだけど、うちのお父さん、あなたが聖歌隊と歌う時に私が迷惑になるのを嫌がっていたの」)

2.5.6　まとめ——関係詞節の連続性

2.5.2で見た制限節と非制限節の中間に位置する関係詞節の観察を出発点として、主節と関係詞節の結び付きの強さは、関係詞節に対する話し手の重要度の意識、および、予測可能性の観点から連続的または段階的に位置づけられることが分かった。上記で扱った関係詞節のタイプを主節との連結の強さに従って整理すると以下の表3のようになる。

2.5 関係代名詞 | 253

表3: 関係詞節の連続性

関係詞節のタイプ	節の連結	例
制限節	強 ↑	(77)　　　　　　　　　(78a)※ ↑
制限的な非制限節	↕	(80)(83)(85)(86b)(87) ↓　(82)※ ↕
通常の非制限節	↕	(78b)(79)(86a)　　　　　　　　(84)※ ↕
独立文となった非制限節	弱 ↓	(89)(91)(92)

※(78a)の↓は(80a)との関連で、文脈によっては非制限節として解釈可能であることを示す。
※(82), (84)の↕は情報の重要度によって主節との連結の強さが変わることを示す。
※(84)の↕は少なくとも非制限節について確認できる範囲のみ表示した。

参 考 文 献

Azar, Betty S. and Stacy A. Hagen (2009) *Understanding and Using English Grammar*, 4th edition, Pearson Education, Harlow.

Biber, Douglas, Stig Johansson, Geoffrey Leech, Susan Conrad and Edward Finegan (1999) *Longman Grammar of Spoken and Written English*, Pearson Education, Harlow.

Bolinger, Dwight (1979) "To Catch a Metaphor: *You* as a Norm," *American Speech*, 54 (3), 194–209.

Burchfield, Robert W. ed. (1996) *The New Fowler's Modern English Usage*, 3rd edition, Oxford University Press, Oxford. [MEU³]

Declerck, Renaat (1991) *A Comprehensive Descriptive Grammar of English*, Kaitakusha, Tokyo.

Dixon, Robert M. W. (2005) *A Semantic Approach to English Grammar*, 2nd edition, Oxford University Press, Oxford.

Fries, Charles C. (1940) *American English Grammar: The Grammatical Structure of Present-Day American English with Especial Reference to Social Differences or Class Dialects*, Appleton-Century-Crofts, New York.

Grice, H. Paul (1989) *Studies in the Way of Words*, Harvard University Press, Cambridge.

Halliday, Michael A. K. and Ruqaiya Hasan (1976) *Cohesion in English*, Longman, London.

Hewings, Martin (2013) *Advanced Grammar in Use*, 3rd edition, Cambridge University Press, Cambridge.

Huddleston, Rodney D. and Geoffrey K. Pullum (2002) *The Cambridge Grammar of the English Language*, Cambridge University Press, Cambridge.

Jespersen, Otto (1909–49) *A Modern English Grammar on Historical Principles* I-VII, Munksgaard, Copenhagen. (Reprinted by Routledge in 1954) [MEG]

Jespersen, Otto (1933) *Essentials of English Grammar*, Allen & Unwin, London. (Transferred to digital printing by Routledge in 2007)

Lakoff, George and Mark Johnson (1980) *Metaphors We Live By*, The University of Chicago Press, Chicago.

Long, Ralph B. (1961) *The Sentence and Its Parts: A Grammar of Contemporary English*, The University of Chicago Press, Chicago.

Murphy, Raymond (2012) *English Grammar in Use*, 4th edition, Cambridge University Press, Cambridge.

Oxford guide to British and American culture: for learners of English, 2nd edition (2005) Oxford University Press, Oxford.

Quirk, Randolph, Sidney Greenbaum, Geoffrey Leech and Jan Svartvik (1972) *A Gram-*

mar of Contemporary English, Longman, London.

Quirk, Randolph, Sidney Greenbaum, Geoffrey Leech and Jan Svartvik (1985) *A Comprehensive Grammar of the English Language*, Longman, London.

Sinclair, John ed. (1992) *Collins COBUILD English Usage*, HarperCollins Publishers, London.

Sinclair, John ed. (2011) *Collins COBUILD English Grammar*, 3rd edition, HarperCollins, Glasgow.

Swan, Michael (1992) *Oxford Pocket Basic English Usage*, Oxford University Press, Oxford.

Swan, Michael (2005) *Practical English Usage*, 3rd edition, Oxford University Press, Oxford.

Yasui, Izumi (1975) "On the Degrees of Countability," *English Linguistics* 13, 29–35.

荒木一雄・安井稔(編)(1992)『現代英文法辞典』三省堂, 東京.

安藤貞雄(2005)『現代英文法講義』開拓社, 東京.

池内正幸(1985)『名詞句の限定表現』(新英文法選書 第6巻) 大修館書店, 東京.

石橋幸太郎(編)(1966)『英語語法大事典』大修館書店, 東京.

板垣完一(1971)「"NP be Predicate Nominal" 構文における, いわゆる主語と補語の数の一致について」『英語学』6号, 112–124, 開拓社, 東京.

大塚高信・中島文雄(監修)(1982)『新英語学辞典』研究社, 東京.

金子稔(1997)『現代英語・語法ノート II』教育出版, 東京.

キャロル, ルイス(著)・安井泉(訳)(近刊)『不思議の国のアリス』.

滝沢直宏(2001)「文外に先行詞を持つ関係代名詞 Which——語彙と構文の相互依存性と談話的機能」『意味と形のインターフェイス(中右実教授還暦記念論文集)』下巻, 837–846, くろしお出版, 東京.

坪本篤朗(1986)「and とト——文連結のプロトタイプと範疇化」林四郎(編)『応用言語学講座第2巻: 日本語と外国語』172–197, 明治書院, 東京.

中島文雄(1971)「Relative Clause の分類」『英語展望』33, 25–28, ELEC, 東京.

中山仁(1995)「非制限的関係詞節の独立について」『英語語法文法研究』第2号, 127–140.

中山仁(2006)「非制限的関係詞節の発話解釈と情報構造」卯城祐司, 太田一昭, 太田聡, 滝沢直宏, 田中伸一, 西田光一, 山田英二(編)『言葉の絆——藤原保明博士還暦記念論文集』198–211, 開拓社, 東京.

中山仁(2007)「関連性理論に基づく非制限的関係詞節の分析の試み——独立した非制限的関係詞節について」溝越彰, 小野塚裕視, 藤本滋之, 加賀信広, 西原俊明, 近藤真, 浜崎通世(編)『英語と文法と——鈴木英一教授還暦記念論文集』183–194, 開拓社, 東京.

パルバース, ロジャー(著)・上杉隼人(訳)(2001)『ほんとうの英語がわかる——51の処方箋』(新潮選書) 新潮社, 東京.

ピーターセン, マーク(2013)『実践 日本人の英語』(岩波新書) 岩波書店, 東京.

細江逸記(1971)『英文法汎論』(改訂新版) 篠崎書林, 東京.

安井泉(2010)『ことばから文化へ——文化がことばの中で息を潜めている』(開拓社

言語・文化選書 18)開拓社, 東京.
安井泉(2013)『英語で楽しむ英国ファンタジー』静山社, 東京.
吉田正治(1985)「固有名詞と関係詞節」『英語青年』131(1), 8, 研究社, 東京.

辞　書

American Heritage Dictionary of the English Language, 4th edition (2000) Houghton Mifflin, Boston. [AHD[4]]

Cambridge Advanced Learner's Dictionary, 4th edition (2013) Cambridge University Press, Cambridge. [CALD[4]]

Collins COBUILD Advanced Learner's Dictionary, 8th edition (2014) HarperCollins, Glasgow. [COBUILD[8]]

Collins COBUILD English Language Dictionary (1987) HarperCollins, London.

Concise Oxford English Dictionary, 12th edition (2011) Oxford University Press, Oxford. [COD[12]]

Longman Dictionary of Contemporary English, 6th edition (2014) Pearson Education, Harlow. [LDOCE[6]]

Merriam-Webster's Advanced Learner's English Dictionary (2008) Merriam-Webster, Springfield, Massachusetts. [MWALED]

Oxford Advanced Learner's Dictionary of Current English, 9th edition (2015) Oxford University Press, Oxford. [OALD[9]]

Random House Webster's College Dictionary, revised and updated edition (2005) Random House, New York. [RHWCD]

The Oxford English Dictionary, 2nd edition on CD-ROM, Version 4.0 (2009) Oxford University Press, Oxford.

『ウィズダム英和辞典』第 3 版 (2013) 三省堂, 東京.
『ブルーワー英語故事成語大辞典』(1994) 大修館書店, 東京.
『リーダーズ英和辞典』第 3 版 (2012) 研究社, 東京.

索　　引

（用語索引と語彙索引の二部構成）

【用語索引】

〔欧文〕
a series of ＋ 複数名詞　53–55
all [any, every] ＋ 名詞　134
BNC　24
COCA　13
noun phrase(NP)　1–6, 60
of 句表現　149, 157–163
one in [out of] ＋ 数詞 ＋ 複数名詞　87–89
one of X that [who, which] ＋ 単数動詞　105
one of ＋ 複数名詞句　230–232
's 所有格　174, 177
's なし名詞句　174, 177
that 節内の be 動詞の呼応　54
their ＋ 名詞　194
there 構文　71, 78, 103, 232
which 節　250–251

〔あ行〕
アポストロフィ ＋ s　157, 188
アメリカ英語　23, 30, 32, 39, 46, 48, 73, 77
イギリス英語　23, 33, 39
異種・異形の集合　58
意味上の一致(notional concord)　25, 62
意味上の主語　3, 157, 161, 163, 164, 179
意味上の目的語　163–164, 179

〔か行〕
会話の格率(the conversational maxims)　197
会話の場　210, 213
格(case)　149
掛け算　80
可算(count; countable)　9, 11
可算性の度合い　16
可算名詞化　18
過剰修正(hypercorrection)　202
関係詞節　231
関係詞節内の動詞の呼応　68, 89
関係詞節の連続性　243, 252
関係代名詞(relative pronoun)　192, 194, 239
間接的な人称指示　213
擬似分裂文(pseudo-cleft sentence)　107, 109
記述属格(descriptive genitive)　150, 168
機能上自立的な句　2
疑問詞　234
疑問代名詞(interrogative pronoun)　106, 192, 194, 234
旧情報(既知情報)　232
近接性(proximity)　54, 71, 108
近接性による一致(concord of proximity)　25, 62, 84–86, 94–99, 103
具象名詞(concrete noun)　9–10
君主の we (the royal 'we')　209
継続的(continuative)　247
形容詞句　2
決定詞(限定詞)(determiner)　6, 73, 149
牽引(attraction)　63
呼応(concord)　60
国民・民族を表す名詞句　133, 146
固有名詞(proper noun)　6, 7, 156
コンマ(comma)　84, 242, 247–249
コンマなしの非制限節　242, 246

〔さ行〕
指示(reference)　129
指示対象の特定　6, 234
指示代名詞(demonstrative pronoun)　192
時点の表現　161
シネクドキ(synecdoche)　34, 44, 58, 123
自分を指す you　217
種　112, 129
集合的　22, 37, 43, 49
集合的な可算・不可算名詞　55
集合名詞(collective noun)　7, 22, 55
修辞の we (the rhetorical 'we')　206

260　索　引

主格 (subjective [nominative] (case))　149, 199
主格属格 (subjective genitive)　162, 166
主格補語　200
主観的な一般化　218
主語と動詞の数の一致 (subject-verb agreement)　5, 23, 59, 65
主語・目的語・補語　1–6
種のラベル　130, 141
主筆の we (the editorial 'we')　204
主部　3
主要部 (head)　6, 60, 65, 71, 77
種を指示する名詞句　129–130, 141
譲渡不可能所有 (inalienable possession)　158
情報価値　160, 164
情報構造　101, 134, 164, 241, 247
叙述 (predication)　182
所有格 (possessive)　149–189
所有格 + friend(s)　153
所有格表現　157
所有代名詞　174
新情報　232
真の指示　204
親身の we (the paternal 'we')　207
推論　251
数詞 (cardinal numeral)　12, 231
数詞の one　222
数の一致　→　主語と動詞の数の一致
数量の表現　78
制限的な非制限節　244
制限・非制限のあいまい性　243
制限用法 (限定用法)　240
生成文法　3
絶対複数 (pluralia tantum)　16, 40, 55
総称的意味　213
総称的名詞句　129, 134, 194, 196
総称の they　216
総称の we　214
総称の you　214, 217
挿入句　101

〔た行〕
代名詞の格　199

足し算　93
単数名詞句を受ける they　192
単複同形　22, 52, 58
チーム名　30
抽象名詞 (abstract noun)　7, 9, 21
直示性 (ダイクシス) (deixis)　176, 204
著者の we (the 'inclusive authorial we')　205
定 (definite)　128, 151
定形動詞 (finite verb)　200
定名詞句　128
伝達上の重要度　244
伝統文法　2
等位接続構造　201
等位接続詞 (and) を含む主語　67
同格的 (appositional)　184
同種・同形の集合　58
同定 (identification)　182
特定的指示 (specific reference)　130
特定の種　135–136
独立属格 (independent genitive)　187
独立文となった非制限節　250
度量の属格 (genitive of measure)　169

〔な行〕
内心構造的 (endocentric)　3
人称(的) (personal)　25, 34, 203
人称代名詞 (personal pronoun)　149, 192–221

〔は行〕
パーセント (percent)　85
排除の we (exclusive 'we')　203
配分単数 (distributive singular)　115–118, 199
配分的 (distributive)　93, 112, 114
配分複数 (distributive plural)　115–118
場所の属格 (local genitive)　187
話し手の意図　204, 210, 217, 234, 246
話し手の視点　90, 105
話し手 (me) を指す間接目的語の us　210
バンド (音楽グループ) 名　35
引き算　82
非制限用法 (非限定用法)　240
人一般 (people in general)　206, 213
非特定的指示 (nonspecific reference)　130

非人称(的)(impersonal)　25, 34
不可算(noncount; uncountable)　9–20
複合名詞　227
複数形名詞の単数化　28
2つひと組のものを表す語(bipartites)　16
普通名詞(common noun)　7–9
物質名詞(material noun)　7
不定(indefinite)　129
不定詞付き対格(accusative with infinitive)　200
不定代名詞(indefinite pronoun)　192, 194
不定名詞句　128
分数　85
文法上の一致(grammatical concord)　25, 62
文末重心(end-weight)　160, 164
文末焦点(end-focus)　160, 164
分裂文　200
包括の we (inclusive 'we')　203
補語　111
補語の長さと距離　108

〔ま行〕
名詞句(noun phrase)　1–6, 60
名詞句の代用形の one　221, 223–224, 230
名詞の代用形の one　221, 225–230
名詞表現(nominal expression)　230
メタファー(metaphor)　34
メトニミー(metonymy)　34, 147, 149, 213
目的格(objective (case))　149, 199
目的格属格(objective genitive)　162
文字通りの指示　204

〔や・ら・わ行〕
予測可能性　246, 250–251
量の格率(Maxim of Quantity)　197
類概念　136
レトリック(rhetoric)　34
論理上の一致　65, 91, 96
割合　85
割り算　82

【語彙索引】

a . . . and a half　94–95
a few　228
a friend (of mine)　152, 174, 186
a friend of Tom　177
a friend of Tom's　174, 186
a friend's friend　151
a friend's house　155
advice　20
aircraft　58
along with　66
Alzheimer's disease　158
Amazon　36
an hour's drive　169, 172
and　91–96, 201
and [but] not　101
another . . . hours　79
any of　82–84
anyone　192
Apple　36
arms　43
Arsenal　33
as sure as eggs is eggs　114
as well as　66–67, 84–85
ashes　48
audience　22, 25, 27

bacteria　28–30
baggage　10, 20, 22, 37–39
barracks　52, 58
beans　11
beer　18
beginnings　45–46, 59
between you and I　202
Bill Gates [the]　7
billiards　52
binoculars　42, 75
Boston Red Sox [the]　30
both　228
British [the]　133
Briton　134
bunch (of)　76

cake   17
cards   52, 59
cattle   22, 49
chocolate   7
chopped onions   125
clothes   43–44
clothing   22, 37–38, 44
coffee   18, 140
committee   23–24
communications   45, 48
contents   43–44
corn   11
council   23
couple (of)   72, 73
crew   26–27
crossroads   52
crowd   22, 26–27

D.C. United   31
data   28–30
degrees   79
dishes   43–44
Do you like horses?   145

each (of)   82–84, 93
earnings   45
economics   50–51, 59
education   13
either of X   82–84
either . . . or ~   97–98
enemy   26–27
England   33, 35
enough   228
equipment   37–38
every   93
everybody   116, 196
everyone   192
Excuse us.   203
experience   17

family   8, 22, 27
favorite   113–114
feel of it   165

fever   35
fish   58
frosting   34
furnishings   44
furniture   12, 20, 37–39, 225

German(s)   133, 147
glasses   40, 75
grams   95
grounds   48
group (of)   68–72

hair   22, 59
half a year   95
Harrods   188
have an interest   14
he or she   194
headquarters   52–53, 58
heads   45, 48
homework   12, 21
hopes   45, 47

icing   34
in addition to   66
information   12, 21
interest   14–16
invention   19
It takes one to know one.   233
It was her that came.   200
(It's) me.   199

jeans   40–43
job   19
Jones('s)   156
journey   20

kennels   52–53
kindness   13
kind(s) of   118–124
knowledge   13

LA Galaxy [the]   31
ladies'   156

laugh   19
laughter   19, 32
law and order   92
Led Zeppelin   35
Let us ...   203
life and death   92–93
live their lives [life]   117
lodgings   45–46
look of it   165
lose interest   15
luggage   20, 22, 37, 39

make   81
make up their mind(s)   117
man   133
Man does not live by bread alone.   35
many   228, 231
many a X   91
mashed potatoes   125
McDonald's   187
measles   52, 59
media   28–30
meters   95
Miami Heat [the]   31
Microsoft   36
millions of dollars' worth   170
more than one X   90
mountains   45, 47, 59
my friend   151, 154

neither ... nor 〜   98
neither of X   82–84
new faces   35
New York Yankees [the]   30
no one   116
nobody   196
nod their head(s)   116
none (of)   82–84
nor   97–100
not ... but 〜   100
not only ... but also 〜   100–101
nuisance   112–115

one   4, 214, 220–222
one ... after another   66
one hour's drive   169, 171
one of many   231
one of several   231
one of those ... who 〜   104
one of X ...   104–105
one with ...   226
ones   225–228
onions   125–128
or   96–100
outskirts   45–47

Pacific [the]   7
pair (of)   42–43, 73–76
pants   40, 74–75
paper   17
peas   11
Pentagon [the]   34
people   22, 49
percent   85
person   49
play baseball   142
play the guitar   142
police   49–50
politics   50–52, 59
pork   18
premises   45–47, 52–53, 58

quite a fan of yours   181

raise their hand(s)   116
raise your hand(s)   117
research   12
research and development   92
rice   11

savings   45–46
scenery   19, 21
scissors   40, 42, 59
series   52–54
several   228, 231–232
shoes   73–75

sliced tomatoes   125
some   42, 223, 228
somebody   116, 195–196
someone   195–196
sort(s) of   119–124
species (of)   55
staff   22, 27
statistics   50
steelworks   52–53
study   17
study piano   144
suburbs   47
sugar-coated promise   34
suggestion   20

tails   45, 48
take an interest   14
taste of it   165
teach piano   144
team   30–33
telephone [the]   142
Thames [the]   7
the Y of X   157–166
their   192, 194
themself   193–195, 198
themselves   194, 198
there's   103–104
they   192–199, 224
this our life   185
Tom's [my] friend   151, 175, 186
tomatoes   125
tomorrow's weather   161
travel   20

trip   20
trousers   40, 59
turkey   18
two weeks' vacation   169

understanding   13
United Nations [the]   37

view   19

weather   20
what   106–111, 234–237
What floor?   237
What is needed is books.   109
When in Rome, do as the Romans do.   35
whereabouts   45, 48, 59
which   234–239, 243
Which do you like best?   237
Which floor?   237
White House [the]   34
who   106–107, 234–239
Who do you like best?   237
whoever   195
wood(s)   20, 45–48
work   19, 21
worth   169–173

X's Y   157–163, 166–167

your order   167

0 [zero] degrees   95

〈編者紹介〉

内田聖二（うちだ・せいじ）　1949 年生まれ。奈良大学教授。

八木克正（やぎ・かつまさ）　1944 年生まれ。関西学院大学名誉教授。

安井　泉（やすい・いずみ）　1948 年生まれ。筑波大学名誉教授。

〈著者紹介〉

中山　仁（なかやま・ひとし）　1964 年茨城県生まれ。筑波大学大学院修士課程修了。茨城県高等学校教諭，茨城工業高等専門学校助教授を経て，福島県立医科大学教授。専門は言語学（英語学・語用論）。著書・論文:『ウィズダム英和辞典』（三省堂，共著，2003, 2007, 2013），「定義文に用いられる when/where 節の用法と解釈プロセス」（『英語語法文法研究』, 2008）など。

〈シリーズ〉英文法を解き明かす──現代英語の文法と語法 ①

ことばの基礎 1　名詞と代名詞

2016 年 8 月 31 日　初版発行

編　者　内田聖二・八木克正・
　　　　安井　泉
著　者　中山　仁
発行者　関戸雅男
印刷所　研究社印刷株式会社

KENKYUSHA
〈検印省略〉

発行所　株式会社　研究社
　　　　http://www.kenkyusha.co.jp

〒 102-8152
東京都千代田区富士見 2-11-3
電話（編集）03(3288)7711（代）
　　（営業）03(3288)7777（代）
振　替　00150-9-26710

© Seiji Uchida, Katsumasa Yagi, Izumi Yasui, and Hitoshi Nakayama, 2016
装丁：清水良洋（Malpu Design）
ISBN 978-4-327-23801-8　C 3382　Printed in Japan